ライブラリ 基礎からまなぶ心理学 4

基礎からまなぶ
社会心理学
第2版

脇本竜太郎 編著／熊谷智博・竹橋洋毅・下田俊介 共著

サイエンス社

第2版へのはしがき

　本書は，2014年に刊行された『基礎からまなぶ社会心理学』の改訂版です。ここまで8刷を重ねることができました。想定より多くの方に使っていただけたことに，感謝しています。

　初版は幅広い読者を想定した入門書として，「社会心理学を身近な物事に引きつけて考える面白さ」を伝えたいという思いで執筆しました。改訂版においてもそれは変わりません。説明の中で日常的な具体例を挙げるように努める一方，8年の間に古くなったニュースや事例などについては更新しました。「しっかり勉強する」ためのテキストにしたいという思いも初版と共通で，各章の冒頭にその章で扱うトピックやキーワードを明示し，章末に復習問題を配置するという構成も変えていません。

　内容の変更は原則として小規模なものにとどめていますが，新しいトピックを取り入れた部分もあります（第3章の「メディアと自殺」，第7章の「SNS利用と対人関係」など）。また，一部システマティック・レビューの結果を受けて内容を変更したり，再現性を検討した研究への言及を追加したりした部分もあります。再現性の問題を十分に議論しようと思えば，再現性を検討した研究自体についての検証の作業や，再現性が疑問視されている現象や研究の歴史的評価が必要なのでしょうが，それは入門書である本書の手には余るものだと考えています。学んだ先にはそのような問題が待ち構えているのだということを頭の隅に置きつつ，本書を学びの第一歩としていただければ幸いです。

　2022年12月

執筆者を代表して　脇本竜太郎

目　　次

社会的認知

1

　私たちは，自分自身や他者に関わるさまざまな出来事について推測したり，判断を下したりします。たとえば，ある授業に初めて参加したとしましょう。先生は厳しい人でしょうか？　この授業は履修登録するべきでしょうか？……授業が終わったら，何を食べましょう？　私たちは日常生活の中で実に多くの推論や判断を行っていますが，その結論にいたるまでの「プロセス」はどのようなものでしょうか。この問いを解き明かそうとする研究分野が「社会的認知」です。素朴に考えると，私たちはさまざまな側面に思いをめぐらし，合理的に考えて，結論を出すように思えます。しかしながら，そのような丁寧な思考が実際に行われることは少なく，「お手軽な方法」で結論を出すことが多いのです。本章では，人の判断や行動を支える心の仕組みについて概説し，他者推測についての心理モデルを紹介した上で，他者推測において生じがちな過ちについて考えてみたいと思います。

本章のトピック

- 私たちは，外の世界をどのように理解し，行動するのだろうか？
- 人は，いつも丁寧に考え，合理的な判断をしているのだろうか？
- 他者の印象や行動の原因は，どのように分析されるのだろうか？
- 他者判断において生じる推論のバイアス（歪み）とは何だろうか？

キーワード

自動性，ヒューリスティックス，対人認知，原因帰属，推論のバイアス

1.1　人はどのように外界を理解し，行動するのだろうか？

■ 情報処理システムとしての人間

　私たちが何かについて判断したり，行動を決めたりする上では，外の世界を理解することが必要です。たとえば，パソコンを選ぶ上では性能やデザインの違いを知ることが大切ですし，バイト先の先輩への接し方を決める上ではその先輩の性格や考えが参考になります。人は外から情報を受け取り，意味を理解し，そのトピックに関する記憶や情報を参考にするという「プロセス」を経ることで，結論を出しています。社会心理学では，人がコンピュータのように，さまざまな情報処理を行っていると考え，判断や行動までの「道筋」について研究してきました。ここでは，社会心理学の歴史の中で登場した「4 つの疑問」を紹介しながら，人の判断や行動が生じるプロセスについて説明したいと思います。

■ 判断が決定される道筋についての 4 つの疑問

1.　人の判断は合理的か？……私たちの判断や行動は，どのような「道筋」によって生じるのでしょうか。他者の性格や商品の性質について判断する際に，さまざまな側面を思い浮かべ，それぞれの側面について良いか悪いかを考え，それらを取りまとめることで，最終的な結論にいたる……このように考える人は多いのではないでしょうか。社会心理学でも 1970 年代ごろまで，人は合理的で，関連する証拠を多く集め，論理的に分析し，最良の答えに到達できる「素朴な科学者」としてとらえられてきました（フィスクとテイラー，1991）。しかしながら，その後の研究で，人はそれほど丁寧に考えるわけではなく，論理よりも直感に頼りがちであり，さまざまな判断の誤りをしてしまうことが明らかとなりました。

2.　丁寧に考えない理由とは？……人が丁寧に考えないのは，なぜでしょうか？　答えを解くカギは「認知容量」です。私たちの精神活動には認知資源が必要とされるのですが，同時に実行できる処理の量には限りがあります。大量の情報に囲まれ，認知的に忙しい生活を送っている人間にとって，すべての情報を丁寧に分析することは不可能です。1980 年代ごろから，人は普段できるだけ時間や労力を無駄遣いしないように努める「**認知的倹約家**」だと考えられ

るようになりました（フィスクとテイラー，1991）。人には素早く結論を出すための心の仕組み（詳細は **1.2** 節）が備わっており，その機能と問題が明らかにされています。

3. 真剣に考えるのはどんなとき？……ただし，人はいつも認知的に「ケチ」であるわけではないようです。たとえば，相手が自分の将来を左右しうる重要な人物（ゼミの先生，仕事の上司，恋人にしたい人など）であるなら，その人の性格や考え方を知るために，細かな言動や表情にも注意を払い，時間をかけてしっかりと考えるはずです。1990 年代ごろから，人間は複数の情報処理方略を持ち，目標，動機，必要性などに応じて用いる方略を選択できるという「動機づけを持つ戦術家」だととらえられるようになりました。

　重要な対象には細かな情報まで丁寧に考える**システマティック処理**が用いられるのに対し，重要でない対象には単純な手がかりにより簡便に判断する**ヒューリスティック処理**が用いられるとされます。これと同様に，意識的に考えて処理を実行する**統制的処理**，意識せずとも効率的な処理が進められる**自動的処理**というとらえ方も提案されています（表 1.1）。このようなアプローチを「2 過程モデル」と呼びます。

4. 直感のわりに，大正解だったことは？……初期の自動性研究では，「深く考えずに直感により判断することは素早く効率的だが，正確さでは劣る」という考えが一般的でした。しかしながら，この考え方は見直され始めています。どうやら，自動的処理は統制的処理と同等以上に優れた判断を導く場合があるようです（ギガレンツァー，2007）。外からの刺激により情報処理が自動的に開始され，意識せずとも適切な判断や行動を実行できてしまうことから，現在では「駆動される行為者」という人間観が提案されています（フィスクとテイラー，2008）。

表 1.1　**自動的処理と統制的処理の特徴**

	判断	速度	労力	精度	とらえ方	プロセス
自動的処理	直感的	速い	小さい	大雑把	類型的	連合的
統制的処理	理性的	遅い	大きい	細かい	個別的	論理的

■ 自動性のメカニズム

　素朴な考えに反するのですが，人間の判断や行動の多くは意識的な思考を伴わずに進行する**自動的処理**により支えられています（バージ，1997）。たとえば，「大学入学直後」と「今」を比べてみましょう。入学したばかりのころは通学の仕方，授業の受け方，大学生らしい友だちとの付き合い方，放課後の過ごし方などでとまどい，注意を払いながら生活したことでしょう。一方，現在では豊富な知識があるので，深く考えなくともスムーズに生活が送れているはずです。これこそ，自動的過程のおかげなのです。ここでは，**自動性**のメカニズムと機能について説明します。

1. 活性化拡散モデル……自動性の基盤となるメカニズムとして今のところ主流の考え方となっているのは，**表象の活性化**に説明原理に用いたモデルです（尾崎，2010）。私たちはこれまでの経験や知識を記憶システムの中に保存していますが，それらの情報は**心的表象**と呼ばれます。心的表象は，いつも参照されているわけではなく，必要に応じてアクセスされ，一時的に利用されやすい状態になります。このように表象がアクセスされている状態を「表象の活性化」と呼びます。表象の活性化は，意識的な気づきを必要とせず，外からの情報によって自動的に生じます。たとえば，少し前に読んでいた文章，CM で流れた映像，ぼんやり眺めていた看板などは，気に留めていなくとも，知覚されていれば，表象が活性化され，その情報は利用されやすくなります。たとえば，「医者」が描かれた看板を見かけた後には，その自覚がなくとも，「医者」が頭に浮かびやすくなります。

　表象と表象は，リンクにより結びついています。お互いの関連が強いほど，表象間の結びつきは強くなり，何の関係もなければリンクは形成されません。たとえば，「医者」の知識表象は「病院」「治療」「看護師」「白衣」「冷静」などの表象とリンクしますが，「会社」「外回り」「秘書」「スーツ」「社交的」の表象とはリンクしないでしょう（図 1.1）。重要なことに，ある表象が活性化すると，リンクした表象にも活性化が伝わっていきます。これを**活性化拡散**といいます。何かを見たり，考えたりすることで，ある表象が活性化すると，リンクした数々の表象も活性化され，利用されやすい状態になるのです。活性化

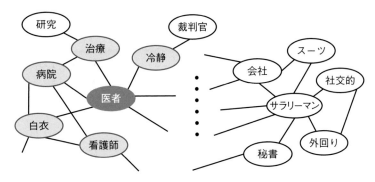

図 1.1 　知識表象ネットワークの例

された表象は，曖昧な対象を解釈したり，行動を開始・調整したりする際に影響を及ぼします。たとえば，医者の看板が目に入ると，「治療」「白衣」「冷静」などの表象も活性化され，体調不良を「治そう」と考えたり，白い服を「白衣っぽい」と思ったり，無口な人物を「冷静」だと解釈したりしやすくなります（**1.4** 節のアクセシビリティ効果も参照）。

2. 自動的過程の機能……このような活性化拡散のメカニズムは，私たちが生きていく上でどのように役立っているのでしょうか。その答えとしては「既有知識の効率的な適用」が可能となることが挙げられます。ある対象と出会ったとき，関連情報をすぐに引き出せれば，状況に適した判断や行動をスムーズに実行できます。たとえば，図書館に入るとき，自然と静かになるものです。「図書館」が引き金となり，その場に相応しい「静かにする」行為が自動的に導かれたといえます。

　私たちは外界からの刺激に自動的に対応していますが，このことは人間が外からの刺激の通り動く，ロボットのような存在であることを意味しません。外界からの刺激が表象を活性化させるかどうかは，本人の動機や状況により異なることが明らかにされています。たとえば，美味しそうな食品の呈示は「食べる」という目標表象を通常活性化させますが，お腹の空いていない人，ダイエット中の人，呈示されたタイプの食品が嫌いな人では活性化が生じにくいだろうと考えられます（北村，2013）。自動的処理は，個人の動機を考慮しつつ，状況に適した行動を導けるようです。

1.2 判断や推論のショートカット

■ 時間制約という問題

　日常生活の中で，私たちはさまざまな事柄について判断します。ある事柄を丁寧に考えることは可能かもしれませんが，重要なことはほかにもあるので，1 つのことに割ける時間は限られています。また，物事にはさまざまな側面があり，それらを取りまとめるには手間がかかります。さらに，十分な情報が集まるまで待っていたら，いつまで経っても結論を出せないかもしれません。これらの問題を乗り越えるため，私たちは短時間で結論にたどり着ける心の仕組みを備えています。ここでは，「ヒューリスティックス」と「カテゴリー知識の活用」に焦点を当てます。

■ ヒューリスティックスとは？

　私たちは，何らかのルールに基づき，「複雑な問題」を「簡単な問題」に置き換え，結論にいたる道のりをショートカットすることがあります。この簡便な判断方略を**ヒューリスティックス**といいます（トゥバスキーとカーネマン，1974）。たとえば，パソコンを選ぶ場合，判断材料が色々あって大変ですが，一番重要な側面にしぼって考えれば，結論を出すのが簡単になります（最善選択ヒューリスティック）。ヒューリスティックスは，常に正しい判断を約束するものではありませんが，歪んだ判断ばかりを導くと考えるのは間違いです。ヒューリスティックスは認知容量や時間が限られた状況で「それなりに正しい」回答にいたることが多いという点で役立ちます。だからこそ，私たちはヒューリスティックスに頼るのです（フィスクとテイラー，2008）。ここでは，3 つのヒューリスティックスを紹介します（**表 1.2**）。

1. 代表性ヒューリスティック……あるカテゴリーで典型例を代表といいます。たとえば，営業職では明るく社交的な人，司書では几帳面で物静かな人が典型例だと考えられます。ここに，次郎君という几帳面で物静かな人物がいるとします。彼は営業職と司書のどちらである可能性が高いでしょうか？　正確に判断するなら，さまざまな情報に基づき判断すべきです。一方，**代表性ヒューリスティック**では「次郎君は司書のイメージに一致する」ことだけに基づき，司

表 1.2　判断におけるヒューリスティックス

名　称	説　明	例
代表性 ヒューリスティック	事象 A とカテゴリー B の関連の強さを，そのカテゴリーに典型的に見られる特徴 C に基づき判断する。	太郎君（A）は理系（B）に違いない。彼って，理屈っぽい（C）から。 ＊この例では，「理系の典型的なイメージ＝理屈っぽい」と考えています。
利用可能性 ヒューリスティック	事象の起こりやすさを，その思い浮かびやすさに基づき判断する。	地震が起きた直後では，地震のことが鮮明に浮かぶので，地震の確率を高く見積もる。
係留と調整	量の大きさを推測するとき，初期値を設定し，そこから調整することで判断する。	私の勉強時間は 5 時間なので，自分より真面目な花子さんの勉強時間は 6 時間くらいだろう。

書だと推測します。この方略は正確な判断を導く場合も多いのですが，前提とすべき情報が無視されやすいなどの問題があります（カーネマンとトゥバスキー，1973）。たとえば，営業職の人は司書よりもずっと多いので，職業に関する情報がないなら，次郎君を営業職だと判断するほうが合理的です。

2. 利用可能性ヒューリスティック……利用可能性ヒューリスティックとは，ある事象の生じやすさを，それがどれほど素早く頭に浮かぶか（利用可能性）により判断することを指します。実際によく起きていることほど，頭に浮かびやすくなるので，この方略はおおむね正しい判断を導きます。ただし，利用可能性は実際の生起頻度とは無関連の要因によっても左右されるので，注意が必要です。たとえば，目立ちやすい出来事ほど，頭に浮かびやすいので，「生起確率が高い」と勘違いされがちです。実際，殺人や交通事故の年間死亡者数は乳がんや糖尿病よりも少ないのですが，目を引く事柄なので，「多い」と誤って推測されます（リッテンシュタインら，1978）。

3. 係留と調整……よく知らないことについて推測する際，手がかりとなる情報を出発点とし（係留），それより多いか少ないかを考えること（調整）で，量の多さを推測することがあります。これを係留と調整と呼びます。たとえば，東京大学の就職率を推測する際，「大卒者一般の就職率が70％」という情報があれば，それより多めに「80％」と判断する場合が当てはまります。また，人は「多くの人々が自分と同じように考えるだろう」という**合意性バイアス**を示しますが，これも係留と調整の一つです（フィスクとテイラー，2008）。自分

の意見や境遇は，他者の心を推測する上で役立つ「初期値」になるといえます。この方略は，係留点が不適切だったり，考える時間が少なく，調整が不十分だったりする場合に，間違いやすくなります。

■ カテゴリー知識の活用

　私たちは初めて出会った人やものについて考えるとき，その対象から得られた情報だけに基づいて判断を行うのではなく，もともと持っていた知識を活用しようとします。たとえば，ある人物を理解しようとする場合，その人が実際に行った言動を参考にすることもありますが，職業などの社会的カテゴリーを手がかりにすることもあります。すなわち，「男性」だから「勇敢」だとか，「理系」だから「冷静」ではないかとか，「芸術家」だから「気難しい」に違いないなどです。このように，あるカテゴリー集団についての紋切り型のイメージを**ステレオタイプ**といいます。

　ステレオタイプなどのカテゴリー知識は，世界を理解し，推測するための有力な手がかりとなります。判断対象についての情報がわずかであっても，その対象が属するカテゴリーについての知識があれば，その典型例を参考にした情報の穴埋めが可能です。たとえば，パーティで出会ったばかりの男性が「営業職」であるとわかれば，その男性が「社交的」「コミュニケーション能力が高い」「交友関係が広い」などの特性を持つのではないかと，すぐに推測することができます。

　ただし，ステレオタイプはあくまで典型的なイメージに過ぎず，実際にはさまざまな人がいます。ステレオタイプを特定の個人に当てはめてしまうと，他者理解が不正確になってしまいがちです。しかしながら，ステレオタイプを当てはめる判断は素早く効率が良いので，特別な動機がない限り，私たちはステレオタイプをよく利用するのです。

1. ステレオタイプによる対人認知の歪み……それでは，ステレオタイプはどのように対人認知を歪めるのでしょうか。ダーリーとグロス（1983）は，小学生の女の子についてのビデオを大学生に見せた上で，その子の学力を推測するように求めました。前半は女の子が遊んでいる姿が映されるのですが，半分の実験参加者には女の子の家庭が貧しく，社会階層が低い様子が呈示され，残り

の参加者には家庭が豊かで，社会階層が高い様子が呈示されました。これは，「豊かな家庭の子どもは教育に恵まれ，学力が高い」というステレオタイプ知識を活性化するための実験操作です。後半のビデオは，女の子が算数などの問題に取り組むというもので，すべての参加者が同じ内容を見ました。その結果，豊かな家庭の子どもだと思わされた参加者は，貧しい家庭の子どもだと思わされた参加者よりも，女の子の学力を高く評価しました。前半の動画によりステレオタイプが活性化されたことで，後半の動画ではステレオタイプ一致情報に注意を向けたのでしょう。つまり，ビデオには成功も失敗も含まれていましたが，豊かな家庭の子どもだと思わされた人は成功に注目しやすく，貧しい家庭の子どもだと思わされた人は失敗に注目しやすかったと考えられます。

　最近では，ステレオタイプ知識は意識を伴わずに活性化され，その後の判断や行動に影響を及ぼすことが示唆されています（コラムを参照）。

コラム●ステレオタイプと差別

　「老人は頑固だから，彼とは話さない」とか「黒人は乱暴だから，彼からは距離を置こう」などのステレオタイプに基づく言動は，その個人の性格を考慮せず，集団のイメージにより決定されている点で差別だといえます。現在では，平等主義の大切さが広まり，差別があからさまに行われることは少なくなりましたが，一見わかりにくい形で根強く残っています。その一つとして，差別が本人の自覚や意図のないままに行われてしまう**潜在的ステレオタイプ**の問題があります（ほかには **5.4** 節も参照）。ステレオタイプ知識は状況によって自動的に活性化され，差別につながることがあるのです。たとえば，白人が黒人を見かけたとき，その自覚や意図はないのに，黒人の行動を否定的にとらえたり，黒人から離れた席に座ったりする場合が当てはまります。最近ではアンコンシャス・バイアスとも呼ばれます。

　それでは，このような非意図的な差別を防ぐにはどうしたらよいでしょうか。潜在的なステレオタイプの影響は，動機や時間が十分にあるなら比較的容易に避けることができます（ブレイアとバナジ，1996）。たとえば，相手のことを正しく理解したいという気持ちや公正な人間でありたいという気持ちが強ければ，差別は抑制できます。また，相手の立場になって考える視点取得によっても，差別は抑制できます（ガリンスキーとモスコビッツ，2000）。無自覚に生じうる差別に気づき，抑止する意志を持つことが大切だといえます。

1.3　他者を推測するための心の仕組み

■ 他者推測へのアプローチ

　私たちが生きていく上で，他者の性格や行動を理解することは重要です。他者は私たちの利害を大きく左右しうる要因であり，性格や意図を推測することは予測を助け，行動の指針となります。他者を推測する心の仕組みは，社会生活を支える基盤となっているといえます。このため，他者についての情報から全体像を推測する**印象形成**，出来事が生じた原因について推測する**原因帰属**に関心が寄せられてきました。これらの社会的な判断には，意識的な思考が必要だと考えられていましたが，現在では自動的過程と統制的過程の 2 つが作動していることが明らかにされています。

■ 印象形成の 2 過程モデル

　ブリューワー（1988）は，ある人の印象が形成されるプロセスとして，まず自動的処理による簡易分析が実行され（**図 1.2** の上部），必要に応じて統制的処理による詳細な分析が行われる（**図 1.2** の下部）としています。

　評価対象に出会ってすぐ行われるのはカテゴリー（年齢，性別，職業など）による人物の**同定**です。たとえば，偶然すれ違った通行人や就職活動中に質問した面接官を見て，「40 代の男性サラリーマン」とすぐ認識する場合が当てはまります。同定は自動的処理であり，認知的に忙しい状況でも問題なく実行さ

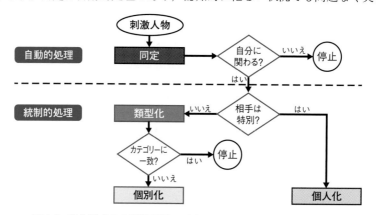

図 1.2　**印象形成の 2 過程モデル**（ブリューワー，1988 をもとに作成）

れます。その後，判断対象が自分には関わりのない相手であるなら，そこで印象分析はストップします。一方で，自分に関わりのある相手ならば，詳しく知る必要があるので，分析が続行されます。たとえば，相手が通行人なら分析はストップされ，就職試験の面接官なら分析は続行されるでしょう。

　その後は，相手が自分にとって特別で，重大な影響を受ける可能性があるかどうかにより，異なる分析方略が用いられることになります。自分にとって特別な相手なら，その特徴を丁寧に分析し，ボトムアップ的に積み上げることで，オンリーワンの存在として印象を形成します。これを**個人化**といいます。たとえば，第1希望で考えている企業の採用面接では，面接官の性格や質問の意図を正しく読み取ることが重要なので，個人化が行われます。

　一方で，相手が自分にとって特別ではないなら，おおまかに判断できれば十分です。そこで，何らかのカテゴリー属性（たとえば，サラリーマンっぽい）に当てはまるかどうかを判断するというトップダウン的な印象形成が行われます。これを**類型化**といいます。「相手の全体的なイメージ」が「カテゴリーに典型的な人物像」に一致するかどうかを評価することは，個々の要素評価を積み上げるよりも効率に優れます。この理由から，さほど重要ではない相手にはカテゴリーに基づいた処理が適用されます。たとえば，練習のため，本命でない会社の面接官と話す場合には，類型化が行われると予測されます。なお，相手がカテゴリー属性にぴったり一致しない場合には，特殊な事例として位置づけられます。これを**個別化**といいます。たとえば，人事担当者には厳しい人が多いと思われますが，親しげに話しかけてきた場合には人事担当者として珍しいタイプという印象を持つことでしょう。

　ブリューワーのモデルでは動機や状況に応じ，情報処理の仕方が枝分かれしていき，異なる表象（カテゴリーに基づく人物像か，個性豊かな人物像か）にいたることを想定しています。これは短時間での印象形成をうまく描いたものだと考えられます。ほかにも，長い時間の中で印象がだんだん詳細になっていく過程もあるでしょう。フィスクとニューバーグ（1990）は，正確さへの動機づけが強いほど，「カテゴリーによる他者理解」から「個別的な他者理解」に移行していく過程を描いた連続体モデルを提案しています。

■ 原因帰属とは？

　「あなたの友だちの Ａ さんはどんな人ですか？」と聞かれたら，私たちは「やさしい」などの特性について答えるのではないでしょうか。一般的に，私たちは性格や能力などの人の特性に関心を寄せます（ギルバート，1998）。なぜなら，人の特性を知ることで，相手の行動を予測し，適切に対応できるようになるからです。たとえば，やさしそうな人なら今後も親切で，困ったときには助けてくれそうなので親しくするかもしれませんし，怒りっぽい人ならそのうち自分が被害を受けるかもしれないと考え，近づかないようにするかもしれません。

　特性は，本人の心の中にあるので，外から直接見ることはできません。そこで，私たちは人の行動を観察し，それが何を意味するかについて解釈することで，相手の特性を読み取ろうとします。たとえば，「老人に席をゆずる」というケースを考えてみましょう。その行動から「その人のやさしさ」を読み取ることができるかもしれません。ただし，「隣の異性によいところを見せたかった」「怖そうな男性から視線を感じた」などの外からの状況圧力によっても席をゆずるという行動は生じるかもしれません。このように，行動は曖昧であり，その意味は原因推論によって導かれます。

　観察された行動が本人の性格や意志によって生じたと理由づけすることを**内的帰属**といいます。一方で，観察された行動が状況の制約や圧力により生じたと理由づけすることを**外的帰属**といいます（図 1.3）。原因がわかれば，将来を予測できますし，その原因に働きかけることで，現象をコントロールすることもできます。これらの理由により，人は原因帰属に動機づけられるのだと考えられています（ジョーンズとデイビス，1965）。

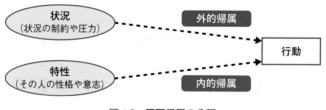

図 1.3　原因帰属の分類

■ 原因帰属の2過程モデル

　それでは，私たちの行う原因帰属の背景には，どのような情報処理過程が存在しているのでしょうか。ギルバート（1998）の帰属過程の段階モデルでは，「行動のカテゴリー化」と「行為者の特性評価」という2段階の自動的処理が行われた後に，認知容量に余裕があれば，「状況による修正」という統制的処理が行われると想定されています（図1.4）。

　他者の行動を観察した直後，その行動についての意味がまず分析されます。これが**行動のカテゴリー化**です。先に述べましたが，行動は曖昧であり，それが何を意味するのかについては解釈が必要とされます。たとえば，「席をゆずる」という動作から，「思いやり」あるいは「格好つけ」などの行動の意味が読み取られます。

　次に，その人の特性が推論されます。これが**行為者の特性評価**です。たとえば，行動が「思いやり」と意味づけられた場合には「やさしい」という特性が推測され，「格好つけ」と意味づけられた場合には「八方美人」という特性が推測されます。特性推論は，行為や表情を観察してから，自動的にすぐ実行されると考えられています（トドロフとユルマン，2004）。実際，0.1秒という極めて短い時間があれば，顔写真を手がかりに特性推論が実行できるという研究報告もあります（ウィリスとトドロフ，2006）。

　最後に，**状況による修正**が行われます。ある人が特定の行動をしたとしても，その行動は状況の制約や圧力があり，しかたなく行われたものかもしれません。このような場合，行為者の内的特性に原因を求めすぎず，状況の影響力について割り引くことが必要となります。ただし，認知負荷のある状況では修正過程が十分に働かず，行為者の原因を過大視するというエラーが生じやすくなります（ギルバートら，1988）。

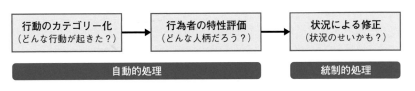

図1.4　**帰属過程の段階モデル**（ギルバート，1998をもとに作成）

1.4　他者判断において生じるバイアスとは？

■ 印象形成におけるバイアス

1. 期待効果……「きっとこうなるだろう」という主観的な見積もりを期待といいますが，見る側が対象に期待を持っていると，対人認知が歪められることがあります。これを**期待効果**と呼びます。たとえば，「彼女は天然ボケだ」と聞いていた場合にはそうでない場合よりも，その人を見かけたときに「天然ボケ」という印象を持つ可能性が高くなります。

　ケリー（1950）の実験では，ある大学教員の紹介文を読ませた後，その教員の授業を受けさせて，教員の印象を尋ねました。紹介文は 2 種類あり，一方では教員の人柄が「あたたかい」と紹介され，もう一方では「つめたい」と紹介されました。紹介文により，学生たちは期待を持つことになります。授業後の印象はどうだったでしょうか？　「あたたかい」と紹介された学生は「つめたい」と紹介された学生より，教員を好意的に評価しました。これは，期待と一致した情報を重視し，印象形成がなされたことを示唆します。

2. アクセシビリティ効果……他者の印象は，見る側の心に何が浮かびやすくなっているかにより左右されます。私たちの知識は記憶ネットワーク内に貯蔵され，その利用されやすさ（**アクセシビリティ**）は知識ごとに異なります。外界から情報が入力されると，それと関連した心的表象のアクセシビリティが高まり，その後の判断に影響を及ぼす可能性があります。

　ヒギンズら（1977）は，事前の経験がその後の（無関係のはずの）人物評価に与える影響について検討しています（図 1.5）。その結果，事前の記憶課題でポジティブな特性語（「勇敢」など）を耳にした参加者は，ネガティブな特性語（「無謀」など）を耳にした参加者より，その後の印象形成において対象を好意的に評価しました。この実験では特性概念のアクセシビリティを高めるため，口頭で答えさせるという意識的な操作を用いていますが，閾下呈示（主観的には見えないほど素早い情報呈示）を用いた実験（バージとピエトロモナコ，1982）でも同じ効果が確認されています。この知見から，アクセシビリティ効果は自動的過程によって生じ，自覚を伴わずに判断を左右することがあ

〈第1セッション〉
①イヤホンから聞こえた言葉（勇敢 vs. 無謀）を覚える。
②画面上に文字が呈示されたら，色を回答する。
③覚えておいた言葉を報告する。
……を繰り返す。

〈第2セッション〉
①ある人物についての紹介文を読む。
②印象を回答する。

図1.5　アクセシビリティ効果の実験（ヒギンズら，1977）

ると考えられます。

■ 原因帰属におけるバイアス

1. 根本的帰属の過誤……私たちは他者の行動の原因について考える際に，外的な要因より，内的な特性に原因を求めがちであることが示されています。物静かにするのは，本人の性格の現れかもしれませんが，そうすべきという社会規範や場の雰囲気に従っているだけかもしれません（たとえば，図書館で静かにするのはそういう場所だからです）。しかしながら，社会規範や状況圧力は見る側から目立たず，見過ごされやすいため，私たちは行為者の内面に原因を求めすぎてしまうのです。この現象はあまりにもよく生じるので，**「根本的」な帰属の過誤**と呼ばれます。

　ジョーンズとハリス（1967）は，ある独裁者の賛否の書かれたエッセイを参加者に読ませ，書き手の「真の態度」を推測させました（図1.6）。「独裁者支持と不支持どちらの内容を書くかはエッセイストが自由意思で決めた」と伝えた条件では，独裁者支持のエッセイを読ませた場合には書き手の態度も支持的だと推測され，不支持のエッセイを読ませた場合には書き手の態度も不支持だと推測されました。選択の自由があるのだから，自分の態度と一致する内容を書いたはずだと考えたのでしょう。この推測は合理的です。

　それでは，「エッセイストは支持か不支持どちらを書くのかを選択できず，テーマを強制された」と伝えた場合はどうでしょうか。論理的に考えるなら，

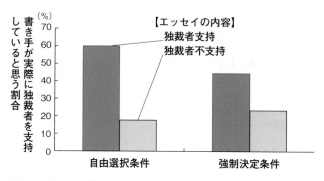

図 1.6　**書き手の態度についての推測**（ジョーンズとハリス，1967）

書くべき内容を「強制」されていたので，エッセイから書き手の本心を読み取ることは不可能なはずです。ところが，独裁者支持の文章を読ませた場合は態度も支持的だと推測され，不支持の文章を読ませた場合には態度も不支持だと推測されました。日常場面で考えてみると，テレビ CM でタレントが「このケーキ，大好き」と言っているのを見たとき，宣伝だとわかっていても，タレント自身が本当に好きなのだと思ってしまう場合が当てはまるといえます。

2.　行為者―観察者バイアス……他者からきついことを言われたときには「意地が悪い人だ」というように内的要因に原因を求めがちですが，自分が誰かにきついことを言ったときはどうでしょう？　「自分は意地が悪い人間だ」と思い，自分の内面に原因があったと考えるでしょうか。たぶん，そうではないはずです。「相手の対応の仕方が悪かったせいだ」や「電車が遅れて，ついイライラしてしまった」などのように，外的要因に原因を求めることが多いのではないでしょうか。他者の行動は性格などの内的要因に帰属するのに対し，自分の行動は状況などの外的要因に帰属することを**行為者―観察者バイアス**といいます（ジョーンズとニスベット，1971）。

　このような帰属の違いは，なぜ生じるのでしょうか。まず，視点の違いが挙げられます。目は外界に対して開かれています。このため，自分が観察者である場合には他者が目立つのに対し，自分が行為者である場合には周りの状況が目立ちます。人は目立つ情報に基づき情報を分析しがちであるため，先の帰属の違いが生じると考えられます。また，動機の違いも挙げられます。他者の行

動について考える場合と異なり，自分の行動について考える場合には自己を防衛し，自尊心を維持しようとする動機が強く働きます。つまり，自分が失敗した場合に，自分の性格や能力などに問題があったと考えると，自尊心が脅かされることになります。このような事態を避けるため，状況などの外的要因に帰属することがあると考えられます。行為者─観察者バイアスは，どんな場合でも生じるわけではなく，ネガティブな出来事において生じやすいことが明らかにされていますが（マレ，2006），この知見は動機の違いから解釈することができます。

■ 判断バイアスについて再考する

　最後に，他者判断におけるバイアスの功罪について考えたいと思います。人は次々と訪れる複雑な問題に対処するため，簡便な情報処理をデフォルトとして用いており，詳細で入念な情報処理を行うのは稀であることが示唆されています。初期の社会的認知研究では，「認知的倹約家」という言葉にも表れているように，簡便な方略に頼るがゆえに，判断のバイアスやエラーが生じてしまうという否定的な側面が強調されていました。

　しかし，近年ではバイアスやエラーを生じさせている心の仕組みは「環境に適応する」という意味ではうまくできているのではないかという肯定的な側面が注目されています。バイアスやエラーは，どの文化でも見られるため，人類が致命的な問題を避け，生き残りに役立つように設計されている可能性があります（エラー管理理論；ハセルトンとバス，2000）。根本的帰属の過誤を例にとると，社会的役割や圧力のせいでネガティブな行動をした人物は，内面には原因がありませんが，もう一度同じ状況に置かれたら，ネガティブな行動を繰り返す可能性があります。この場合，ネガティブな行動が本人の性格のせいだと考えることは，正確ではありませんが，その人を避け，将来の不利益を防ぐ点では有益でしょう（アンドリューズ，2001）。

　もちろん，判断の正確さが重要になる場合もあります。簡便な情報処理は誤った判断や差別的な行動につながりうるので，状況によっては注意が必要になります。2過程モデルに従えば，論理法則に基づいた精密な判断には，考える動機と心の余裕が大切であると考えられます。

■ 復 習 問 題 ■

1. 「認知的倹約家」とは，人のどのような性質を表した言葉であるか。説明しなさい。

2. 「ヒューリスティックス」とは何か。また，ヒューリスティックスはどのような点で役立っているといえるか。説明しなさい。

3. 自動的処理とは何か。「原因帰属」を例にして，説明しなさい。

4. 他者判断において生じうるバイアスを1つ挙げ，説明しなさい。

5. 現代において問題となっている差別とは，どのようなものか。説明しなさい。

感情 2

　私たちの心は，さまざまな出来事によって時に大きく，時には小さく揺り動かされます。このような心の動きを感情といいます。大きな失敗や失恋などの後には苦しい気持ちでいっぱいになりますし，そのせいで勉強や仕事に専念できなくなることもあるでしょう。感情なんてないほうがよいのでしょうか。それとも，感情には何か役に立つところがあるのでしょうか。本章では，感情の働きを明らかにした上で，ネガティブな感情とうまく付き合うための方法について考えてみたいと思います。

本章のトピック

- 感情は，どのような点で役立っているのだろうか？
- 感情は，どのように生じるのだろうか？
- 気分は，認知や行動にどのような影響を与えるのだろうか？
- ネガティブな感情とうまく付き合うには，どうしたらよいだろうか？

キーワード

感情の機能，恥，罪悪感，後悔，認知的評価，気分一致効果，感情制御

2.1 感情の機能

■ 感情の分類

　喜びや怒りなど，明らかな原因があって，一時的に強く生じた感情状態を**情動**といいます。情動は，主観的な経験（たとえば，嬉しい感じ）だけでなく，生理的な覚醒状態（たとえば，胸の高鳴り）や行動表出（たとえば，笑顔や胸を張る姿勢）を含みます。一方，なんとなく楽しいとか悲しいというように，明らかな原因が見当たらないものの，全体的にはポジティブかネガティブな感じがするという感情状態を**気分**といいます。気分は激しくありませんが，長続きしがちです。これらを含む，幅広い言葉が**感情**です。

■ 情動の働きとは？

　情動は突然やってきて，心をかき乱し，人を非合理的な行動に向かわせるように思えます。たとえば，怒りで勉強に手がつかない経験から，感情なんてなければよいと考える人もいるかもしれません。このような考えとは対照的に，感情は人が進化の中で身につけてきた，環境にうまく対応するための**適応装置**であるという考え方が主流になっています（コスミデスとトービィ，2000）。すなわち，感情は個体が生き残り，子孫を残す上で役立っているのです。ここでは，情動の持つ4つの機能について紹介します（図2.1）。

1. 目標管理機能……情動は自分にとって重要な意味を持つ出来事に直面したときに生じます。たとえば，大きな失敗をしたとき，親友が不機嫌そうなとき，強盗にあったときなどです。情動は，私たちの意識に強引に割り込み，きっかけとなった出来事に注意を釘づけにし，対処するように心をいっぱいにします（オートリィ，1992）。たとえば，強盗に襲われたとき，ゆっくり考えていたら，自分の身や財産を守ることはできません。すぐ反撃するか逃げたほうがよいはずです。情動は，何か問題が急に現れたときに，それまでの活動（目標など）

目標管理	記憶強化	情報伝達	利害調整
●情動を引き起こした出来事への緊急対処を促す	●生存に役立つ事柄の記憶を定着させ，必要に応じ引き出す	●自分の情動状態を周りに伝え，行動を引き出す	●ゆるぎない意志を示すことで，長期的な利益を守る

図2.1　情動の持つ4つの適応機能

をストップさせ，問題解決に集中させる緊急モードだといえます。

2. 記憶強化機能……情動は大切なことを記憶に定着させる上でも役立ちます。たとえば，乳児が熱いアイロンを誤ってさわったら，痛みを感じ，危険なものだとすぐ学習するでしょう。アイロンをちょっとさわったくらいなら，それほど体が傷つくことはなさそうですが，主観的には強い痛みを感じます。実際の利害（＝体は無事）より，大げさに主観的な感覚（＝大きな痛み）を伝える心の仕組みは，利害に関わる事柄の学習を促す点で適応的だとされます（ジョンストン，1999）。また，情動を伴う記憶は，似た状況が起きたときに活性化され，適切な行動を選ぶ際に役立ちます。たとえば，別のアイロンを見たとき，かつての痛みや状況を思い出し，慎重な行動を導くと考えられます。

3. 情報伝達機能……情動は，表情や声の調子を通じて，表に出ることがあります。これにより，その人の内面や状況に関する情報が周りの人々に伝わる可能性があります。たとえば，ハイキング中に，恐怖で顔をこわばらせて逃げてきた人を見たら，周りはどう思うでしょうか。その人に大変なことがあったと察したり，危険な状況が続いているかもしれないと感じたりするでしょう。また，情動状態が伝わることで，何らかの行動が促されるかもしれません。たとえば，自分が悲しんでいたら，辛い境遇を理解し，なぐさめてくれる人や手助けしてくれる人が現れるかもしれません。このように，情動は周りの人々と情報を伝え合うという点で役立っています（遠藤，2013）。

4. 利害調整機能……強い情動は，浅はかで愚かな判断を導くように思えることがあります。また，強い情動を隠すことは難しく，自分の考えが他者から見破られやすくなってしまいます。このような情動の性質は，自分の利益を守る上で不利に働くように思えます。さて，これらは本当でしょうか？　たとえば，1,000円をだまし取られ，怒りを感じ，復讐（ふくしゅう）する人（探偵を10万円で雇い，犯人探しに10時間かける）について考えてみます。この状況だけ見ると，1,000円のために10万円や10時間を失うのは不合理だといえます。しかし，復讐心が強いという印象や評判を持たれることは，将来詐欺に遭うリスクを減らす上で役立ちます。怒りが「やられたら，やり返す」という決意表明になっているように，情動は特定の行動（復讐など）に心を固くしばりつけ，それを周りに

知らせることで，長期的な利益を守る働きをするのです（フランク，1988）。

■ その情動は，何に役立っているのか？

　情動は状況対処のために生じますが，きめ細かい対処が必要とされるのは物事がうまくいっている良好な状況よりも，現状に問題のある危機的な状況であることが多いといえます。このため，ポジティブな情動と比べて，ネガティブな情動は多様であり，機能の違いもはっきりしています。ここでは，生物にとって基本的な「恐怖と怒り」，より社会的な「恥と罪悪感」「後悔」に注目し，その機能を説明します。

1. 恐怖と怒り……恐怖と怒りは，適応にとってマイナスに働く事態が生じたときに，交感神経を活性化させ，心拍を速め，血流を増加させる点では共通していますが，問題への対処法が異なります（北村と木村，2006）。たとえば，暴漢に出くわし，**恐怖**を感じた場合には，どうするでしょうか。その場から逃げようとするのではないでしょうか。恐怖は，逃げ出すことで，被害が大きくならないように個体を導きます。一方で，**怒り**を感じた場合には，手近にある武器になりそうなものを持って威嚇するかもしれません。怒りは，反撃により相手からの攻撃を止めさせ，将来の被害を防ぐ上で役立ちます。

2. 恥と罪悪感……恥と罪悪感は，自分が望ましくない行動をしたときに生じる道徳的な感情ですが，自分の何が悪かったかという点で異なります（表2.1）。**恥は自分全体**が悪かったとみなす場合に生じ，**罪悪感は特定の行動**だけが悪かったとみなす場合に生じます（タングネー，1995）。たとえば，遅刻したときに，「自分はダメな人間だ」と考えれば恥が生じ，「夜ふかしがダメだった」と考えれば罪悪感が生じます。

　罪悪感は，恥よりも心の痛みが小さいため，問題行動に向き合いやすく，つ

表2.1　**恥と罪悪感の違い**（タングネー，1995をもとに作成）

	恥	罪 悪 感
評価の対象	自分全体	特定の行動
自分全体の価値	低下する	低下しない
苦痛の強さ	（比較的）強い	（比較的）弱い
他者への関心	他者からどのように評価されるか	他者にどのような影響を与えたか
動機の方向	逃げ出したい，消え入りたい	謝罪したい，つぐないたい

ぐないに動機づけられるとされます。一方，恥はすぐ改善しにくい「自分全体」が悪かったと考えるため，逃げ出したい，消え入りたいなどのように，回避行動に動機づけられやすくなります。また，恥による強い心の痛みは，他者への攻撃や自暴自棄な行動に向かわせがちです。したがって，罪悪感のほうが恥よりも，望ましい結果に結びつきやすい情動だといえます。

3. 後　　悔……後悔は「もし～だったら…」という**反実思考**に基づく感情です。反実思考は，過去のどこかが異なっていたら，ありえた可能性に関する思考です。自己啓発本には後悔の負の側面を強調するものが多いですが，実際には後悔は成長の糧となります（ローズ，2005）。後悔は，「どうすべきだったのか」についてのシミュレーションであり，原因を明らかにし，問題の再発を防ぐ方策と意欲を与えてくれるのです（ナスコとマーシュ，1999）。

　それでは，建設的な後悔とはどのようなものでしょうか。まず，後悔するのは「自ら改善できる対象」にすべきでしょう。「行動」への後悔は改善につながりやすいので有益ですが，「性格や能力」に注目した後悔はすぐ改めることが難しく，落ち込むばかりで効果的でないと考えられます。たとえば，試験に落ちたとき，「早めに勉強を始めるべきだった」と後悔するのはよいですが，「まじめな性格でなかった」とは後悔しないほうがよいでしょう。

　また，よく考えた上で，それでも迷ったときには，行動しないよりも，行動するほうがよいかもしれません（ローズ，2005）。後悔には，行為型（やったことへの後悔）と非行為型（やらなかったことへの後悔）があります。ギロビッチとメドヴェク（1995）によれば，最近の事柄では行為型と非行為型のどちらの後悔も見られますが，ずっと悔いが残りやすかったのは非行為型の後悔でした（**図 2.2**）。「悔いを残さない」という点では行動したほうがよさそうです。ただし，このことは「実際によい結果が得られるか」とは無関係です。たとえば，告白がうまくいくかどうかは状況次第です。状況をしっかり分析し，それでも答えが出なければ行動を決断するというのがよいでしょう。

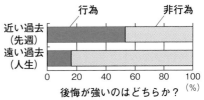

図 2.2　**時間的距離と後悔の対象**
（ギロビッチとメドヴェク，1995）

2.2　情動経験はどのように生じるのか？

■ 認知が情動を導く

　情動は，状況にうまく対処するための仕組みです。状況にうまく対処するに
は，その状況が個体にとってどのような「意味」を持つかを分析する必要があ
ります。この状況分析は**認知的評価**と呼ばれ，評価結果に応じて異なる情動が
生じることが明らかにされています（ローズマン，1991）。同じ状況に置かれ
たとしても，どのような情動が生じるかは人によって異なります。これは，状
況評価の違いを反映しているかもしれません。たとえば，他者から損害（暴
力など）を被ったとき，怒りを感じる人もいれば，恐怖を感じる人もいるで
しょう。この違いは「自分が相手より強いと思うか」という状況評価により
生じます。自分が強いと思うなら怒りが生じて反撃しますが，弱いと思うなら
恐怖が生じて逃げようとします。状況に対応するのは自分ですので，「自分に
とっての意味」が情動を左右するのです。

　異なる情動のもととなる認知的評価としては，どのような次元があるので
しょうか。認知的評価に関する研究では，過去の情動経験を思い出させたり，
現在の感情状態を報告させたりした上で，そのときの状況評価を尋ねることで，
評価次元を検討してきました。たとえば，スミスとエルスワース（1985）は，
6つの評価次元と情動の関係を明らかにしています（**表2.2**）。

　まず，**好ましさ**次元を縦に見てみましょう。この値が高いところは状況を好
ましいと思うときに生じやすい情動です。たとえば，幸福や誇りなどです。一
方，この値が低いところは状況を好ましくないと思うときに生じやすい情動で
す。たとえば，欲求不満，恥，怒りなどが当てはまります。

　次に，その状況を引き起こした原因の評価である**責任**と**環境影響**を見てみま
しょう。責任はその状況が誰のせいで起きたと思うかについての評価です。こ
の数値が高いところは自分のせいだと思うときに生じやすい情動であり，この
値が低いところは他人のせいだと思うときに生じやすい情動です。環境影響は
原因が環境にあり，誰にもコントロールできなかったと思うかどうかについて
の評価です。ここで，ネガティブな情動である「恥」「怒り」「悲しみ」の評価

表2.2　**状況評価と情動の関係**（スミスとエルスワース，1985をもとに作成）

	評価次元					
	好ましさ	責任	環境影響	確実性	注意	努力
幸福	1.46			0.46		
誇り	1.25	0.81	− 0.46			
希望	0.50			− 0.46		
退屈					− 1.27	− 1.19
嫌悪		− 0.50			− 0.96	
欲求不満	− 0.88				0.60	0.48
恥	− 0.73	1.31				
怒り	− 0.85	− 0.94	− 0.96			0.53
悲しみ	− 0.87		1.15			
恐怖	− 0.44			− 0.73		0.63

数値は評価次元と情動の関係の強さを示す。値がプラス方向に大きいほど，「その評価次元での評価が高いほど，その情動を強く感じやすい」ことを意味する。値がマイナス方向に大きいほど，「その評価次元での評価が低いほど，その情動を強く感じやすい」ことを意味する。なお，数値が− 0.4 ～ 0.4のところは関係が弱いため，表から省いている。

を比べてみます。恥は，責任の数値が高いので，自分のせいだと思うほど生じやすい情動です。一方，怒りは責任の数値が低いので，他者のせいだと思うほど生じやすい情動です。悲しみは，環境影響の数値が高いので，状況のせいだと思うほど生じやすいといえます。たとえば，バーベキュー中に場が白けたときに，自分の失言のせいだと思えば恥が，後輩の遅刻のせいだと思えば怒りが，雨のせいだと思えば悲しみが生じます。

　確実性はその出来事がどれほど生じやすいと思うかに関する評価です。たとえば，「幸福」と「希望」はともに好ましい出来事（たとえば，好きな人とデートする）に関連しますが，それが起きるのが確実だと思えば幸福が生じ，確信が持てない場合には希望が生じます。また，**注意**も重要な次元です。たとえば，嫌悪を感じた場合には状況に集中していないのに対し，欲求不満を感じた場合には状況に集中している傾向があります。たとえば，嫌いな相手の話を聞き流す場合には話に集中しませんが，イライラして話を打ち切りたい場合にはタイミングを測るため，会話に注意を向けます。最後に，これから必要となる**努力**の予期も情動によって異なります。たとえば，怒りや恐怖を感じたときは状況を乗りきるのに労力が必要とされると予期していますが，退屈，嫌悪，

ポジティブな情動を感じたときはそうではありません。

　評価次元のモデルはさまざまですが，状況の好ましさ，原因の所在，確実性，注意などを基本とする点で共通します（フィスクとテイラー，2008）。

■ 身体からのフィードバック

　「空元気も元気のうち」という言葉があります。落ち込んでいるときでも，元気なように振る舞っていると，本当に元気になることもあるものだという意味の言葉です。元気そうに振る舞うことには笑顔でいたり，胸を張ったりすることなどが含まれますが，これらの行為には情動を動かす効果があるのでしょうか？　実は，あるのです。**顔面フィードバック説**によれば，人の感情経験はその人の表情筋を変化させることで，強めたり，鈍らせたりすることができるとされます（バック，1980）。たとえば，怒りの経験は，しかめ面をする代わりに，微笑むことができれば，それほど強くならないとされます。表情を作ることは，主観的な感情経験の原因となりうるのです（レイアード，1974）。

　顔面フィードバック説は，数多くの研究が行われてきました。コレスら（2019）は過去の研究結果を集め，そこから全体的にどのようなことがいえるのかを調べるためにメタ分析を行いました。この研究では286の実験効果について分析した結果，表情の操作は自分の感情経験や対象の感情的評価に影響を及ぼすことが示されました。笑顔を作った場合には，そうしない場合よりも，幸せを感じたり，物事をポジティブに評価したりしやすいようです。表情は，それほど大きな影響力を持つわけではありませんが（マツモト，1987），気分をポジティブかネガティブな方向に導くとされます（バック，1980）。

図 2.3　顔面フィードバック説

■ 興奮中には，情動経験が強まる

　ここまで，状況評価や表情がどのような「種類」の情動経験を導くのかを説明しましたが，情動経験の「強さ」に影響する要因も確認されています。それは，生理的な興奮状態である**覚醒**です。何かの活動で高まった覚醒は，消えるまでに時間がかかります。たとえば，運動した後，しばらく覚醒が続きます。私たちは，覚醒がなぜ生じたかを把握することが得意ではありません。このため，別の活動によって高められた覚醒が，その後の情動経験や判断に誤って結びつけられることがあります。たとえば，運動したことで生じた激しい鼓動を，その後で出会った相手の言動が不快だったからだと勘違いし，その相手への怒りが増幅されてしまうことがあるのです（ジルマンとブライアント，1974）。

　また，ダットンとアロン（1974）は覚醒が対人魅力に影響を及ぼすかどうかについて検討しています（図2.4）。この実験では，「揺れる吊り橋」か「安全な橋」を渡った男性に対し，魅力的な女性がインタビューをします。その後，「今回の調査に興味があれば，あとで電話してください」と伝えて，電話番号が書かれたメモを渡しました。その結果，吊り橋を渡った人々のほうが安全な橋を渡った人々よりも，インタビュワーの女性に対して後で電話をかけやすくなりました。吊り橋は怖いので，覚醒が生じます。この胸の高鳴りは，インタビュワーの魅力として誤って受け取られ，女性に電話をかけるという行動を導いたと考えられます。すなわち，恐怖による覚醒が異性の魅力を増幅させたのです。

　このように，覚醒が高まったときには，それとは無関連のはずの，目の前にいる他者や対象に向けられる感情が強くなることがあるようです。

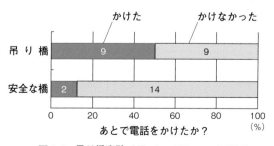

図 2.4　**吊り橋実験**（ダットンとアロン，1974）

2.3　気分が認知や行動に及ぼす影響

■気分の持つ機能

　気分は，なんとなくポジティブ，ネガティブというように，心全体を背景の
ように彩ります。気分は，さまざまな要因が働き合って形成されます。たとえ
ば，先週の試験，友人の言動，食事，音楽，天気などが影響します。

　さて，情動が緊急事態の解決などに役立っているように，気分にも何らかの
機能があるのでしょうか。気分は，思い出されやすい記憶や下されやすい判断
の「内容」だけでなく，情報処理のときに用いられる「方略」を穏やかに方向
づけるとされます。気分は，人生や環境のさまざまな要因が絡み合った全体的
な状況の評価を表し，そのもとでの適切な反応を導くのです。

■記憶や判断の気分一致効果

　落ち込んだときには，嫌なことが頭に浮かび，何を見てもつまらないと感じ
がちです。楽しい気分では，愉快なことが頭に浮かび，すべてがバラ色に見え
がちです。ある気分のもとでは，その評価性（ポジティブ vs. ネガティブ）に
一致する記憶や判断が促されます。これを**気分一致効果**といいます。

1. 記憶への影響……バウアーら（1981）はポジティブかネガティブな気分に
誘導した後，架空の物語を読ませました。登場人物の一人はすべてうまくいく
幸運な人物で，もう一人はすべてうまくいかない不運な人物でした。最後に，
参加者は物語について尋ねられました。その結果，ポジティブ気分の参加者は
ネガティブ気分の参加者よりも幸運な人物の事柄を多く思い出しました。一方，
ネガティブ気分の参加者はポジティブ気分の参加者よりも不運な人物の事柄を
多く思い出しました。同様に，自己の記憶でも，ポジティブ気分ではポジティ
ブな経験が思い出され，ネガティブ気分ではネガティブな経験が思い出されや
すいことが示されています（スナイダーとホワイト，1982）。

2. 判断への影響……フォーガスとモイラン（1987）は，映画館から出てきた
人々に政治や人生などについての質問を行いました。その結果，楽しい映画を
見た人々は，そうでない映画を見た人々よりも，肯定的な回答をしました。また，
アイゼンら（1978）は，試供品をもらうことで良い気分になった人々がそうで

ない人々よりも，商品の性能を肯定的に評価することを明らかにしています。

■ 気分一致効果はなぜ生じるか

1. 感情ネットワーク・モデル……気分一致効果を説明する代表的なモデルとしては，バウアー（1981）の感情ネットワーク・モデルが挙げられます（図2.5）。私たちはさまざまな事柄を記憶内に取り込んでいますが，それらの記憶情報は意味的に関連するものが結びつき，ネットワークを形成していると考えられています。これを意味ネットワークといいます。バウアーは，意味ネットワークの中に感情要素を取り入れたモデル化を行っています。

このモデルでは，「ポジティブな感情状態」と「ネガティブな感情状態」を表す表象が想定され，それぞれの感情状態とそれに関連する知識や経験はリンクで結びついています。ある感情表象が活性化すると，それと結びつくほかの表象へと活性が伝わり，次々と活性が広がっていくとされます。たとえば，ポジティブな気分では，ポジティブ感情の表象が活性化することになります。すると，ポジティブ感情と関連した事柄（恋人，おしゃべり，食事などの概念やそれらの具体的なエピソード）の表象も活性化され，検索されやすくなります。これにより，思い出されやすい記憶や判断時に参考にされる情報などが影響を

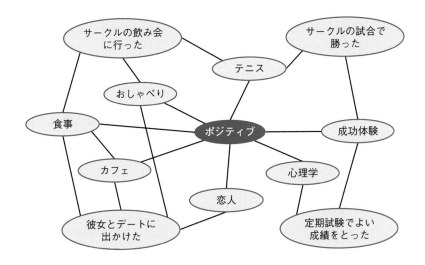

図2.5　**感情ネットワーク・モデル**（バウアー，1981）

受けると想定されています。

2. 感情情報説……気分一致効果には別の説明もあります。シュワルツとクロア（1988）の**感情情報説**によれば，判断が気分によって左右されるのは，私たちが自分の感情状態を「手がかり」として参考にするからです。たとえば，あるネクタイを手に取って，なんとなく「良い気分」だったとき，ネクタイの質が良いためだと考えて，好意的な判断を下すことがあります。

　ただし，私たちの気分は無関係な要因によっても左右されます。たとえば，ネクタイを手に取ったときの「良い気分」は，その店で流れている音楽や店員の笑顔のせいかもしれません。人は気分がどこから生じたかを把握するのが不得意なので，無関係に生じた感情を誤って参考にすることがあります（北村，2003）。たとえば，音楽によって生じた「良い気分」のせいで，ネクタイが良いのだと誤って判断してしまうことがあります。

　実際，シュワルツとクロア（1983）は，天気が異なる状況にある人々に電話をかけ，人生満足度を尋ねました。その結果，天気の良い場合のほうが悪い場合よりも満足度を高く回答しました。人生満足度という複雑な問題に答えるために，気分を手がかりにした簡便な判断が行われたと考えられます。なお，天気を尋ねてから人生満足度を質問した場合には，天気による回答の違いは見られませんでした。天気に注意が向くと，満足度の判断に影響しないように，天気の影響を割り引いたと考えられます。これらの結果は，判断をショートカットするために，気分が利用されたことを意味します。

3. 気分が影響力を持つ状況とは……感情ネットワーク・モデルと感情情報説には，それぞれ支持するデータがあり，当てはまる状況が異なると考えられています（フォーガス，1995）。思い入れのない対象について手軽に結論を出そうするときには，気分を手がかりとした判断が生じやすいとされます。一方で，対象を正確に判断しようとするときには，頭に浮かぶ事柄を吟味するため，気分によって検索されやすくなった記憶が判断を左右することになります。なお，習慣化した判断（たとえば，いつものコーヒーを選ぶ）や強い動機がある場合（たとえば，彼女の歓心を引くために商品を選ぶ）では，気分の影響が生じにくくなります。

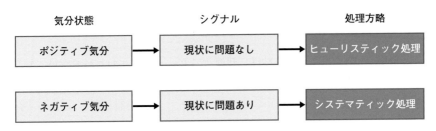

図 2.6　気分が処理方略に与える影響（シュワルツ，1990）

■ 気分と処理方略

　気分は，情報をどのように処理するかという処理方略に影響を及ぼします（図 2.6）。シュワルツ（1990）によれば，ポジティブな気分は現状に問題がないことを意味するシグナルであり，労力が少なく簡便な**ヒューリスティック処理**を導くとされます。一方，ネガティブな気分は現状に問題があることを伝えるシグナルであり，問題解決に向け，入念に細かく分析する**システマティック処理**を導くとされます（第 1 章も参照）。

■ 具体的な違い

1. 情報の集め方……ポジティブな気分にある参加者は，ネガティブな気分にある参加者よりも，商品やパートナーを選ぶ際に情報収集をあまり行わず，意思決定に要する時間が短いことが示されています（アイゼンとミーンズ，1983）。ポジティブ気分のもとでは，努力せずに素早く判断しているので，ヒューリスティック処理が行われたといえます。

2. 根拠の吟味……ちゃんと考えているならば，確かな根拠に基づく質の高い説得には心が動かされ，根拠のない質の低い説得には影響されないはずです。この点に関し，ネガティブ気分では根拠の質が高いほど，態度変化が大きくなりましたが，ポジティブ気分では根拠の質が態度変化に影響しませんでした（ブレスら，1990）。ネガティブ気分のもとでは，丁寧に考えた上で態度を変えるというシステマティック処理が行われたといえます。

3. ステレオタイプ利用……ポジティブ気分ではステレオタイプ情報に基づく簡易判断が行われやすいのに対し，ネガティブ気分では個別情報に基づいた細かな判断が行われやすくなります（ボーデンハウゼンら，1994）。

2.4 否定的な感情とうまく付き合うには？

■ 感情制御とは？

　感情状態や衝動，情動に関する思考などを自分の望む方向にコントロールしようとすることを**感情制御**といいます。ネガティブな感情経験は，不快なだけでなく，健康に悪影響を与えます（フリードマンとブース=キューリー，1987）。また，理性的な判断を下したり，周りの人々にあわせて感情状態や表情を調節したりする上でも，感情制御は重要です（木村，2006）。私たちが健全な社会生活を営む上では，感情制御はなくてはならない心の働きだといえます。本節では，感情制御として，「抑制」「気晴らし」「とらえ方の工夫」の3つの方略を紹介します。

■ 抑　　制

　感情を押さえこもうとする**抑制**は，感情制御の中でももっともよく使用される方略です（木村，2006）。たとえば，アルバイトでの失敗について考えないようにするのが抑制です。ここで有名な研究に従い，「シロクマ」について1分間考えないようにしてみましょう。少しでも頭に浮かんだら抑制失敗ですので，その回数を記録してください。……さて，意外と難しかったのではないでしょうか。「シロクマ」という関わりの薄い言葉でも抑制が難しいなら，心に深くささったネガティブな記憶の抑制はずっと大変なはずです。

　抑制には2つの問題があります。第1の問題としては，抑制が大きな負担を心身に与えるという点が挙げられます。ムラベンら（1998）は，悲惨なビデオを見せ，ハンドグリップを握り続けるという自制心を要する課題に取り組ませました。その結果，感情を抑制しながらビデオを見た参加者は，ただビデオを見た参加者よりも，その後の自制心課題の成績が悪化しました。この結果は，感情抑制が自制心をすり減らすような負担の大きい作業であり，その後に意志の力を発揮しにくくさせることを示唆しています。

　第2の問題としては，衝動や否定的な思考を押さえ込もうと努めるほど，かえって頭に浮かびやすくなることが挙げられます。たとえば，ダイエット中に食べものについて考えまいとするほど，逆に頭に浮かんでしまうことが当

てはまります。これは抑制の逆説的効果と呼ばれます（ウェグナーら, 1987）。ウェグナーらの実験では，「シロクマについて考えないで下さい」と教示された参加者は，教示されない統制群よりも，後でかえってシロクマについて頻繁に考えるようになってしまうことが示唆されています（図2.7）。ある思考を意識から締め出すには，それを常に心に留めておくことが必要です。「シロクマを避けること」を忘れてしまっては，シロクマを締め出し続けることはできません。しかし，抑制対象に注意を向け続けることは，関連情報の活性化を促進してしまい，かえって頭に浮かびやすくさせるのです。

■ 気晴らし

それでは，どうしたらよいでしょうか。これまでの研究により，抑制したい対象とは無関連の事柄に注意を逸らす方略が有効であることが示されています。この方略は，気晴らしと呼ばれます。たとえば，アルバイトの失敗が気になってしかたないときに，読書や映画などで気を紛らそうとする場合が当てはまります。気晴らし方略を活用できる人は，ネガティブな事柄を考え続けてしまうことや憂うつな状態から抜け出しやすいことが明らかにされています（ノーレン=ホークセマとモロウ, 1993）。

気晴らしは，抑制とは異なる心理状態を作り出すといえます。抑制では，対象が意識に浮かばないように警戒態勢がしかれ，注意が維持されるので，いつまで経っても忘れられない可能性があります。一方，気晴らしは無関連な事柄に夢中になることにより，「結果的」に抑制対象を忘れるのであり，抑制対象が意識に上らないように見張り続けていません。このため，抑制とは異なり，

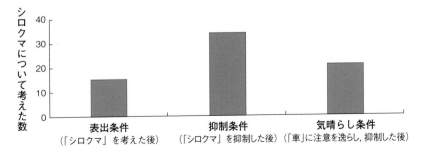

図2.7　思考抑制方略と抑制後の思考頻度（ウェグナーら, 1987）

気晴らしでは抑制の逆説的効果が生じにくいのです（図2.7）。

■ とらえ方の工夫

　情動は，本人がその状況をどのように受け取るかにより左右されます。まず，否定的な出来事に直面する「前」に，ストレスを感じさせない方法で出来事をとらえさせることができれば，不快さを軽減できることが明らかにされています。スパイスマンら（1964）は，ある部族の成人儀式についてのビデオを大学生に観察するように求めて，不快さの生理指標（皮膚電気反応）を測定しました（図2.8）。この動画には不快な映像が含まれており，ただ観察するように求めた統制条件では大きな不快反応を示しました。一方，「科学者のように冷静に観察」させた知性化条件や「大人になるための喜ばしい儀式であり，苦しがってはいない」と説明された否定条件では，統制条件よりも皮膚電気反応が小さくなりました。日常場面で考えると，ホラー映画や歯医者の診察が始まる前に，心の持ちようで不快さが軽くなるということがあるかもしれません。

　また，ネガティブな出来事に直面した「後」に，そのとらえ方を変えることで，感情を制御しようとする方略は**再評価**と呼ばれます。再評価により，その出来事のポジティブな側面に気づくことができると，不快さが軽くなることが実証されています。たとえば，喪失体験をした人々の中で，その経験の意義を

統制条件
● 説明なしで，ただビデオを見た。

つらい

知性化条件
● ビデオが「興味深い儀式を客観的に見てもらうためのもの」と紹介された。

大丈夫

否定条件
● ビデオが「原住民たちにとって喜ばしい儀式を映したもの」と紹介された。

大丈夫

不快な映像

図2.8　**認知的評価が不快感に与える影響**（スパイスマンら，1964）

見出した人はそうでない人に比べて，6カ月後の抑うつの度合いが低いことが示されています（デイビスら，1998）。また，強いネガティブ感情を伴う喪失の経験について語り，その建設的な意味に気づかせることで，健康の回復が促進されるという指摘もあります（ハーヴェイ，2000）。これらの知見は，再評価により，その出来事についての新たな視点が生まれて，受け入れやすい形での再構築ができたことを示唆しています。

■ネガティブな感情との付き合い方

　気晴らしやとらえ方の工夫は，ネガティブな出来事と向き合う際，気持ちをなだめ，踏み出す力を与えてくれる点で有用だといえます。一方で，ネガティブな感情は現状に問題があることを知らせるシグナルであり，問題解決に役立つという視点も重要です。ネガティブな感情が抑えられてしまうと，問題を早期解決への動機づけが低下して，火種が残ってしまう可能性があります。したがって，モチベーションの支えとしてネガティブな感情を「乗りこなす」という視点も重要だといえます。以上から，適度に気持ちをなだめつつ，問題に向き合っていくという姿勢が望ましいと考えられます。

コラム●感情労働とバーンアウト

　以前，某ハンバーガーショップではメニューに「スマイル0円」があり，店員に注文すれば素敵な笑顔を見せてくれたものです。従業員の笑顔は商品やサービスの一部であり，経営者は売り上げを伸ばすために従業員に笑顔を求めたのでしょう。フライト・アテンダントだったら「安心」，借金取りだったら「恐怖」を感じさせることが大切です。このように，自らの感情表出を通じて顧客を一定の感情状態にさせることを職務とし，対価を得ることを感情労働といいます。サービス業の比率が増え，グローバル化が進んだ現代では，感情労働の重要性も増しているといえます。

　感情労働には表層演技と深層演技があります。表層演技は，実際には感情を経験していないにもかかわらず，表向きには感じているように振る舞うことです。深層演技は，業務に必要とされる感情を本心から感じられるように努めることです。これらの感情労働はバーンアウト（燃え尽き症候群）との関係が指摘されています。表層演技では「表出すべき感情」と「本当に感じている感情」の間に食い違い（感情不協和）が生じ，ストレスの原因となり，バーンアウトのリスクが高いとされます（ブラザリッジとグランディ，2002）。一方，深層演技は感情不協和が生じにくく，顧客から好意的な反応も得やすいため，バーンアウトになりにくいとの指摘があります（グランディ，2003）。しかし，職務にのめり込みすぎることの危険性も指摘されています（ホックシールド，1983）。

■復習問題■

1. 情動は，どのような機能を持つと考えられているか。「目標管理」という観点から説明しなさい。

2. 恥と罪悪感では，どちらのほうが望ましい結果に結びつきやすい情動だといえるか。その根拠についても説明しなさい。

3. ポジティブ気分とネガティブ気分では情報の「処理方略」が異なるとされる。この違いについて説明しなさい。

4. 感情制御の一つである「抑制」の問題点について説明しなさい。

5. 感情労働には，表層演技と深層演技の2つがある。このうち，表層演技がバーンアウトのリスクを高める理由について説明しなさい。

態度と説得 3

　あなたの好きなものか嫌いなものを 1 つ思い浮かべて，それが
なぜ好きなのか，あるいは嫌いなのかを考えてみてください。物
事の好き嫌いを心理学では態度と呼びます。態度に関する研究は，
どのように物事の好き嫌いが形作られるのかを明らかにしてきま
した。また，最初はとくにどうも思っていなかったものが後々好
きになるなど，態度が変化した経験は多くの人が持っているので
はないでしょうか。態度がなぜ変わるのかという点も，態度研究
の重要なテーマです。さらに，親にゲームを買ってくれるようせ
がんだり，ゼミ発表の方針がメンバーと食い違ったときに自分の
方針を通すために相手に働きかけるなど，他者に態度変化を起こ
させるために説得を行った経験もあるでしょう。態度変化のため
に有効な説得とはどのようなものでしょうか。本章では態度の形
成や変化に関わる心理プロセス，説得のメカニズムについて学習
していきます。

本章のトピック

● 態度はどのように形作られ，変化するのか？
● 効果的な説得の方法とはどのようなものか？
● 望まない説得に対抗するためにはどうしたらよいか？
● 私たちの態度に，マスメディアはどのような影響を及ぼすのか？

キーワード

認知的均衡理論，認知的不協和，精緻化可能性モデル，接種理論，
議題設定効果，培養理論

3.1 態度はどのように形作られ，変化するのか？

■ 態度の定義

　心理学では，態度を「物事に対する評価的反応」と定義します。この評価的
反応には，物事に対する好き嫌い（例：甘いものが好き，高い所が嫌い）や善
し悪し（例：人を助けるのは良いことだ，嘘をつくのは悪いことだ），賛成反
対（例：奨学金の拡充には賛成だ，増税には反対だ）が含まれます。

　より詳しく見ると，態度には認知，感情，行動という 3 つの要素があります。
認知的要素は，対象の持つ性質や属性をどう思うかということです。2 つめの
感情的要素は，対象に対する好き嫌いや善し悪しの判断です。3 つめの行動的
要素は，対象にどう関わるかという意図です。たとえば，あるレストランの料
理が美味しくてサービスも素晴らしいと思うのは認知的要素，そのレストラン
が好きだというのは感情的要素，これからも通おうと思うのが行動的要素です。

■ 認知的均衡理論

　態度がどのように形作られるかには，他者の存在やその人が持っている態度
が大きな影響を及ぼします。これをモデル化したのがハイダー（1958）の**認知
的均衡理論**です。この理論では，自己と他者，そして態度の対象という 3 つの
要素の関係を考えます。3 つの要素のバランスがとれているときには態度は安
定しますが，バランスがとれていない場合は態度が変化すると考えます。ここ

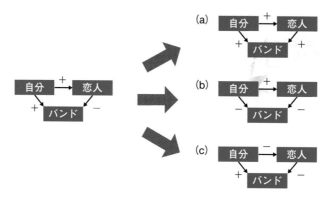

図 3.1　**認知的バランス理論の模式図**（ハイダー，1954 をもとに作成）

で図 3.1 の例を考えてみましょう。図 3.1 の左側は，あなたに大好きな恋人がいて，あなた自身はあるバンドの大ファンであるが，恋人はそのバンドが好きではないという状態を表しています（要素同士を結んだ線（パス）についている＋は肯定的な態度，－は否定的な態度を示しています）。バランスがとれているというのは，このパスの 3 つの符号を掛け合わせてプラスになる状態を意味します。逆に，マイナスになっていればバランスがとれていない状態です。図 3.1 の左側はバランスがとれていない状態です。バランスのとれていない状態は不快なので，人はなんとかしてバランスがとれる状態を創り出そうとします。恋人にバンドの良さを伝えて，図 3.1 右側の（a）の状態にしようとする人もいるでしょう。一方で，自分も恋人に合わせてそのバンドを嫌いになってしまう（b）のようなケースも考えられます。さらに，そのバンドに心酔している場合は，恋人のほうを嫌いになってしまう（c）ということもあるでしょう。

■ 認知的不協和理論

ハイダーの認知的均衡理論よりもさらに広い対象の間のバランスを問題にしたのがフェスティンガー（1957）の認知的不協和理論です。認知的不協和理論は，人間が情報の間の一貫性を求める傾向を持っていて，一貫しない状態（不協和状態）を嫌うという前提に立ちます。そして不協和が生じたときには，認知を変化させることでその不協和を解消しようとすると考えます。図 3.2 は飲

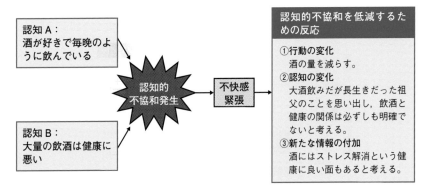

図 3.2 認知的不協和理論の概念図

酒を例に認知的不協和が態度変化につながる過程を示したものです。この例で
は，認知Ａ「酒が好きで毎晩のように飲んでいる」と，認知Ｂ「大量の飲酒は
健康に悪い」が矛盾するため，不協和が生じています。この不協和状態を解消
するために，酒の量を減らしたり（行動の変化），「祖父は大酒のみだったけど
長生きだった」などと認知Ｂの信頼性を低下させたり（認知の変化），「酒はス
トレス解消に良いからむしろ寿命をのばすはずだ」と考えたりします（新たな
情報の付加）。

　認知的不協和でとくに興味深いのは，もともとの態度と反対の行動を行った
場合に，態度のほうが行動に合わせて変化してしまうことです。フェスティン
ガーとカールスミス（1959）は，退屈な実験に参加した人に，「実験は面白い
ものだった」と次の参加者に伝えてもらう，という実験を行いました。その報
酬として１ドルを受け取る条件と，20ドルを受け取る条件がありました。１ド
ル条件では，何も伝えていない条件（統制条件）よりも実験が面白いと評定さ
れていました（図3.3）。一方で，20ドル条件と統制条件との間には差があり
ませんでした。十分な報酬があれば「報酬があるから面白いと伝えた」と態度
に反する行動の理由づけができるので，不協和が生じません。一方，報酬が少
ない場合は理由づけができないので，態度を変化させることで不協和を低減し
たと考えられます。低賃金で過酷な労働を強いられるいわゆるブラック企業で
は，不協和解消のために従業員が愛社精神を持つようになる，ということが起
こってしまうかもしれません。

　さらに，買いもののように２つの選択肢から１つを選ぶような状況でも，認

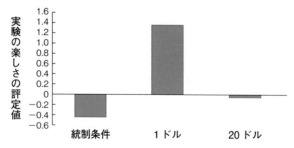

図3.3　**条件ごとの実験の楽しさの評定値**（フェスティンガーとカールスミス，1959をもとに作成）
値の範囲は−５から５。

知的不協和が生じます。このような場合には，選択肢の魅力に差がある場合の
ほうが，差がない場合よりも自分の選択を正当化しやすいので，認知的不協和
が生じにくくなります（ブレーム，1956）。

■ 単純接触効果

　認知的均衡理論と認知的不協和理論は，認知的一貫性を求める動機から態度
形成や態度変容を考えていましたが，ザイアンス（1968）はより単純なプロセ
スで態度が形成されうることを示しています。彼の実験は，参加者がさまざま
な人物の顔を見て，その好き嫌いを回答するという単純なものでした。ただし，
顔により見る回数が異なっていました。図 3.4 から明らかなように，顔写真の
呈示回数が多いほど，好意度が高くなっています。対象への接触回数が多いほ
ど好意度が増すこの現象を，**単純接触効果**といいます。この効果は，本人が見
たと自覚しないほどの短い時間の呈示（閾下呈示）でも生じることが知られて
います（ボーンシュタインとデアゴスティーノ，1992）。

　単純接触効果が生じる理由は，知覚的流暢性の誤帰属から説明できます。**知
覚的流暢性**とは，対象をスムーズに認知処理できたという感覚です。対象を
繰返し見ることで，この知覚的流暢性は高まります。たとえば，「薔薇」のよ
うな複雑な漢字の形を初見で理解するのは難しいですが，何度も見ていると簡

単に理解できるようになります。上記の
顔写真でも，繰返し呈示されたものは知
覚的流暢性が高まっていると考えられま
す。そして，知覚的流暢性が高い（＝
処理がスムーズにできた）という感覚は，
快感情をもたらします。この快感情の
原因が繰返し見たことではなく，対象の
性質によるものと誤って判断されること
で，単純接触効果が生じるのです。なお，
単純接触効果はもともと否定的な印象を
持っている対象については生じないこと
が示されています。

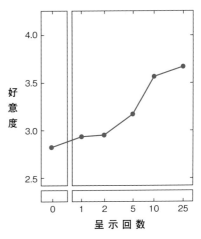

図 3.4　**顔写真の呈示回数ごとの好意度
の平均値**（ザイアンス，1968）

3.2 説得と態度変化

■ メッセージ学習理論

　他者の態度を変化させるための働きかけを，**説得**といいます。広告も商品やサービスへの態度を肯定的にしようとする広義の説得です。ホヴランドら（1953）は，説得が効果を発揮するのは，受け手が説得のためのメッセージに注意を払って学習し，その内容が心に残った場合だと考えました。彼らの説に従えば，内容を支持する根拠（論拠）を強く持つメッセージや，視聴者や読者の注意を引くような魅力的な人物を用いた広告が効果的だと考えられます。しかしながら，その後の研究では，必ずしも論拠や送り手の魅力が説得の効果を高めるわけではないことが明らかになっています。本節では，メッセージをどう処理するかという認知メカニズムから，この理由を考えます。

■ 精緻化可能性モデル

　ペティら（1981）は，説得の論拠や送り手が説得の効果に及ぼす影響は，説得の対象に対する個人的な関心（**個人的関与**）によって異なると考えました。彼らはこの考えを検討するため，大学生に「大学に卒業試験を導入する」という録音メッセージを聴かせ，そのメッセージへの賛否の回答を求めるという実験を行いました。このメッセージは，論拠の強さ（強：データや統計に基づいている vs. 弱：他人の意見の引用や個人的意見に頼っている）とメッセージの送り手の専門性（低：地域の高校の授業で作成 vs. 高：プリンストン大学の教授が委員長を務める高等教育委員会が作成）の組合せで4種類が用意されていました。個人的関与は，卒業試験の導入時期によって操作されました。高関与

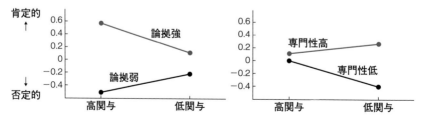

図3.5　個人的関与，論拠の強弱，説得者の専門性が卒業試験導入への態度に及ぼす影響
（ペティら，1981）

条件では，「試験は翌年から導入される」，つまり参加者にとって自分自身の卒業に関わる重要な問題だと伝えられました。一方，低関与条件では，導入は10年後だと伝えられました。結果を図3.5に示しました。関与が高い場合，論拠が強い場合で弱い場合よりも卒業試験の導入への態度が肯定的になっており，専門性は影響していませんでした。一方，個人的関与が弱い場合には，論拠による差は小さくなり，専門性の影響が大きくなっていました。

　ペティら（1987）は，個人的関与で論拠や送り手の効果が異なるのは，説得メッセージの処理に2つの異なるルートがあるからだと考えました（**精緻化可能性モデル**：図3.6）。個人的関与が高いなどの要因で，処理する動機が高く，また処理する能力もある場合は**中心ルート**で処理が行われます。ここでは，説得メッセージそのものに注意が向けられ，内容が入念に吟味されます。吟味の結果どの程度肯定的あるいは否定的な考えが生まれたかで，好意的な方向あるいは非好意的な方向に態度が変化します。つまり，中心ルートでは論拠が説得効果を高めます。一方，個人的関与が低くて動機が低い，あるいは動機が高くても処理能力がない場合の**周辺ルート**では，メッセージの内容ではなく，説得する側の専門性やそのときの気分（**周辺的手がかり**）に注意が払われます。周辺ルートでは，送り手の性質が説得効果を高めると考えられます。中心ルートを経た態度変化は持続的で安定していますが，周辺ルートで生じた態度変化は一時的で不安定だと考えられています。なお，このモデルでは，中心ルートで処理が行われていた場合でも，メッセージに中立的な判断を下したり，メッセージが受け入れられなかったりした場合には周辺ルートでの処理が行われると仮定しています（図3.6の縦の矢印）。

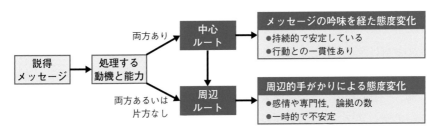

図3.6　**精緻化可能性モデルの概念図**（ペティら，1987をもとに作成）

■ ヒューリスティック・システマティック・モデル

精緻化可能性モデルは，動機と処理能力の有無でメッセージの内容に注目するか，周辺的手がかりに注目するかが異なる点に着目していました。一方，情報を入念に処理するかどうかの違いに注目したのが，**ヒューリスティック・システマティック・モデル**（チェイキンら，1989）です。このモデルでは，2つの処理を考えています。1つめは**ヒューリスティック処理**です。これは，状況に存在する手がかりを表面的に検討する，**認知資源**（心的活動に使うエネルギー）の消費が少ない簡便な処理です。たとえば，「専門家の言うことだから正しいのだろう」ということです。対照的に，2つめのシステマティック処理は，受け取った情報を入念に吟味するもので，多くの認知資源が必要です。人間は必要でない限り認知資源を節約しようとする**認知的倹約家**（フィスクとテイラー，1991）なので，基本的にヒューリスティック処理を用い，処理の動機と能力がある場合にのみシステマティック処理を用いると考えられています。

ただし，2つが並列的に働く場合もあります。マヘスワランら（1992）は，製品の特徴とブランド名がコードレス電話機の評価に与える影響を検討した実験で，このことを実際に示しています。製品の特徴はシステマティック処理のときに，ブランド名はヒューリスティック処理のときに説得効果を高める（評価を高める）要因だと考えられます。実験では，製品に関する回答が企業にとって重要（高関与条件）かそうでないか（低関与条件）で，参加者の個人的関与が操作されました。その上で，製品特徴（重要 vs. 非重要）とブランド名（有名 vs. 弱小）の組合せで作られた4種類の説明のいずれかを受け，商品の評価などを行いました。そして，製品とブランドについてどの程度肯定的な考えを持ったか，また製品特徴とブランド名の方向性が一貫している（重要―有名と非重要―弱小）か一貫していない（重要―弱小と非重要―有名）かが，商品の評価に及ぼす影響が検討されました（**表3.1**）。

低関与条件では，ブランド名の効果だけが見られました。一方，高関与条件では，一貫しないことが評価を低める作用が見られました。さらに，高関与で製品特徴とブランド名の方向性が一貫している場合には，双方が評価を高める効果（**加算効果**）が見られました。これはヒューリスティック処理による期待

表3.1 **製品特徴，ブランド名，両者の一貫性がコードレス電話の評価に及ぼす影響**
（マヘスワランら，1992をもとに作成）

	低関与	高関与
製品特徴	0.06	0.60 ***
ブランド名	0.91 ***	0.49 **
一貫性	0.08	− 0.77 *
製品特徴×一貫性	0.09	0.38
ブランド名×一貫性	0.03	− 1.00 ***

一貫性はあり＝0，なし＝1でコーディングされている。そのため，製品特徴とブランド名にかかる係数は一貫性がある場合の効果を示している。$*p < .05$, $**p < .01$, $***p < .001$。

を，システマティック処理で補強するために生じると考えられています。

　製品特徴×一貫性，ブランド名×一貫性は，一貫性がない場合に製品特徴とブランド名の効果がどのように変化するかを示す値です。ここから，一貫性がない場合，製品特徴の効果は0.60と0.38の合計で0.98になり，一方で，ブランド名の効果は0.49と−1.00で−0.51となります。一貫性がない場合には，製品特徴が評価を高める一方，ブランド名が評価を低める**減衰効果**が生じています。システマティック処理のほうがより多くの情報をもたらすので，それと一貫しないヒューリスティック処理の影響が小さくなるのだと解釈されています。

■2つのモデルの相違

　精緻化可能性モデルでは，個人的関与が高いかどうかで注目する情報が異なることに着目していました。一方，ヒューリスティック・システマティック・モデルが着目しているのは，処理の仕方の違いです。さらに，ヒューリスティック・システマティック・モデルでは，動機と能力がある場合に，周辺的手がかりについて入念な検討が行われる場合があると考えています（唐沢，2010）。たとえば，テレビ番組で心理学者が恋愛の法則について語るのを見たとき，「この人は本当に恋愛研究の専門家なのだろうか？」と考えるのは，専門性という周辺的手がかりを入念に処理することに該当します。

　このような相違がある一方で，精緻化可能性モデルとヒューリスティック・システマティック・モデルは，性質の異なる2つの過程が説得に関与することを仮定している点で共通しています。そのため，2つのモデルをまとめて**説得の二重過程モデル**と呼ぶこともあります。

3.3 説得に影響する要因

■ メッセージの要因

現在までに，説得が態度に及ぼす影響の強さを調節するさまざまな要因が研究されています。それらの要因は，①メッセージ，②送り手，③受け手，④状況に関わるものです。まずはメッセージの要因について見ていきます。

メッセージでもっとも重要なのは，論拠が強いか弱いかという点でした。しかし，説得の二重過程モデルで触れたように，強い論拠が効果を発揮するのは，受け手側に動機と処理能力がある場合に限られます。そして，動機と処理能力は後述する受け手や状況の要因によって影響されます。

図3.7は，AC ジャパンが 2005 年に発行した HIV 検査啓発の新聞広告です。「カレシの元カノの元カレを，知っていますか。」というメッセージは，HIV の脅威が身近にあることを伝えています。また，運転免許を持っている人は，講習で凄惨な事故の様子を生々しく伝えるビデオを観た経験があるでしょう。健康や交通安全に関する広告では，脅威や危険に注意を向けさせる手法（**脅威アピール**）がよく用いられます。脅威アピールには，メッセージの処理を妨害し，説得効果を低下させる（ジャニスとフェッシュバック，1953）という批判もありますが，研究領域全体としてみれば，態度を変化させる効果があることが示されています（タネンバウムら，2015）。タネンバウムらは，脅威アピールの効果を大きくする要因として，①脅威が自分に起こる確率の高さ，②対処をしなかった場合の結果の深刻さ，③提示されている対処の有効性，④対処を実行できるとい

図3.7 AC ジャパン（旧・公共広告機構）が 2005 年に制作した HIV 検査啓発の新聞広告（協力：AC ジャパン）

う効力感，⑤繰返しではなく1度で済む行動の勧奨，を挙げています。

　一方で，脅威アピールによる態度変化はヒューリスティック処理によるものであり長続きしない（グライヒャーとペティ，1992），病気についての脅威アピールが，患者への偏見を強めうる（木村・深田，1996）といった点が指摘されています。

　また，メッセージの提示の仕方も説得性に影響を与えます。たとえば，態度を変化させたい方向に関連する情報だけを伝える**一面提示**と，逆方向への反論も一緒に提示する**両面提示**があります。両面提示で，反論が十分に反駁（はんばく）されている場合に，両面提示のほうが一面提示よりも説得効果が高くなることが知られています（オキーフとフィゲ，1999）。たとえば，ある商品を客にすすめるときに，その商品のメリットだけを伝えるよりも，デメリットも伝えた上でそのデメリットが解決可能なものであるだとか，それを上回るメリットがあるのだということを伝えるほうが，商品への態度を肯定的にしやすいということです。

■ 送り手の要因

　美しいモデルが登場する衣服や化粧品の広告は，巷（ちまた）に溢れています。**信憑性**（しんぴょう）のある人物をメッセージの送り手とすることで，商品が良いものらしいと消費者に考えてもらおうとしているのです。信憑性は，**専門性**（専門的知識をどの程度持っているか）と**信頼性**（誠実に情報を伝えているか）で構成されています。

　身体的魅力や信憑性が有効だと信じられているからこそ，上記のような広告を目にする機会も多いわけですが，実は送り手の要因の効果は必ずしも一貫しません（ウィルソンとシェレル，1993）。これは，説得の二重過程モデルから説明できます。送り手の要因はメッセージの本質とは関係のないもので，それによる態度の変化が生じるのは，処理する動機や能力がないときだけだと考えられます。

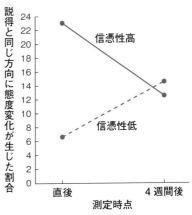

図3.8　**信憑性と測定時点による態度の変化量の違い**
（ホヴランドとワイス，1951）

実際に，個人的関与の強い対象についての態度の場合は，専門性の効果が小さくなることが知られています（ペティら，1981）。また，説得からの時間経過によって，送り手の信憑性による差がなくなることも知られています（**スリーパー効果**；図3.8；ホヴランドとワイス，1951）。これは，送り手に関する記憶が薄れ，メッセージそのものから分離してしまうために生じると考えられています。

■ 受け手の要因

　3.2節で述べた通り，個人的関与は処理の動機に影響を与える重要な要因です。個人的関与が強い場合，本質的な情報に関する入念な検討が行われるので，論拠の影響が強くなります。同様に，対象についての知識が豊富である場合も，情報を詳しく検討することができるので，論拠の影響が強くなります。

　さらに，感情も処理動機に影響します。否定的感情はシステマティック処理を，肯定的感情はヒューリスティック処理を強める（シュワルツら，1991）ので，一般に対象が肯定的感情を感じているときのほうが説得は成功しやすくなります。服屋の店員が何を着ても褒めるのは，経験的にこれを知っているからなのかもしれません。

■ 状 況 要 因

　買いものに行って，店員から「人気があるので，早くしないと売り切れてしまいますよ」と言われた経験はありませんか？　このようなタイムプレッシャーは，入念な処理を妨害する要因です。入念な処理が妨害される結果，弱い論拠でも説得されやすくなります。上記の例でいえば，商品の良し悪しを十分に吟味できなくなるわけです。ほかに，騒音など認知処理を妨害する要因が存在するときも，論拠の強弱による効果が弱くなると考えられます。

　また，他人を説得するためのアポイントメントをとるときに，「○○の件でうかがいます」というように，説得の意図や内容を**予告**することがあります。予告も説得に影響する状況要因です。相手が個人的関与を持っている対象についての態度を説得で変えようという場合，予告は説得効果を下げてしまうことが知られています。ペティとカシオッポ（1979）は，ペティら（1981：3.2節参照）と同じシナリオを使って，予告が説得に与える効果を検討しています。半数の参加者は卒業試験の導入に関するメッセージを読む前に予告を受け，半

分は予告を受けませんでした。ま
た，全体の3分の1の参加者は，
「試験が1979年に参加者の所属大
学で導入されるだろう」という情
報が含まれたメッセージを読みま
した（高関与条件）。ほかの参加
者は「試験は1990年までは導入
されないだろう」（低関与—時期
条件）あるいは「試験は1979年
にほかの大学で導入されるだろ
う」（低関与—他大学条件）という，
個人的関与を高めない情報が含ま
れたメッセージを読みました。予

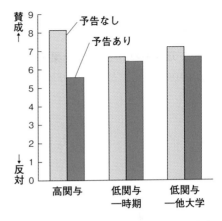

図3.9　予告の有無と個人的関与が卒業試験
　　　　導入への賛否に及ぼす影響
　　　　（ペティとカシオッポ，1979）
得点範囲は1〜11。

告は，高関与条件で，メッセージの説得性を下げていました（図3.9）。これは，
説得する意図の予告そのものが心理的反発を引き起こし，また内容と立場の
予告が反論を準備する時間を与えるためだと考えられています（上野，1981）。
しかし，相手の個人的関与が低い対象である場合には，予告が対象への思考を
促すことで説得効果が高まる場合もあります（アプスラーとシアーズ，1968）。

■ 説得への抵抗

　ここまで，説得する側の視点でどう説得するかについて論じてきました。一
方で，説得される側の視点に立つと，悪徳商法や反社会的団体への勧誘など，
望ましくない説得に抵抗することが重要な問題です。この点について，マクガ
イアとパパゲオルギス（1961）は，説得から自分の意見を守るための2つの方
法を比較しています。この2つとは，自分の態度を支持する議論を準備する**支
持的防御**と相手の反論を予想し，その反論を論駁する議論を準備する**反駁的防
御**です。彼らの実験では，意見が攻撃される前に反駁的防御を行っておくほう
が，態度が変化する度合いがより小さいことを示しています。反駁的防御は，
一旦相手の攻撃を自分の中に取り入れ，それに対する免疫を用意するようなも
のです。そのため，マクガイアらの理論は**接種理論**と呼ばれます。

3.4　態度とメディア

■ 魔法の弾丸理論と限定効果論

　少年犯罪や 猟 奇的な犯罪が起こるとテレビ，マンガやゲームの影響がしば
しば取りざたされることからもわかるように，私たちは素朴に，メディア（と
くにマスメディア）が個々人の態度に直接，画一的な影響を与えると考えてい
ます。このような素朴な考えを**魔法の弾丸理論**と呼びます。

　しかし，メディアの説得効果に関する研究では初期から，魔法の弾丸理論を
支持しない結果が得られています。代表的なものとして，1940 年のアメリカ
大統領選挙を題材とした調査では，ラジオや新聞などによる政治的広告の効果
が限定的であることが示されています（ラザースフェルドら，1944）。この調
査では，支持政党が決まっている有権者は，支持政党の広告を対立政党の広告
よりもよく見ていました。つまり，自分の態度を確認あるいは強化するよう
に広告に選択的に接触していました。また，投票先が決まっていない人たちは，
そもそも選挙への関心が低く，メディアでの政治広告には触れていませんでし
た。そのような人たちの投票態度に影響を与えたのは，身近な人の意見でした。
その後の調査でも同様の結果が得られたことを受け，マスメディアは態度を変
化させるよりも，もともとの態度を強化する方向に作用しがちだと考えられる
ようになりました。このような立場は，**限定効果論**と呼ばれます。

■ 議題設定効果

　限定効果理論に基づく研究が，態度に及ぼすメディアの影響が限定的である
ことを示すと，態度そのものでなく，社会をどう認知するかという問題に関心
が向けられるようになりました。メディアが伝える情報というものは，社会的
現実をそのまま反映したものではありません。扱える情報量には限界があるた
め，報じられる内容は取捨選択されますし，報じられるにしても大きく扱われ
るものとそうでないものが生じてきます。世界では次々にさまざまな事件や変
化が生じていますが，そのうち私たちが直接経験するのは，ごく少数です。そ
のため，私たちの社会に対するイメージやリアリティは，メディアからの情報
に依存しています。つまり，メディアの情報の扱い方次第で，私たちが世界を

表3.2　**映像条件ごとの政治的問題の重要度の変化量**（アイエンガーら，1982）

	環境汚染強調	インフレ強調	国防強調
環 境 汚 染	1.53[**]	− 0.71	− 0.23
イ ン フ レ	− 0.11	0.11	− 0.06
国　　　防	− 0.44	− 0.34	0.76[*]

得点は視聴後—視聴前。正の値が視聴後により重要だと評価するようになったことを意味する。
[*]$p < .05$，[**]$p < .01$。

どのように認知するかは影響を受けると考えられます。さらに，どのような事柄が重要なものだと考えるかも異なってくる可能性があります。このようなメディアの影響を**議題設定効果**（マコームズとショー，1972）といいます。

　マコームズとショー（1972）は，1968年のアメリカ大統領選挙時に，投票先を決めていない有権者100人に対する調査で，有権者が政治的課題を重要だと考える程度とそれがメディアで報じられる程度に強い正の相関関係があることを示しています。ただし，相関関係ではメディアが原因で視聴者が考える重要性に違いが出たのかどうかはわかりません。視聴者の関心にあわせてメディア側が報道する内容を変えることも十分に考えられます。

　アイエンガーら（1982）は，実験的手法でこのような代替説明を排除する研究を行っています。彼らの実験ではまず，参加者に国防やインフレ，環境汚染を含む政治的問題をどの程度重要だと思うかを尋ねました。その後，アメリカの国防体制の不十分さを強調するニュース（国防条件），環境汚染の問題を強調するニュース（環境条件），インフレの問題を強調するニュース（インフレ条件）のいずれかを4日間視聴し，その後再び政治的問題の重要性を評定させました。ニュース視聴の前後の重要度の変化量（視聴後—視聴前）を表3.2に示しました。環境汚染を強調する映像を視聴した参加者は環境汚染を，国防問題を強調する映像を視聴した参加者は国防問題をより重要だと考えるようになっていることがわかります。インフレ映像では変化が見られませんでしたが，これは視聴前の段階でインフレが極めて重要だと評定されていたためだと解釈されています（最大値20に対して平均値18.5）。

■ 培 養 理 論

　議題設定効果に関する研究は，ニュースなど現実を伝えるメディアが，政治

的争点の重要さの認知に与える影響を検討しています。これに対し，**培養理論**（ガーブナー，1973）は，テレビで放送されるさまざまな種類の映像の影響に関するものです。そこにはニュースだけでなく，ドラマやアニメなど，架空の内容を放送する番組が含まれます。培養理論では，長期的にテレビを視聴している人ほど，テレビで繰返し放送される教訓やメッセージに沿った形で社会を認知しやすいと考えます。また，テレビの影響には，事件の発生頻度や確率などの推定に及ぼす影響（**第一次培養効果**）と不安感や対人信頼感などへの影響（**第二次培養効果**）の2種類が考えられています。

　暴力映像（**メディアバイオレンス**）の影響は，培養理論に基づく研究で盛んに検討されてきました（第6章参照）。また，犯罪（ヒースとギルバート，1996)，テロ（ネリスとサビッジ，2012)，エイズ（アガ，2003）などリスク認知に関する研究も行われています。

　しかし，培養理論に基づく研究の結果は必ずしも一貫していません。タイラーとクック（1984）は，自分が危険に遭遇する可能性の判断（パーソナル判断）と社会全体にどの程度のリスクが存在するか（他人一般が危険に遭遇する可能性）の判断（インパーソナル判断）を区別し，培養効果はパーソナル判断よりもインパーソナル判断に現れやすいと主張しました（**パーソナル―インパーソナル仮説**）。さらに斉藤（2002）は，第一次培養効果はインパーソナル判断で，第二次培養効果はパーソナル判断で支持されやすい傾向にあると論じています。ただし，培養理論については，視聴者を受動的な受信者だと想定している点や，相関関係の検討にとどまっている研究が多い点などが批判されています（斉藤，1992)。

■ メディアと自殺

　メディアによる報道が社会に深刻な影響をもたらすこともあります。その例の一つが，自殺報道の後に自殺者が増えるという現象（**ウェルテル効果**）です。ニーダークロテンターラーら（2020）はバイアスの少ない研究のみを対象としたメタ分析において，有名人の自殺報道後に13%自殺が増えること，さらに有名人の自殺方法が報道されている場合，同じ方法による自殺が30%増えることを明らかにしています。

その一方で、メディアが自殺の抑止に寄与することもあります。自殺の危機にあった人々がいかにその危機を乗り越えたかについての報道が、自殺リスクが高い人々の希死念慮（死にたいという気持ち）を低下させることが示されています（ニーダークロテンターラーら、2022）。メディアが持つこのような自殺抑制効果は、**パパゲーノ効果**と呼ばれます。近年は、インターネットで自殺関連語の検索を行う人々に支援機関のウェブ広告を表示するオンラインでのゲートキーパー活動が行われており、その効果についての検討も行われています（末木・伊藤、2015；髙橋ら、2020）。

■ メディア・リテラシー

私たちの態度は必ずしもメディアの情報と同じ方向に影響されるわけではなく、効果がないこともありますし、むしろ逆方向に態度が変化することもあります。たとえば差別や犯罪に関する報道に触れれば、怒りや悲しみを感じ、差別や犯罪を赦すべきでないと考える人のほうが多いでしょう。しかし、それでもメディアの直接的影響を過大視し、犯罪や社会問題の原因をメディアに帰属するような議論が散見されます。このような議論は、メディア不信や過剰な視聴規制など保護主義的な施策に結びつきえます。

メディア不信や保護主義的な対策は、私たちの心理社会的な豊かさを阻害する危険性をはらんでいます。必要なのはメディアを避けることではなく、メディアとよく付き合うための素養、つまりメディア・リテラシーを身につけることです。メディア・リテラシーをより厳密に定義すると「市民がメディアを社会的文脈でクリティカルに分析し、評価し、メディアにアクセスし、多様な形態でコミュニケーションを創りだす力」（鈴木、2001）です。文部科学省はメディア・リテラシー教育を国語教育の一環として位置づけており、学校現場でもさまざまな実践が行われています。メディア・リテラシー教育の効果についての研究も蓄積されており、メタ分析ではメディア・リテラシー教育がメディアに対する知識を増やし批判的思考を強める一方で、メディアに感じるリアリズムや、危険あるいは反社会的な態度と行動を抑制することが示されています（ジョンら、2012）。

復 習 問 題

1. 単純接触効果とはどのような現象か？　簡潔に説明しなさい。

2. 精緻化可能性モデルとヒューリスティック・システマティック・モデルの共通点と相違点を１つずつ挙げなさい。

3. 脅威アピールが必ずしも効果的でない理由を１つ挙げなさい。

4. メディアバイオレンスとは何か。簡潔に説明しなさい。

自己の成り立ち 4

　私たちは一人ひとりさまざまな側面を持っていて，どのような側面が立ち現れるかはその時々で異なります。自己認識は，状況の影響で揺れ動きながらある程度の一貫性を保っているものです。この自己認識は，さまざまな動機の影響を受けながら，他者あるいは過去の自己との比較などを通して形成・維持されます。とくに影響力が大きいのは自尊感情を求める動機（自己高揚動機）です。一般には自尊感情の高低が注目されがちなのですが，高低のみでは自尊感情に関わる問題を十分に理解できないことが指摘されています。本章では，自己の成り立ちと自尊感情の問題について考えていきます。

本章のトピック

- 人は自分自身をどのようにとらえるのか？
- 自己認識は動機にどのような影響を受けるのか？
- 「比べる」ことが自己認識に果たす役割とは？
- 自尊感情をどのように理解したらよいか？
- 人はなぜ自尊感情を求めるのか？

キーワード

関係的自己，社会的比較，継時的比較，自尊感情，存在脅威管理理論

4.1 自己概念

■ 自己概念とアイデンティティ

　自分自身について考えるとき，私たちは考える主体（**主我**）であると同時に考える対象（**客我**）でもあります。自己の心理学的研究の祖であるジェームズ（1892，1984；今田訳，1992）は，このような自己認識における二重性を指摘しました。自分について考えることで，私たちは自分自身についてのさまざまな知識（**自己知識**）を得ます。この自己知識のうち**自己概念**は，とくに自分のことを大まかにとらえた知識や信念（事実ではないがそう思っている内容）を指します。ジェームズは，自己概念を3つに分類しています。この3つとは，心的能力や傾向に関する**精神的自己**（例：頭が良い，頑固である），他者が抱いている印象に関する**社会的自己**（例：他人から不器用だと思われている），身体や財産に関する**物質的自己**（例：お金持ちである，身長が高い）です。

　自分と他人との違いから見出される個人的特徴（前述の頭が良いや身長が高いなど，一般に個性といわれるもの）からの自己理解を**個人的アイデンティティ**といいます。一方で，私たちは集団の一員として，同じ集団の他者との類似性で自分をとらえ，集団と自分を同一視することがあります。そのようにして得られる自己認識を**社会的アイデンティティ**といいます。社会的アイデンティティには，集団の一員であるという認識だけでなく，集団に対する愛着や嫌悪などの感情的な成分も含まれます（**社会的アイデンティティ理論**；タジフェルとターナー，1979）。たとえば，オリンピックやサッカーのワールドカップのときに，日本チームのサポーターとして知らない者同士で一緒に応援したりする状況では，社会的アイデンティティが強くなっていると考えられます。さらに，社会的アイデンティティが優勢になっているときには，自分が所属している集団（**内集団**）と所属していない集団（**外集団**）を区別し，内集団をより肯定的に評価する**内集団ひいき**が生じやすくなります。

■ 自己概念と他者

　自己概念を形作っていくのに，他者の存在が重要であることは研究初期から認識されていました。すでに述べたように，ジェームズは社会的自己を自己概

表 4.1 個人，対人，集団のレベルでとらえた自己の特徴（ブリューワーとガードナー，1996）

分析レベル	自己概念	自己評価の基盤	自己を知る手がかり	基本的な動機づけ
個 人	個人的自己	個人的特性	他者との比較	自己利益
対 人	関係的自己	関係における役割	他者による認識の反映	他者の利益
集 団	集団的自己	グループの典型例	集団間の比較	集団の利益

念の一側面として位置づけていました。また，クーリー（1922）は，鏡映的自己という概念を提唱し，人は他者にどう思われているかを認識することで，自分のことを理解すると主張しました。さらに，ブリューワーとガードナー（1996）は，個人と社会（集団）というレベルの間に，より具体的な他者に関わる**関係的自己**のレベルが存在し，個人や集団のレベルとは異なる性質を持つと論じています（**表 4.1**）。対人的レベルで自己を理解しているとき，人は重要な他者との関係の中で自分が担う役割という点から自己評価を行い，重要他者にどう思われているかということの認識を通して自己を知り，重要他者の利益のために行動する傾向にあると考えられています。

　自己の文化差に関する議論でも，他者との関係性が重要な次元として考えられてきました。マーカスと北山（1991）は，欧米では自己と他者を切り離して考える**相互独立的自己観**が優勢であるのに対し，東洋では自己と他者を不可分に結びついたものとみなす**相互協調的自己観**が優勢であると主張しました。

■ 自己スキーマ

　自己概念も含めて，私たちはさまざまな自己知識を持っています。そのような知識は，関連するもの同士が結びつき，互いに連絡し合うネットワーク構造で蓄えられていると考えられています。そのような構造化された自己知識を**自己スキーマ**といいます（**図 4.1**）。自己スキーマは，自分にとって重要な側面ほど，概念同士の関連が密で精緻な構造になっていると考えられます。

　自己スキーマは，自己に関連する情報の処理を迅速にします。たとえば，自立的であることが重要だと思っている人（自立性に関わる自己スキーマが精緻な人）は，自分が自立的かどうかという判断をより迅速に行うことができます（マーカス，1977）。また，自己スキーマは，それに一致する内容の記憶も促進します。たとえば，自分自身を独立的だと思っている人は，依存的だと思って

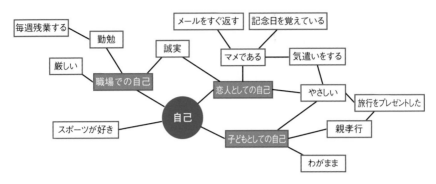

図 4.1　**自己スキーマの模式図**（マーカス，1977 をもとに作成）

いる人よりも独立していることに関連する出来事をよく覚えています（バーク
レーとサブラマニアム，1987）。さらに，自己スキーマは他者について判断を
行うときの枠組みにもなります。たとえば，男らしさが重要な人は，他者の行
動を男らしさという点から解釈しやすくなります（マーカスら，1985）。他者
の記憶に関しても，自己スキーマがある領域の情報は，ない領域の情報よりも
よく記憶されることが知られています（ヒギンズら，1982）。

■ 自己複雑性と精神的健康

　人はさまざまな側面を持っています。つまり，自己概念がいくつかの側面に
分かれているということです。自己概念がどのくらいの数の側面に分かれてい
て，さらにそれぞれの内容が似ているか，似ていないかは**自己複雑性**という概
念でとらえることができます（リンヴィル，1985）。内容の似ていない別々の
側面を多く持っているほど，自己複雑性は高くなります。

　リンヴィル（1987）は，自己複雑性の高さが**精神的健康**に寄与すると主張し
ました。さまざまな独立した側面を持っている人は，ある側面で失敗してもそ
の負の影響がほかの側面にまで及びにくく，またほかの側面で成功することで
損失分を補いやすいとも考えられます。石川啄木の「友がみな われよりえら
く 見ゆる日よ 花を買ひ来て 妻としたしむ」という短歌には，仕事の側面で友
人たちと自分を比べて生まれた劣等感を，夫婦関係という側面で埋め合わせよ
うとする心境を読み取ることができます。

　一方で，自己複雑性が高いと，失敗だけでなく成功も自己全体に波及しにく

くなります。自己複雑性と精神的健康に関する研究を概観すると，後者の効果のほうが強いという主張もあります（ラファエリ=モアとスタインバーグ，2002）。記憶と感情制御という視点から自己複雑性と精神的健康の関連について検討した榊（2006）は，自己複雑性が高い人は低い人よりも，現在の気分と反対の重要な出来事を思い出すこと（気分不一致再生）ができることを示しています。つまり，自己複雑性の高さは感情制御に有利に働くといえます。これらの知見に鑑みて，自己複雑性の効果は，精神的健康や感情の変動を否定的な方向にしても肯定的方向にしても小さくし，安定させることにあると考えられます。

■ 自己概念の文脈依存性

　自己概念が複数の側面に分かれているということは，状況によってどのような自己が現れてくるかが異なるということでもあります。ある状況で記憶の中で活性化し，認知，感情や行動を方向づける自己概念を**作動的自己概念**と呼びます。多くの人は，仕事をしているときと遊びに行っているときでは，考えや行動が変わるでしょう。そのようなことが起こるのは，場面によって作動的自己概念が異なるためだと考えられます。自己の文化差についても，作動的自己概念から説明する立場があります。文化の特色とされる個人主義や集団主義，また相互独立的自己観と相互協調的自己観といったものは西洋人も東洋人も潜在的には持っているもので，どちらか一方が一見優勢に見えるのは，そのような自己を活性化させる状況要因がどの程度文化に存在するかの違いなのだ，というものです（**力動的構成主義アプローチ**；ホンとチウ，2001）。

　また，親しい人と一緒にいるときの自分は，親しくない人といるときの自分とは違うと感じる人も多いのではないでしょうか。一緒にいる他者も作動的自己概念に影響を与える重要な要因です。ボールドウィン（1994）は，自分を受け容れてくれるような他者の名前を閾下呈示（数十ミリ秒のごく短い時間の呈示）する場合は，批判的な名前の場合よりも自己評価が高くなることを報告しています。これは，そのような重要他者と結びつけられた自己スキーマ（**関係性スキーマ**）が存在するためだと考えられています。また，関係性スキーマは，自分の重要他者と似ている人物に出会ったときにも活性化し，認知，感情や行動を変化させます（ヒンクレイとアンダーセン，1996）。

4.2 自己認識に関わる動機

■ 自己高揚動機

　私たちが自分について考えるとき，どのような情報に注意し，それをどのように意味づけるかは，さまざまな動機の影響を受けます。本節では，自己認識に関わる 4 種の動機について論じます。

　自己に関する動機のうち，私たちの行動にもっとも強い影響を及ぼすと考えられているのが自己高揚動機です。**自己高揚動機**とは，簡潔にいえば自分のことを肯定的に考えたい，自分について良い感情を持ちたいという動機です。狭義には自己評価を高める行動を**自己高揚**，自己評価の低下を防ぐ行動を**自己防衛**ということもあります。自己高揚動機がなぜ存在するのかについては社会心理学領域でも議論があります（**4.5** 節で詳しく論じます）。

　自己高揚動機の影響により，人の自己認知は通常肯定的な方向に歪んでいます。これを**ポジティブ・イリュージョン**といいます。ポジティブ・イリュージョンには，3 種類のものがあります。1 つめは，自分のことを実際よりも肯定的に評価する非現実的に肯定的な自己評価です。2 つめは，良いことは他人よりも自分に起こりやすく，悪いことは他人よりも自分に起こりにくいと考える非現実的楽観主義です。3 つめは，ギャンブルなど実際には自分が影響を与えることができない物事に，影響を与えられると考えるコントロール幻想です。これらは，精神的健康に寄与していると考えられています（テイラーとブラウン，1988）。抑うつ傾向の強い人のほうが，健常者よりも自己認知が正確であるという知見（**抑うつリアリズム**；アロイとエイブラムソン，1979）も，ポジティブ・イリュージョンが精神的健康に寄与することを示唆しています。

　もっとも，ポジティブ・イリュージョンは，自己のすべての側面で生じるわけではありません。伊藤（1999）は，日本人大学生において，やさしさや真面目さといった特性では自己高揚が見られる一方，スタイルや容姿では自己卑下が見られることを示しています。外山・桜井（2001）でも同様に，調和性や誠実性では自己高揚が，知性や他者からの人気では自己卑下が生じることが示されています。これらの知見は，ポジティブ・イリュージョンが見られるのは

評価基準が曖昧で多義的な領域であることを示しています。実際にダニングら（1989）は，定義が曖昧な特性でのみポジティブ・イリュージョンが生じることを報告しています。人はポジティブ・イリュージョンが打破されないように，戦略的に振る舞っているのです。

　自己高揚にまつわる戦略性は，原因帰属にも現れます。人は，自分の成功は能力や努力などの内的な要因に，失敗は運や困難さなどの外的な要因に帰属する傾向（**セルフサービングバイアス**）を示します。セルフサービングバイアスは自己評価の上昇の程度を増加させ，傷つく程度を減少させます。また，成功する確信がない活動をするときに，事前に成功を妨げる理由があることを他者に宣言したり，実際に作ったりする**セルフ・ハンディキャッピング**も自己防衛の方略です。言い訳を作ることで，失敗をしても自分の能力が低く評価されることを防ぎ，成功した場合の能力への評価を高めることが可能になるのです。

■ 自己査定動機

　「本当の自分」というキーワードは，文学，歌やマンガなどのテーマとしてよく登場します。また，自分のことを診断してくれる心理テストの類に関心を持つ人も多いでしょう（科学的根拠が薄弱なものがほとんどですが）。本当の自分自身を正確に知りたいという動機を，**自己査定動機**といいます。自己の理解が極端に不正確だと，環境への適応が困難になります。たとえば，自分よりはるかに強い猛獣から逃げずに戦いを挑むようなリスクの高い選択をしてしまうことになります。このようなリスクを低減する作用を持つために，人は自己査定動機を持つようになったのだと考えられます。

　自己査定動機が強い場合でも自己高揚動機が強い場合でも，自分の長所について知りたいと考える点は共通しています。一方で，短所に関しては，自己査定動機が働いているときには知りたいと願うはずですが，自己高揚動機が働いている場合には，むしろ知りたくないと願うはずです。トロープ（1980）は，成功時の診断性（能力の高さと低さがわかる程度）と失敗時の診断性（能力の低さがわかる程度）が課題の選考に与える影響を検討しました。その結果，成功時と失敗時双方の診断性が高い課題が，成功時の診断性のみ高い（つまり能力のなさが露呈しにくい）課題よりも好まれることを示しています。この結果

は日本人を対象にした場合（沼崎，1991）でも，さらに能力テストでなく性格
検査（沼崎・工藤，1995）の場合にも同様であることが報告されています。

　沼崎（1992）は，環境への適切な対応のために自己査定動機が存在するので
あれば，診断される能力が重要で有用だと思われる場合に，診断性の高い課題
が好まれると考えました。そして実際に，診断対象の能力が重要で有用だと
思っている群で，診断性の高い課題への意欲が高いことを示しています。

■ 自己確証動機

　自分が自分について抱いているイメージと違うことを周囲の人から言われて，
困惑したり，不愉快な思いをしたりした経験はないでしょうか？　そのような
反応は，**自己確証動機**の働きによって生じるものです。自己確証動機とは，自
己知識を確認する行動を生じさせ，一貫した自己概念の形成を促進する動機で
す。適応的に行動するためには，世界が予測可能で，その中で自分がうまく行
動できるという認識が必要です。自己は世界を見て理解するための軸となるも
のなので，自己が一貫していないとそのような認識が得られません（スワンら，
2003）。そのため，人は自己確証動機を持つのだと考えられます。

　自己確証動機の働きにより，人は自己概念を確認する行動をとるのですが，
それは大きく認知的方略と行動的方略に区別されます（沼崎，2001）。認知的
方略とは，自己概念と一致する情報（自己確証情報）に選択的に注意を向けた
り，思い出したりするものです。たとえば，自分が勤勉だと思っている人が，
上司から「怠け者」という自己概念に不一致な情報を受け取ったとき，夜遅く
まで残業をしていたことを思い出して自分の勤勉さを確認するのがこれに当た
ります。一方，行動的方略は，自分から自己概念を確認する手がかりを示した
り，自己概念を確証してくれる社会的環境を作り出すといった行動です。上記
の例でいえば，上司の前で，より一層一生懸命に働いてみせたり，自分の勤勉
さを評価してくれる職場に転職するのが行動的方略です。

　自己確証動機が問題となるのは，否定的な自己概念を持っている人の場合で
す。そのような人の自己確証行動は，自分に関する否定的な情報を収集するこ
とになってしまいます。ギースラーら（1996）は，自尊感情の高い人と低い人，
臨床的基準で抑うつに該当する人に性格検査を実施し，肯定的もしくは否定的

表4.2 性格に関する肯定的・否定的フィードバック（概要）の正確さおよび望ましさの評定と否定的フィードバック本編の選択率（ギースラーら，1996）

	概要の正確さの評定		概要の望ましさの評定		否定的フィードバックの選択率
	肯定的	否定的	肯定的	否定的	
高自尊感情群	9.20 (1.08)	2.45 (1.82)	9.70 (1.38)	2.95 (2.42)	25%
低自尊感情群	6.60 (2.10)	6.48 (2.10)	9.04 (1.43)	4.52 (2.08)	64%
抑うつ群	5.67 (2.67)	7.89 (2.15)	8.48 (2.68)	6.41 (2.90)	82%

（　）内は標準偏差。

フィードバックの概要を与え，それを評価するよう求めました。その結果，抑うつ群の参加者は，肯定的なフィードバックより否定的フィードバックを正確だと認知していました（表4.2）。さらに，それぞれの概要でなく本編をどの程度読みたいかを尋ねたところ，やはり否定的フィードバックのほうをより見たいと評定していることが明らかになりました。自己確証動機により否定的自己概念が維持されてしまい，精神的健康の改善が阻害されてしまうことがあるのです。

■ 自己の文化差と自己改善動機

　自己の文化差について，東洋人が欧米人に比べて自尊感情が低い，また自己高揚傾向を示しにくいことがたびたび議論の的になりました。北山（1998）は，文化的自己観と動機の違いからこれを説明しようとしました。相互独立的自己観が優勢な欧米では，自己が望ましい特性を持つことが一人前と認められる基準であるため，欧米人は自己高揚に動機づけられます。一方，相互協調的自己観が優勢な東洋では，価値ある関係を見出しその中で役割を担うことが基準となります。この基準の達成には，他者の期待に応えられるよう自己改善することが必要です。自己改善動機を持ち，自己の否定的な側面にも注意を向けるため，東洋人は自尊感情が低く，自己高揚も示しにくいと考えたのです。

　もっとも，前述のように，日本人でも評価基準が曖昧な領域では自己高揚を示します（伊藤，1999）。また，山口ら（2007）は，潜在的自尊感情（4.4節参照）では，日本人，中国人，アメリカ人で差がなかったり，指標によっては日本人がむしろ一番高かったりすることを明らかにしています。動機の違いのみからこのようなパターンを説明することは難しいと考えられます。

4.3　比べる自己

■ 社会的比較

　一昔前，「ナンバーワンよりオンリーワン」という主旨の言葉がもてはやされました。この言葉には，他人と比べて順位を競うことよりも，自分らしさを大事にしようという考えが現れています。このように，他人と比べること（**社会的比較**）は否定的に考えられがちです。しかし，自己を知り，自己概念を形成していく上では，社会的比較は非常に重要です。

　フェスティンガー（1954）は，自己概念の形成に社会的比較が果たす役割を体系的に論じました（**社会的比較理論**）。彼は，環境への適応のためには自分を正確に知る必要があるので，人は自己について正確に知りたいという動機（**4.2** 節の自己査定動機）を持つはずだ，と考えました。たとえば，自分の水泳能力を過信して流れの速い川に入れば，溺れ死ぬ危険性が高くなります。一方で，能力を正確に把握していれば，そのような危険は冒さないでしょう。

　自分のことを正確に知るために，もっともよいのは客観的な基準と比べることです。たとえば，身長や体重であれば高さや重さといった客観的かつ物理的な基準で自分を知ることができます。しかし，たとえば身長を知りたいと思っても，身近に身長計がないことがあります。また，性格，価値観や考え方などには，そもそも客観的な基準が存在しません。フェスティンガーは，そのようなときに，人は他人と比べることで自分について知ろうとすると考えました。

　比較の対象として選ばれやすいのは，自分とある程度似た他者であるとフェスティンガーは論じています（**類似性仮説**）。たとえば，自分がどれだけ魅力的か，ということに関心を持った大学生が，身近な人と自分を比べることはあっても，モデルやアイドルと比べることはあまりしないでしょう。あまりに似ていないと，比べても自分を知る手がかりにはならないためです。高田（1994）は，大学生対象の調査で，友人や周囲の他者など，ある程度自分と似ていると考えられる他者が比較対象として選ばれていることを示しています（**表 4.3 左**）。

　フェスティンガーの社会的比較理論は，自己査定や自己改善という点から社会的比較の機能をとらえています。しかし，社会的比較にはそれら以外にもさ

表4.3 社会的比較の対象と理由 (高田, 1994)

比較の対象		比較の理由・機能	
友人	34.1%	自己評価	32.1%
類似他者	13.5%	他者評価	8.4%
非類似他者	14.3%	不確実性の低減	10.7%
周囲の他者	24.6%	自己高揚	25.2%
不特定多数	1.6%	自己卑下	9.2%
架空の人物	1.6%	関係への配慮	11.5%
だれとでも	4.0%	理由なし・自然	2.3%
その他	4.0%		

まざまな機能があります。ウィルス（1981）は，自己高揚の観点から社会的比較をとらえています。自己高揚のための社会的比較とは，自分より劣る他者との比較（**下方比較**）です。テストで悪い成績をとったときに，もっと悪い成績だった誰かと比べるなど，自分より劣位な他者と比べることで，人は自己を肯定的にとらえることができます。また，外集団に対する偏見が，自尊感情が脅かされているときに強まる（ファインとスペンサー，1997）ことは，外集団への偏見が自分より劣位な対象を創り出して下方比較をし，自尊感情を高めようとする行為であることを示しています。高田（1994）の調査でも，自己高揚が社会的比較の動機として挙げられています（**表4.3**右）。また，下方比較には，何か辛いことがあったときに「自分よりももっと辛い人がいる」と考えるといった種類のものも考えられます。このような比較は，否定的な感情への対処に役立つと考えられます。

ほかに，高田の調査では関係への配慮や不確実性の低減が挙げられています。これは，社会的比較が，ある状況でどのように振る舞うべきかを学ぶのに役立つことを示しています。外国に行ったときに，バスの乗り方などを知るためにほかの人の行動を観察したりするのが，これに該当します。

■ 継時的比較

人は他人と比べるばかりでなく，過去の自分と現在の自分を比べることがあります。比較対象が過去の自分であるような社会的比較を，**継時的比較**といいます。継時的比較もまた，さまざまな機能を持っています。たとえば，過去を振り返って自分自身に対して理解を深める自己査定機能や，現在と過去の共通

点を考え自己概念の一貫性を確かめる自己確証機能です。さらに，辛かった過去を思い出し，今はそれよりマシだと考えることで，否定的な感情に対処することができます。

さらに，過去の自分と比較して成長を感じることができれば，現在の自己を肯定的にとらえ，自己高揚動機を満足させることができます。しかしながら，過去の自分が必ずしも現在の自分より劣っているとは限りません。そのため，人は現在の自己を肯定的にとらえられるように，過去の記憶を再構成してしまうことがあります。記憶を再構成する，というと大げさに聞こえるかもしれませんが，私たちの日々の記憶も事実を正確に写したものではなく，思い出すたびに再構成されるものです（高橋，2000）。**継時的自己評価理論**（ウィルソンとロス，2001）は，継時的比較において２種類の記憶の調節が生じることを指摘しています。１つめは望ましさの調節です。これは，過去の自己を，実際よりも否定的なものとして思い出す形の調節です（図4.2 (a)）。そうすることで，現在と過去の間で下向きの比較が生じ，現在の自己については改善したという感覚を得ることができるのです。実際にウィルソンとロス（2001）は，大学生に自己評価をさせ，その２カ月後に同じ時点を振り返って評価させると，振り返った評価は当時の評価よりも否定的になることを示しています。

もう一つは，主観的時間的距離の調節です（図4.2 (b)）。**主観的時間的距離**とは，出来事に対する主観的な近さ遠さの感覚で，時計で計る客観的時間とは異なります。昔のことを振り返り，「遠い昔のことなのに，まるで昨日のように感じる」といった経験をするのは，主観的時間的距離と客観的時間が必ず

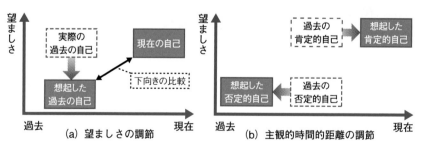

図 4.2　継時的比較における望ましさおよび主観的時間的距離の調節
（ウィルソンとロス，2001 をもとに作成）

しも対応していないためです。過去の自己は，現在に近いものほど，現在の自己の評価に影響を及ぼすと考えられます。そのため，自己高揚動機が働いているときには，自己に関わる過去の肯定的な記憶は主観的により近く，逆に否定的な記憶は主観的に遠く感じられることになります。

■ そうだったかもしれない自分との比較——反実思考

「もっと勉強していれば希望する進路が選べたのに」といったように，人は現実のことと，実現しなかったことを比べる**反実思考**を行うことがあります。この例のように，実現しなかった望ましい結果を考えるのは上向きの反実思考です。一方，「もしこの進路を選べていなかったら，大変だっただろうなあ」と，より望ましくない結果と比較するのは下向きの反実思考です。上向きの反実思考は物事の満足感を低減し，後悔を感じさせます。メドヴェクら（1995）は，大学生にオリンピックの銀メダリストと銅メダリストの様子を評定させました。すると，銀メダリストのほうが嬉しさの程度が低いと評定されていました。彼女らは，このような違いは，銀メダリストが銅メダリストよりも多くの上向きの反実思考をしていることに起因していると主張し，別のスポーツ大会で行った調査で，実際に銀メダリストのほうがより多くの上向きの反実思考をしていることを明らかにしました。

上向きの反実思考によって生じる後悔などの否定的感情は，辛いものです。しかし，上向きの反実思考は行動の問題点を考え，将来の似たような状況への対処を促進するという重要な機能を持っています。ナスコとマーシュ（1999）は，試験後の上向きの反実思考が，学習の改善，コントロール感の高まりを経由して次の試験での好成績につながる可能性を示しています（**図4.3**）。上向きの反実思考は，行動の自己制御に重要な役割を果たしているのです。

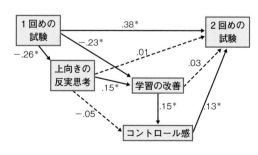

図4.3　**試験後の反実思考が次回の試験の成績に影響するプロセス**（ナスコとマーシュ，1999）
$^*p < .05$。

4.4 自尊感情

■ 自己評価と自尊感情

自己評価とは，基準に照らして自分が優れているのか劣っているのかという認知的な評価を指します。私たちはさまざまな側面を持っていますが，自己評価は，そのような個々の側面それぞれで自己をどう見ているかということです（伊藤，2001；池上・遠藤，2008）。一方，**自尊感情**とは，自己に対する評価的感情，つまり自分に価値があると思うか否かといった，自己全体に対する感情的な評価を指す意味で使われます。

もっとも，個々の側面の自己評価を単純に加算すれば自尊感情になる，というわけではありません。それは，それぞれの側面の重要さが人によって異なるからです。たとえば，ファッションが大好きな人が服装を褒められたら自尊感情が高まるでしょうが，外見を気にしない人の自尊感情はあまり影響されないでしょう。クロッカーとウォルフェ（2001）は，ある側面が自尊感情に影響を及ぼす程度を**自己価値の随伴性**と名づけました。どの側面が高い随伴性を持つかは，個々人の「価値ある人間とはどのような人か」という信念に依存すると考えられています。クロッカーら（2003）はそのような側面として，家族からのサポート，競争，容貌，神の愛，学業達成，道徳，他者からの承認があることを指摘し，個々人がそれぞれをどの程度重視するかを測定する心理尺度を作成しています。内田（2008）による日本語版では，神の愛が削除され，友人からのサポートが加えられています。

自尊感情は，個々人の平均的なレベルである**特性的自尊感情**と，その時々で変動する**状態的自尊感情**に分けて考えられます。自己価値の随伴性という発想は，状態的自尊感情の変動のしやすさを説明できる点でも優れています。随伴性の高い側面では，自尊感情が成功や賞賛で大きく高まりますが，同時に失敗や非難によって大きく低下します。一方，随伴性の低い側面ではあまり大きな影響を受けないと考えられます。

自己価値の随伴性はさらに，行動や自己制御にも影響を及ぼします。たとえば容姿が自己価値に随伴している人は，ファッションに関する情報に注意を払

い，よく鏡を見て髪型や服装をチェックすると考えられます。

■ 自尊感情の安定性

自尊感情は高いか低いかということに注意が向けられがちです。しかし，自尊感情が短期間に変動しやすいかそうでないかの個人差（**自尊感情の安定性**）も重要です。なぜなら，安定している場合と安定していない場合で，自尊感情の高さと低さが持つ意味や効果が異なるからです。

自尊感情と抑うつの関連を検討したカーニスら（1991）は，自尊感情が低いほど抑うつが強いという関連は，自尊感情が安定している場合のみに見られ，不安定である場合には見られないことを示しています。また，不安定で高い自尊感情を持つ人が怒りや敵意を感じやすく（カーニスら，1989），自我脅威に対して防衛的な反応を示しやすい（カーニスら，1993）のに対して，安定した高い自尊感情を持つ人は，そのような反応を示さないことが示されています。

さらに，援助要請（脇本，2008；**6.2**節参照）や達成動機（脇本，2010）と自尊感情の高低の関連も，自尊感情の安定性によって異なることが示されています。自尊感情に関わる問題を考えるときには，高いかどうかだけでなく，安定しているかどうかも考慮する必要があるのです。

■ 潜在的自尊感情

自尊感情は，質問項目がどの程度当てはまるかを自分で判断して回答する自己報告式の心理尺度で測定されてきました。しかしながら，自己報告式の尺度では，さまざまな要因で回答が歪んでしまう危険性があります。たとえば，自分のことを肯定的に評価することに抵抗感を覚えて自尊感情を低く報告したり，逆に自分のことをよく見せようと高く報告したりといったことが生じえます。このような歪みを避けるために，本人の意識の影響を受けずに自尊感情を測定する間接的な手法が開発されてきました。そのような間接的な手法で測定された，本人が普段自覚していないような自尊感情を**潜在的自尊感情**といいます。

端的にいえば，潜在的自尊感情とは，記憶の中での自己に関連する概念と肯定的な概念との結びつきの強さです。潜在的自尊感情が高い人は低い人に比べて，この結びつきがより強いと考えられます。この概念の結びつき（連合）の測定方法として代表的なのが潜在連合テスト（Implicit Association Test；IAT；

図 4.4　自己─肯定課題 IAT の画面イメージ

中央の単語が自己関連刺激か肯定的単語ならばキーボードの d を，他者関連刺激か否定的単語であれば k を押す。

図 4.4）です。IAT は，コンピュータ画面上に呈示された刺激（単語や写真）を種類ごとに弁別して，割り当てられたキーを押す課題です。そして，単語呈示からキー押しをするまでの時間（反応潜時）を記録します。潜在的自尊感情測定のための IAT では，自分─他者に関連する刺激の分類（たとえば名前や電話番号など）と，肯定的─否定的単語（たとえば愛されている，弱い，など）の分類を行わせます（グリーンワルドとファーンハム，2000）。重要なのは，自己関連刺激と肯定的単語，他者関連刺激と否定的単語をそれぞれ同じキーに割り当てる課題（自己─肯定課題）と，それとは逆に自己関連刺激と否定的単語，他者関連刺激と肯定的単語を同じキーに割り当てる課題（自己─否定課題）です。潜在的自尊感情が高い人は，自己関連概念と肯定的概念が結びついているので，自己─肯定課題の反応がより早く，自己─否定課題の反応はより遅くなると考えられます。ゆえに，後者の反応潜時から前者の反応潜時を引き算した値（IAT 量）で，潜在的自尊感情の高さを指標化することができます。

　IAT などで測定される潜在的自尊感情と，自己報告式の尺度で測定される**顕在的自尊感情**の間には弱い相関関係しかありません（ボッソンら，2000）。つまり，顕在的自尊感情の高い人の中に，潜在的自尊感情が低い人と高い人がいるということです。顕在的自尊感情が高く潜在的自尊感情が低い人はナルシシズムや内集団ひいき（ジョーダンら，2003）が強く，また自我脅威を感じたときに民族差別を示す（ジョーダンら，2005）など，望ましくない防衛的傾向を示すことが明らかにされています。

コラム●自尊感情に関する幻想と自尊感情追求の問題

　自尊感情の高さが精神的健康（テイラーとブラウン，1988）や幸福度（ディーナーとディーナー，1995）と関連するという知見は，一見自尊感情の高さが望ましいことを示しているように見えます。また，自尊感情の低さは望ましくない行動の原因だと考えられてきました。しかし，自尊感情を高めることが良いことであるという考え方にはさまざまな問題があります。

1. 自尊感情が問題の原因であるという根拠が乏しい……自尊感情に関する多くの研究は，自尊感情と心理的適応や幸福感との相関関係（一方が変化すればもう一方も変化する）を示したものに過ぎず，自尊感情が原因であることを何ら保証しません（バウマイスターら，2003）。たとえば自尊感情が幸福感と相関していたとしても，幸福な人ほど自分を肯定できるために自尊感情が高い可能性があるのです。

2. 自尊感情の高さが一概に望ましいこととはいえない……上述の通り，顕在的自尊感情の高さは，不安定さや低い潜在的自尊感情を伴う場合に，攻撃性や脅威への脆弱性につながります。また，実際の達成に基づかない自尊感情は，他者への暴力など望ましくない結果につながります（バウマイスターら，1996）。顕在的自尊感情が高いことが，必ずしも望ましいこととはいえないのです。

3. 自尊感情追求のコスト……自尊感情追求には，さまざまなコストが存在します。まず，自尊感情追求目標を持つ者は強いストレスや不安を感じ，内発的動機が低くなってしまいます（ライアンとデシ，2000）。また，自尊感情追求目標を持つとき，人は失敗を自我脅威ととらえてしまうので，そこから学んで成長することが難しくなります（ドウェック，1986）。さらに，自尊感情追求は関係性にも悪影響を及ぼします。自尊感情獲得のための競争は他者との軋轢を生じさせまた対人関係に割く心的資源を消費し，さらに，セルフ・ハンディキャッピングなどの自己防衛反応は他者からの否定的評価の原因になります。

　このように，自尊感情原因説の根拠の薄弱さ，自尊感情の高さに関連する問題，自尊感情追求のコストに鑑みれば，教育書や自己啓発書などで謳われている「自分を前向きにとらえる，ポジティブに考える」といった発想は短絡的に過ぎると言わざるをえません。自尊感情はあくまで結果の一指標としてとらえ，その変動の原因となっている事象に焦点を当て，達成するための方略や，失敗時の対処の仕方を改善するほうが，より生産的だと考えられます。

4.5　人はなぜ自尊感情を求めるのか

■ 自尊感情の機能的説明

　4.2 節で述べたように，私たちの社会的行動は自己高揚動機に大きな影響を受けます。言い換えれば，私たちは自尊感情を高めたり防衛したりするように行動しているということです。なぜ，人はそこまで自尊感情を求めるのでしょうか。この点に関して，自尊感情が持つ機能に着目して説明を行う理論が登場しています。ここではそのような理論として主要なものである存在脅威管理理論（グリーンバーグら，1986）とソシオメーター仮説（リアリーら，1995）について説明します。

■ 存在脅威管理理論の概要

　存在脅威管理理論は，「人が自尊感情を求めるのは，自尊感情が存在論的恐怖への対処に必要だからである」と考えます。**存在論的恐怖**とは，「自分はいつか必ず死んでしまうし，それはいつなのかわからない」という認識から生まれる恐怖です。死は解決不可能なので，存在論的恐怖も直接的には解決できません。しかし，私たちは普段，存在論的恐怖に対する無力感に悩んでもいなければ，そのことに思いを馳せることも稀です。私たちがそうしていられるのは，対処のためのメカニズムを持っているためだ，とこの理論では考えます。

　そのメカニズムの核となるのが，文化的世界観と自尊感情です。**文化的世界観**とは，集団の中で共有されている世界の成り立ちや善悪に関する信念体系のことです。文化的世界観は，世界に意味と秩序，安定性と永続性を与えるものです（ソロモンら，1991）。また，文化は人間を社会的・象徴的存在としてとらえる枠組みとなります。これは，死と密接に関連する動物性を否定することに役立ちます。そして，存在論的恐怖への対処という点でとくに重要なのは，文化的世界観が**不死概念**（自分の存在が死後にも何らかの形で存在し続けるという信念）を与えてくれるという点です。この不死概念には 2 種類のものがあります。一つは，死後に天国やあの世で生きるといった**直接的不死**です。もう一つは，自分の作品や業績の中に自分の一部が残るといった**象徴的不死**です。このような不死概念は，存在論的恐怖を和らげる効果を持ちます。

　しかし，文化的世界観のこれらの効果は，誰もが享受できるものではありません。たとえば，集団内で排斥されている人たちはその尊厳や地位を奪われ，人間として扱われないことがしばしばあります。また，多くの宗教で天国や極楽浄土にいけるのは，善人もしくは熱心に信仰した人ですし，業績を残せるのも文化の基準に照らして優れた人です。文化的世界観の恩恵にあずかるためには，文化の価値基準を満たしていることが必要なのです。この「自分が文化の価値基準を満たしている」という主観的感覚が自尊感情です。このように，文化的世界観との関連で考えると，自尊感情を獲得するためには，「自分が価値基準に適合する」だけでなく，「文化的世界観の価値基準を妥当だと信じる」ことが必要です。基準自体を妥当だと思っていないと，基準を満たしても，自分を望ましい存在だと思うことはできないからです。

■ 存在脅威管理理論に基づく研究

　自尊感情と文化的世界観が存在論的恐怖を和らげるのであれば，自尊感情が高まっているときや，文化的世界観の妥当性が感じられているときには，存在論的恐怖を感じにくかったり，思い出しにくくなったりすると考えられます。逆に，それらが脅かされている場合には，死関連思考が思い浮かびやすくなるはずです。実際，自尊感情を高めると死関連のビデオを視聴した後の不安が弱い（グリーンバーグら，1992），また文化的世界観が脅かされているときには死関連思考が思い浮かびやすくなる（シメルら，2007）ことが示されています。

　また，存在論的恐怖が思い浮かぶような状況では，人は自尊感情を求めたり，文化的世界観を防衛したりするはずです。自尊感情追求反応に関しては，自分の死について考えると，セルフサービングバイアスが強まる（ミクリンサーとフロリアン，2002）ことが示されています。一方，文化的世界観に関しては，存在論的恐怖が，世界観から逸脱した行動への抵抗感（グリーンバーグら，1995），価値規範から逸脱した人に与える罰の程度（ローゼンブラットら，1989），異なる価値観を持つ他者への否定的反応（グリーンバーグら，1990）を強くすることが示されています。このような反応が生じるのは，そのような人たちが文化的世界観の妥当性を脅かす存在だからです。文化的世界観やその価値基準は文化や社会によって多様で，客観的にどれが正しいとはいえません。

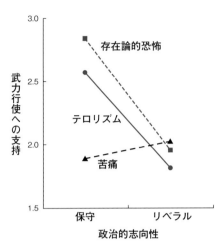

図 4.5　政治的志向性と存在論的恐怖の操作が敵国への武力行使の支持に及ぼす影響
（ピジンスキーら，2006）

結局，文化的世界観の妥当性は，多くの人が信じていればより確からしいという，社会的合意によってしか保証されないので，存在論的恐怖が顕在化する状況では，異質な他者への排斥が強まってしまうのです。

　異質な他者への排斥は，偏見や差別の容認，集団間の葛藤の激化などの問題につながります。実際に，存在論的恐怖がステレオタイプに一致する人物の選好を強め（シメルら，1999），人種差別を行う内集団他者への態度を寛容にする（グリーンバーグら，2001）ことが明らかにされています。さらに，ピジンスキーら（2006）はイラン人大学生では存在論的恐怖がアメリカに対する自爆攻撃への参加意図を高め，政治的保守性の高いアメリカ人大学生では，死あるいは 9.11 テロについて考えることで，敵国に対する武力行使への支持が高くなることを見出しています（図 4.5）。集団間の問題の理解に，存在脅威管理理論は重要な示唆を与えます。ただし，文化の批判者に対する反応について，アメリカでの大規模追試で再現されなかったという報告があり（クラインら，2022），文化的世界観防衛に関して再検討が必要となっています。

■ソシオメーター仮説

　ソシオメーター仮説は，進化的な視点から自尊感情の機能を考えています。それは，他者から見て自分がどの程度関係を持つ相手として価値があるか（**関係価**）を表すメーター（**ソシオメーター**）としての機能です（第 8 章参照）。リアリーら（1998）は，他者からさまざまな程度の否定的もしくは肯定的なフィードバックを実際に受けたり，受ける場面を想像したりした際の状態的自尊感情を測定し，他者からの評価と自尊感情が図 4.6 のような S 字曲線になることを見出しました。少し拒絶されている状態では状態自尊感情は低いま

ま変化せず，他者からの受容が中程度からやや高い辺りで，受容の度合いと状態自尊感情に強い関係が見られることが特徴です。リアリーらは，少しでも拒絶されている，あるいは，ある一定以上受容されている状態（水色の部分）では，関係価を監視する適応的意義が小さい（得られるものがそれ以上増えない/減らない）ため，このようなパターンが得られると考察しています。

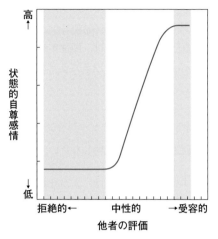

図 4.6　他者からの拒絶―受容と状態的自尊感情の関係
（リアリーら，1998 をもとに作成）

　ソシオメーター仮説による自尊感情のとらえ方で重要なのは，「人間は自尊感情そのものを求めているわけではない」ということです。人間が持っているのは所属欲求であって，自分が他者から受容されていると信じたいがために，関係価の指標である自尊感情を高めようとするのだとソシオメーター仮説では考えます。

■ 両理論の共通性――関係性の視点

　存在脅威管理理論は存在論的恐怖，ソシオメーター仮説は所属欲求と異なる視点から自尊感情への欲求を説明しているように見えます。しかし，遠藤（2000）は，「個人が自分という閉じた系の内側で自己を認知的にとらえ自覚的に評価した帰結として自尊感情があるのではなく，あくまでも外からの反応の有無や質によって揺れ動く，自己と周囲の人々との関係の適切性の感覚に基づくということを主張している点において，共通性を有している」（p.157）と指摘しています。さらに近年，関係性が存在論的恐怖を緩和する効果を持つことが示されています（ミクリンサーら，2003）。自尊感情の機能への注意を促し，多くの実証研究を生み出した両理論は，関係性という視点から統合が可能です。両理論がもたらした知見は，社会的行動をより包括的に理解するための枠組みを与える可能性を持っています。

復習問題

1. 自己に関する知識は，関連するもの同士が結びつき，互いに連絡し合う形で記憶の中に貯蔵されていると考えられている。このような構造を持った自己知識のことを何というか。

2. ポジティブ・イリュージョンには３種類のものがある。このうち，非現実的楽観主義とは何か説明しなさい。

3. フェスティンガーは，人が社会的比較を行うときに，自分とある程度似た他者を選びやすいと考えた。これを何というか。

4. 自尊感情について検討するときに，その高さ低さだけでなく安定性にも着目する意義を簡潔に論じなさい。

5. 存在脅威管理理論は，自尊感情が存在論的恐怖を緩衝する効果を持つと主張している。この存在論的恐怖とは何か。簡潔に説明しなさい。

公正さに関わる問題

5

　不公正な扱いを受けて，怒りや悲しみを感じた経験を持っている人は多いでしょう。私たちは公正な世界を望みながらも，不公正な世界で生きています。公正さを求める欲求は社会の改善に向けた活動につながることもありますが，現実を歪めてとらえることによって不公正さを合理化してしまったり，不利な立場にある人や苦しみの中にある人をより苦しめてしまうという事態を招く危険性もはらんでいます。本章では，公正さをめぐる問題について考えていきます。

本章のトピック

- 分配的公正の判断基準とは？
- 紛争解決への満足や行政への態度に，手続き的公正が与える影響とは？
- 公正さを求める欲求が，逆説的に不公正な事態を招くのはなぜか？
- 内在的正義の信念と最終的公正信念の違いとは何か？
- 格差の維持に寄与する心理的メカニズムとは？

キーワード

分配的公正，手続き的公正，公正世界理論，システム正当化信念，相補的世界観

5.1 分配的公正

■ 分配的公正

　かつて日本は「一億総中流社会」と呼ばれ，格差の小さい社会だと信じられてきました。しかし，2000 年代中ごろから「格差社会」という言葉で日本社会が語られることが多くなりました。所得分布の相対的不公平さを示すジニ係数（コラム参照）は，高齢者世帯の増加を考慮すると拡大しているとはいえない（大竹，2005）という主張もありますが，勤労者世帯で最低生活費と給与所得控除を加えた額以下の所得しかない貧困世帯が増加しています（後藤，2007）。さらに，非正規雇用の増加により，労働者階級内部に賃金が低く，結婚して家族を形成することが難しいグループ（アンダークラス）が形成されつつある（橋本，2019）という指摘もあります。

　これを社会心理学的に言い換えれば，人々が**分配的公正**が実現されていないと感じているということになります。しかし，そもそも公正な分配とは何でしょうか。本節では，分配的公正の基準をめぐる議論や研究を紹介します。

■ パレート基準と公正

　経済学でよく言及される分配の基準に，**パレート基準**というものがあります。ある分配がパレート基準を満たす（パレート最適である）のは，その分配によって誰もが現状より良い状態を実現できるときです。たとえば，政府が全国民に金銭を給付するという施策は，パレート最適です。なお，パレート最適はみながもとより良い状態になれば達成されるので，上の例ですべての国民が同じ額を受け取る必要はありません。ある人が 1 円しか受け取れず，ほかの人が 1 万円を受け取る場合でも，パレート最適であることに変わりはありません。

　経済学が仮定するように人が利己的で合理的であれば，パレート基準を満たしていさえすれば，上記のような極端な分配でも受け入れるはずです。しかし，そうでないことが**最後通告ゲーム**を用いた研究で繰返し示されています。最後通告ゲームは，分配する人（分配者）と分配される人（被分配者）のペアで行います。分配者は実験者から一定の金額を渡され，そのうちいくらを被分配者に与えるか決定します。そして，被分配者は分配者の決定した金額を受け

コラム●ローレンツ曲線とジニ係数

　経済的格差の指標として用いられるジニ係数は，ローレンツ曲線（図 5.1）をもとに計算されます。ローレンツ曲線とは，世帯の所得を低い順番にならべ，横軸に世帯の累積比（全体を 1 とした比率），縦軸に所得の累積比をとったものです。すべての世帯の所得が同じ場合，グラフは傾き 1 の直線（均等分布線）になるので，そこからの下方のズレが大きい

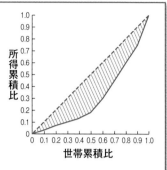

図 5.1　ローレンツ曲線

ほど所得格差が大きいことになります。ジニ係数は，均等分布線で作られる三角形の面積と，均等分布線とローレンツ曲線で作られる部分（斜線部）の面積比で計算されます。

取るか否かだけを判断します。金額の交渉などはできません。受け取れば分配者も被分配者も決めた金額をもらうことができますが，被分配者が拒否すれば 2 人ともお金を受け取ることができません。個人の利益だけを考えれば，分配者がどのような不公平な提示をしようとももらえないよりはマシなので，被分配者は受け入れるほうがよいはずです。しかしながら，不公平な提示に対して，被分配者は多くの場合拒否の判断を示すことが知られています（カメレーラとターレル，1995）。この結果は，人は単に利益を得ることに動機づけられているわけではなく，他者と自分の利益のバランスに強い関心を払うことを示しています。

■ 衡 平 基 準

　このように，他者と自分の利益の比較という観点から分配の公正をとらえるのが衡平基準です。正確にいえば，衡平基準では，得られた利益とその利益を得るために投入した費用のバランスを問題にします。利益というと金銭などの経済的なものを思い浮かべがちですが，肯定的な気分や誇りといった心理的なものも含まれます。たとえば同じぐらい頑張ったのだから同じだけのお金をもらったり，同じくらい褒められたりしてよいはずだ，ということです。アダム

$$\frac{O_A}{I_A} = \frac{O_B}{I_B}$$

図 5.2　アダムズの考える衡平状態 (アダムズ，1965)

ズ（1965）の**衡平理論**は，この関係を図 5.2 のように表現しています。I は個人が成果を得るために投入したもの（インプット），O は得た成果（アウトカム）を表しています。この比率が他者と同じであれば，満足感が生じます。一方で，インプットの割にアウトカムが得られていない（過小利得）場合には不満が生じ，過剰利得の場合には不釣合いなアウトカムを得たという罪悪感が生じると考えます。衡平理論では，過小であれ過剰であれその程度が大きいほど不快感情を強く感じ，それを低減しようとする公正回復行動も強くなると考えます。この点には認知的不協和理論（第 3 章参照）の影響を見ることができます。アダムズの理論ではまったく努力をせずに，あるいは逆効果になるようなことをしながら報酬を得る場合（インプットがゼロや負である場合）は考慮されていなかったため，後に修正公式が提案されています（田中，1998）。

■ 衡平と対人関係・対人行動

　衡平という視点は対人関係・対人行動をとらえる上でも重要な視点です。ウォルスターら（1973）は，人が対人関係で自分の得ているものと他者の得ているものを比較し，衡平が成り立っていれば関係が安定すると考えました。一方，自分が得ているものが大きすぎるときには負債感を，逆に少なすぎれば不満や怒りを感じて，衡平状態にするための対応を行うと考えています。関係に対する満足や気分について，このモデルが支持されています（諸井，1996）。

　また，ジーテクら（2010）は，不当な扱いを受けたり，そのことを思い出したりした後には，利己的に振る舞おうという意図や実際の利己的行動が増えることを報告しています。これは，不当な扱いを受けるという不公正な経験を別の機会に埋め合わせて，衡平を実現しようとする反応だと解釈できます。

■ 平等基準と必要性基準

　衡平理論では衡平という点から分配的公正を考えました。しかしながら，衡平は公正さの唯一の基準というわけではありません。ドイッチ（1975）は公正

な分配の基準を 11 個に分類し，そのうち衡平，平等，必要性の 3 つの基準が主要なものであると主張しました。レーベンソール（1976）も同様に，個々人の妥当な報酬が貢献度（上述のインプットに相当），平等，必要性，その他のルールの 4 要素により決定されるという理論モデルを提唱しています。

平等基準とは，個々人がどの程度結果に貢献したかにかかわらず，全員が同じ報酬を受け取るという基準です。サンプソン（1975）は，公正さを衡平の観点のみからとらえようとする当時の風潮を批判し，平等基準からの公正さの検討と，平等基準と衡平基準を社会歴史的文脈で理解することの必要性を論じています。実際，公正さや公平さという言葉から，「みな同じ」という平等基準を連想する人も多いでしょう。

一方，**必要性基準**とは，必要とする人に分配を行うという基準です。私たちが募金に協力したり，所得の再分配制度を支持したりするのは，必要性基準に導かれた行動です。必要性基準に基づく分配は，他者のために自分の取り分が減ったりなくなったりすることを許容するという意味で，人道主義あるいは社会的責任といった性格を持ちます（シュワルツ，1975）。

■ 衡平と平等はどちらが好まれるのか？

人は 3 つの分配基準のうち，どれを好むのでしょうか？　衡平と平等のどちらが好まれるかについては多くの研究がなされています。そして，さまざまな要因で，どちらが好まれるかが異なることが明らかになっています。大坪ら（1996）は，課題によって得た報酬を分配するという状況で，衡平基準と平等基準の比較を行っています。そして，集団の成績が一番成績の低いメンバー次第で決まる結合型課題では平等基準に基づく分配がもっとも好まれ，分離型課題（集団の成績が，その中で一番成績の良いメンバー次第で決まる）では衡平基準に基づく分配が好まれることを示しています。女性は平等，男性は衡平を好むという性差も指摘されています（サンプソン，1975）また，分配の決定が他人に見えるような形で行われるとき（ライズとグリューツェン，1976）や，ペア課題で貢献が大きかった人が，将来もやりとりがあると信じている相手との間で分配を行う場合（シャピロ，1975），には衡平基準よりも平等基準がより好まれます。

5.2　手続き的公正

■ 手続き的公正とは

　分配的公正では，最終的に得られる報酬の公正さのみを問題にしていました。しかし，物事の公正さは分配的公正のみで決まるわけではありません。たとえば，あなたに分配される給与や税負担が，あなたと決定者の協議を通して決定される場合と，詳しい説明もなされず一方的に決定される場合をそれぞれ想像してください。最終的に分配されるものが同じだったとしても，前者のほうが後者よりも正しく満足のいくものだと感じるでしょう。人は，分配の結果だけではなく，それがどのように決定されるかということにも強い関心を払います。決定のプロセスの公正さを，**手続き的公正**といいます。

■ 手段としての手続き的公正

　手続き的公正は，紛争解決に関する司法制度の研究の中で注目されるようになりました。これは，勝訴・敗訴といった結果だけでは，当事者の満足感や公正感を十分に説明できなかったためです。たとえば，ウォーカーら（1974）は，産業スパイに関する模擬裁判で，糾問主義（司法側が捜査や事実認定，裁判を行う）と当事者主義（第三者である司法関係者が当事者間の話合いによる解決を目指す調停）の手続きを比較し，勝訴・敗訴に関わりなく，前者よりも後者が判決や裁判手続きへの満足度が高く評価されることを報告しています。

　ティボーとウォーカー（1975）は，司法手続きを決定コントロールと過程コントロールという2つの要因からとらえています。決定コントロールとは，最終的な裁定に直接関われる程度のことを指します。一方，過程コントロールとは，証拠集めや事実認定など，決定に影響を及ぼす協議のプロセスに影響を与えることができる程度です。彼らはこの2つのコントロールの程度の違いが当事者の満足感や公正感に影響を与えると論じています。上述の糾問主義の手続きは，2つのコントロールが当事者に残されず，当事者主義は過程コントロールが当事者に残されている手続きです。ティボーらは，決定コントロールが第三者にある場合（つまり最終的な分配の決定権がない場合）でも，過程コントロールが当事者に残されていれば，第三者の意思決定に影響を与えることがで

表5.1 **レーベンソールの手続き的公正基準**（レーベンソール，1980）

基　準	内　容
一貫性（consistency）	手続きが時間や対象を越えて一貫している
偏りの抑制（bias suppression）	個人的利害関心や先入観が決定に影響しないようになっている
情報の正確さ（accuracy）	正確な情報に基づいた判断がなされている
修正可能性（correctability）	決定を変更あるいは取り消す機会が存在する
代表性（representativeness）	関係者の関心や価値観，見解が反映されている
倫理性（ethicality）	基本道徳や倫理に反していない

きるため，より公正感が感じられると考えました。

　レーベンソール（1980）は，紛争解決手続きに限らず，さまざまな事象に手続き的公正の枠組みを拡張できると考えました。彼は，手続き的公正を判断する基準として一貫性，偏りの抑制，情報の正確さ，修正可能性，代表性，倫理性の6点を挙げています（表5.1）。

　ティボーとウォーカー（1975）やレーベンソール（1980）は，手続き的公正が重要なのは，それが分配的公正を達成し，自己利益を確保する手段であるためだと考えていました。つまり，手続き的公正は分配的公正を媒介して満足に影響を与えると考えます。このような立場を道具モデル（大渕，1998）といいます。道具モデルでは，過程コントロールを保障するような構造的要因の有無（たとえば発言機会があるかないか）が重要な問題となります。

■ 集団価値モデル

　一方，手続きそのものが価値を持ち，分配の結果とは独立の効果を持つと考えるのがリンドとタイラー（1988；菅原・大渕訳，1995）の**集団価値モデル**です。彼らは，手続きの質や手続きが持つ社会的意味に着目しました。この社会的意味とは，自分が集団の成員として尊重されているかどうかということです。権威者の対応から自分が成員として尊重されているという感覚が得られれば，集団への同一化や肯定的感情が高まります。そして，それが公正感や決定への満足，権威者への信頼につながると集団価値モデルでは考えます。集団価値モデルは，権威者との関係性評価という社会的要因に着目しているということもできます。このような社会的要因には，権威者が当事者に対して説明を十分に，かつわかりやすく行っているかどうかということ（**情報的公正**）や，権威者の

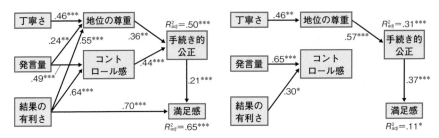

図 5.3　**商品解約に関する代替的紛争解決制度（ADR）に対する満足感と手続き的公正の関連**
（今在ら，2003）
左側はすべての条件，右側は消費者が半額もしくは全額を支払う必要がある（消費者にとって不利な結果）条件のみの結果。$*p < .05, **p < .01, ***p < .001$。$R^2_{adj}$ は自由度調整済み決定係数を表す。

当事者に対する配慮や尊重（**相互作用的公正**）があります（林，2007）。

　今在・今在（2004）は，民事紛争における裁判官に対する関係性評価に着目し，裁判官の関係性評価が高いほど和解を選択しやすくなることを明らかにしています。また，代替的紛争解決制度（ADR）での消費者問題解決において手続き的公正を検討した今在ら（2003）は，介入者（権威者）が当事者に対して丁寧な言葉を使い，また意見を求める回数が多いほど，当事者は自分の地位が尊重されたと感じ，そのことが手続き的公正の高さを介して満足感を高めることを示しています（図5.3左）。また，この実験では商品解約のために半額あるいは全額を支払わねばならないという，消費者にとって不利な決定がなされる条件が設定されていましたが，そのような条件でも，介入者の丁寧さは地位が尊重されているという感覚を通して手続き的公正感を高め，結果に対する満足感につながっていました（図5.3右）。これら結果は，紛争の肯定的な形での終結に，手続き的公正の果たす役割の大きさを示唆しています。

■ 手続き的公正と行政に対する態度

　手続き的公正は，行政への信頼や政策の支持につながることが示されています。今在（2013）は，札幌市民を対象とした調査で，市民が「市職員は市のことを理解し，市民を尊重している」と考えるほど（つまり市職員の関係性評価が高いほど），市政を公正だと考えていることを明らかにしています。また，所得が低〜中位の市民では，市政の公正さが暮らし向きについての楽観的な見通しを高め，それが地域への愛着にも結びつくことを報告しています。

　一方，公正感の低さは，抗議行動に結びつきます。川嶋ら（2012）は自分が公正に利益を得ているという認知（ミクロ公正感）と社会が全国民にとって公正に運営されているという認知（マクロ公正感）が，規範的抗議行動（政治活動や市民運動への参加など）と反規範的抗議行動（脱税など）に及ぼす影響を検討しています。ミクロ公正感は自己利益の問題なので分配的公正，マクロ公正感は運営の問題なので手続き的公正と読み替えることができます。ミクロ公正感やマクロ公正感の低さが，社会が変わらないという信念の弱さや，社会を変えるためのコストが大きくないという予測と併存するとき，規範的抗議行動がより多いことが示されました。また，ミクロ公正感が低く，かつマクロ公正感が高い場合（つまり，社会は公正なのに自分が公正に扱われていないと認知している場合）に規範的行動が強くなることが示されました。これら一連の研究は，市民が肯定的に行政に関わっていく上で，手続き的公正の保障が重要であることを示しています。

■ 手続き的公正と集団へのコミットメント

　集団価値モデルでは，適切な処遇を受けることが集団の成員として尊重されているという感覚を高めると考えています。そのような感覚は決定や集団に対する肯定的態度にも影響すると考えられます（**公正の絆仮説**；オオブチら，1998）。大渕・今在（1999）は，国会，政府，行政官庁の機能（情報開示や国民の代表として職務を行っているかなど）評価が国への情緒的コミットメント（国民であることの誇りなど）と功利的コミットメント（豊かな生活が送れるから住み続けたい，など）を高めることを示しています。この影響は，国に対する公正感に部分的に媒介されていました。また，大渕・福野（2003）は政府や行政に関するマクロレベル，自分と同じ職業の人たちの処遇に関する職業レベル，地域の人たちの処遇に関する地域レベルそれぞれの分配的および手続き的公正が国への肯定的態度に及ぼす影響を検討しました。その結果，マクロおよび職業の手続き的公正は直接的に国への肯定的態度を高めていました。一方，マクロと職業の分配的公正は，生活満足度を媒介して間接的に国への肯定的態度を高めていました。これら研究は，公正な処遇が集団の運営にとって極めて重要であることを示しています。

5.3 　世界の公正さに関する認知

■ 公正世界理論

　分配的公正および手続き的公正は司法や行政，組織における処遇の問題，あるいは対人関係など，比較的具体的なトピックとの関係で検討が行われてきました。一方，社会や世界全体に関する認識を問題にしているのが，ラーナー（1980）の**公正世界理論**です。公正世界理論では，人間が「世界は人が自分自身に相応しいものを受け取る公正な場所である」と信じたいという欲求（**公正世界欲求**）を持つと仮定します。この欲求のため，人は不公正な事態に遭遇したり目撃したりすると，公正さを求める反応を示します。

■ 被害者非難

　公正世界理論はさまざまな公正回復行動を視野に入れたものでしたが，実証研究の中で検討の対象となったのは，主に落ち度のない被害者に対する反応でした。何の落ち度もない人が不幸に見舞われているという事態は，世界が公正でないことを示す事例となってしまいます。そこで，人はそのような事態を，公正世界欲求が満たされるように心理的に再構成しようとします。

　落ち度のない被害者に対する反応は，被害の回復あるいは補償の可能性によって調節されます。被害者の苦痛が何らかの形で回復可能であったり，補償できたりする場合には，人は共感に基づいた反応を示します。被害が回復可能なものであれば，無実の被害者の存在は世界の公正さにとっての脅威にはならないためです。一方，苦痛が続いてしまう，あるいは，埋め合わせることができないと考えた場合，人は被害者に何らかの落ち度を見つけたり，責任を帰属したりする**被害者非難**（第6章参照）を示します。被害自体が変えられないため，被害者をそれに見合う望ましくない存在とみなし，望ましくない人間だからひどい目に遭うのだと考えることで，世界が公正な場所だという信念（公正世界信念）を維持しようとするのです。これまでの研究では主に性犯罪の被害者（第6章参照），がん患者，HIV感染者に対する被害者非難が検討されています（ヘイファーとベグ，2005）。公正さに対する欲求が，何の落ち度もない人が責められ，苦痛を負わされる事態を作り出すというのは，なんとも皮肉なことです。

■ 内在的正義の推論

　普段から自己中心的で周囲に迷惑をかけている人が食中毒にかかったとしたら，つい「日ごろの行いが悪いからそんな目に遭うんだ」と考えてしまうでしょう。このように，人物の行動と，その後その人物に生じる出来事の望ましさが一貫するときに，たとえ行動と出来事が無関係でも因果的なつながりを考えてしまう因果応報的な推論を，**内在的正義の推論**といいます。

　カランら（2006）は，不倫相手との旅行を計画していた男性が旅行代理店からの帰りに事故に遭う場合と，家族のために旅行を計画していた男性が同様の事故に遭う場合では，前者のほうが事故に関してより責任がある（「事故に遭ったのは普段の行いのせい」）と判断されることを示しています。同様に，他人に対して肯定的に振る舞っている人が宝くじに当選する場合には，他人に対して否定的に振る舞っている人の場合よりも，普段の行いが当選に影響したと判断されることを彼らは示しています。また，脇本（2011, 2013）は，認知欲求（頭を使って考えたいという欲求）が低い人や自己効力感が低い人は，不倫の意図を持っていた食中毒事故被害者の責任を，実際に不倫していた被害者と同程度に評価することを見出しています。

　発達心理学者のピアジェは，内在的正義の推論が，認知能力の未熟さにより生じるもので，幼少期にのみ見られるものだと考えました。しかし，小学生よりも大学生で内在的正義の推論がより強い（ラマンとワイナー，2004）という知見は，彼の説明とは整合しません。さらに，公正世界への脅威が内在的正義の推論を強める（カランら，2006）という知見からすれば，ピアジェのような認知論的説明よりも，目の前の出来事が公正なものだと信じるために，過去の事象をその理由として関連づけようとして内在的正義の推論が生じるという，動機論的視点からの説明がより妥当であると考えられます。

■ 最終的公正

　何か辛いことや苦しいことが続いたときに，「悪いことばかりではなく，いいことだってきっとあるはずだ」と考えた経験はないでしょうか。良いことや悪いことが最終的にはバランスがとれたものになる，という発想を**最終的公正信念**といいます。内在的正義の推論が過去に原因を求めて現実を公正なものと

合理化しようとする反応であるのに対して，最終的公正は将来に公正が回復されるという未来志向的な視点を持っています。

　カランら（2008）は，**相対的剥奪感**（自分の利益が他人よりも不公平に少ないという感覚）を操作して，その後ギャンブルゲームに参加するか否かを尋ねました。その結果，相対的剥奪感を感じた人たち（88%）はそうでない人たち（60%）よりもギャンブルへの参加意図が強いことが示されました。自分が相対的に恵まれていないという不運が将来のギャンブルでの幸運で埋め合わされるはずだ，という思いが参加意図を高めたのだと考えられます。また，ゴーシェら（2010）は，過去に経験したネガティブな偶然について考えた場合には，ポジティブな偶然を考えた場合よりも，曖昧な出来事（カフェテリアの予算が変更になった，など）の満足感を高く評価することを明らかにしています（研究1）。さらに彼らは研究2で，偶然報酬のある実験に参加できることになった人（幸運な人）と参加できない人（不運な人）に，過去の肯定的もしくは否定的出来事を思い出してもらうという実験を行いました。その結果，幸運な人は過去の肯定的出来事よりも否定的出来事をより多く思い出していました。これらの反応は，人が時間経過の中で幸運と不運が釣り合うように認知を変化させ，最終的公正信念を保持しようとすることを示しています。

　幸運を使えば減る資源のようなものと考える**運資源ビリーフ**も，最終的公正の信念の一種としてとらえることができます。たとえば，重要な出来事の前に不運な経験（例：受験の前に財布を落とす）をしたときに，「これで厄が落ちた」などと考えるのは，運資源ビリーフに基づいた発想です。運資源ビリーフを強く持つ人は，あることで幸運を得ると，その後の事象では幸運が生じないと考え，よりリスクの少ない選択を行うようになります（村上，2009）。

■公正世界信念の個人差に関する研究

　ここまで紹介してきた理論や研究は行動の根源的要因としての公正欲求を扱ったものでした。一方で，意識的な公正世界信念の個人差と行動との関連を検討した研究も存在します。意識的な公正世界信念には，いくつかの下位分類が存在します。リプカスら（1996）は，自分自身が公正に扱われているという**個人的公正信念**と，他者一般が公正に扱われているという**一般公正信念**を区別

表 5.2　内在的正義信念と最終的公正信念の測定項目例（メース，1998，著者訳）

内在的正義信念
　重い病気は，多くの場合その人の生きざまへの罰である。
　本当に善い人が，重い病気にかかることはめったにないだろう。
最終的公正信念
　ひどい不幸に苦しんでいる人でも，最終的には何か良いことが起こってすべての釣り合いがとれると信じることができる。
　重い病気ですらも，しばしば将来の思いがけない幸運で埋め合わせされるものだ。

しています。そして，個人的公正信念の強さが抑うつ傾向の低さや人生への満足感の高さと関連する一方，一般公正信念ではそのような関連が見られないことを報告しています。

　メースとシュミット（1999）は，上述の内在的正義と，最終的公正の個人差を測定する尺度を作成しています。**表 5.2** はそれぞれに対応する項目例です。公正に関する尺度でありながら，両者の内容は大きく異なることがわかります。**内在的正義信念**は，物事を個人がコントロールできるという考えや他者の過ちへの厳しい反応と関連し，最終的公正信念は物事が運命によってコントロールされるという考え，また個人が社会に影響を与えられるという信念，さらに他者の過ちに対する寛容さと関連することを示しています。がん患者への態度に関する研究では，内在的正義信念を強く持つ人ほど患者への態度が否定的で責任を重く帰属し，最終的公正信念を強く持つ人ほど患者への態度が肯定的であることが示されています。内在的正義信念は生じた不公正を個人の責任のみに帰属するものであるのに対して，最終的公正信念は外的な要因も考慮し，今後対応可能だと考えるものである点が異なっていると考えられます。さらに，学校場面では，内在的正義信念の強さは競争志向性や精神的不健康さと，最終的公正信念の強さは団結や学びの楽しみ，精神的健康と関連することが示されています（メースとカルズ，2002）。

　公正世界欲求と主観的な公正世界信念は一見似ているようですが，区別することが必要です。ラーナー（1998）は，大人は一般的に世界が公正なものだと信じてはいないが，それでも不公正事態に遭遇するとその不公正を正そうとする，と指摘しています。つまり，主観的な公正世界信念が弱くとも，公正世界欲求は行動に影響を与えるということです。

5.4 格差に対する反応

格差是正と公正さへの欲求

　社会に存在するさまざまな格差は人々の中に不満や怒りを生じさせ，格差是正のための行動へと駆り立てます。たとえば，賃金や待遇に不公正を感じた労働者は，労働組合を組織して雇用者側と団体交渉を行います。また，男女格差や人種差別に反対する人たちは社会運動を行ったり，政治的な働きかけを行ったりします。それらの行動が実を結び，差別を撤廃するための条約や法律が成立した例もありますが，さまざまな格差が現存していることに鑑みれば，多くの場合，格差是正行動は十分に行われていないと考えられます。なぜ格差是正行動が十分に行われないのかを，社会心理学の知見から考えます。

個人への責任帰属と格差の合理化

　個人の能力や努力で良い立場を獲得できるという信念は，格差是正行動への不支持につながります。たとえば，**メリトクラシー**（能力主義）を強く信じている人ほど，アファーマティブ・アクション（積極的差別是正措置）に賛成しない傾向にあります（ソンヒンら，2002）。また，**機会統制可能認知**（本人の能力や努力次第で高学歴の獲得や優良企業への就職が可能だという信念）の強さは，貧困者への責任帰属を高め，政府への責任帰属を弱めることで貧困是正政策への不支持につながります（橋本ら，2012；図5.4）。格差が機会など外的要因ではなく，能力や努力不足など内的要因のために生じた衡平な結果だと考えられる

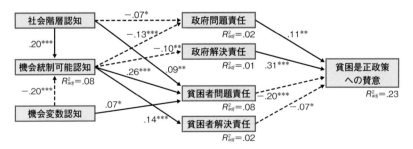

図 5.4　機会統制可能認知と政府・貧困者への責任帰属が貧困是正政策への賛意に及ぼす影響（橋本ら，2012）
*p＜.05，**p＜.01，***p＜.001。R^2_{adj} は自由度調整済み決定係数を表す。

ほど，格差是正政策が支持されないのです。現実に機会が公正に分布することはないので，このような考え方は格差の合理化だということができます。

格差を合理化する，というと有利な立場にある人たちだけのことだと思うかもしれません。メリトクラシーが正しいと信じることで，自分たちが有利な立場にあることが正当化できるからです。しかしながら，不利な立場にある人たちも同様の反応を示すことが明らかになっています。たとえば，ジョストら（2003）は，アメリカで，社会経済的地位の高い人よりも低い人のほうが，また白人よりも黒人のほうが，メリトクラシーを強く支持していることを報告しています。社会経済的に不利な立場にあることが自分のせいだと考えるのは苦痛であり，またアメリカにおいて過去の不当な差別が現在の民族間格差の原因となっていることは明白であるにもかかわらず，なぜこのような反応が示されてしまうのでしょうか。これもまた，公正世界欲求から考えることができます。世界が公正であるという知覚は，個人の安心の基盤となる重要なものです。格差を社会の側に帰属してしまうと，この信念が揺るがされてしまいます。そうならないよう，不利な立場に置かれた人は格差の責任を自分に帰属し，メリトクラシーを支持してしまうのだと考えられます。メリトクラシーを信じている黒人のほうが，信じていない黒人よりも精神的に健康である（クリューゲルとスミス，1986）こともこの説明を支持しています。有利な立場にある人も不利な立場にある人も，心の安寧（あんねい）を得るために世界が公正だと信じようとし，その結果格差が合理化され，是正が行われなくなってしまう側面があるのです。

■ 相応しい報酬の見積もりの男女差

男女の格差は，世界的に大きな問題だと認識されています。世界経済フォーラムが発行する男女格差報告は，経済・政治・教育・健康の分野で男女格差を指標化し，男女平等が達成されている順にランキングを作成しています。このランキングで日本は対象国146カ国中116位であり，国際的に見ても女性が不遇な社会だということができます（世界経済フォーラム，2022）。

報酬の男女格差に関して，男女が客観的には同じ課題で同じ程度の成績を出している場合でも，女性が自分に相応しい報酬の額を男性よりも低く見積もってしまうことが示されています（メイジャーら，1984；ジョスト，1997）。女

性が報酬の少なさを自分自身で妥当だと，つまりそれが差別ではないと思ってしまうと，格差を是正しようという動機づけは低下してしまいます。一方，男性は自分の達成度合いによらず，高い報酬が自分に相応しいと考える傾向にあります（ペルハムとヘッツ，2001）。男性のこのような傾向も，男女格差是正への動機づけを低下させてしまうと考えられます。

　このような男女格差に関する認知に，システム正当化信念（ジョストとバナジ，1994；ケイとジョスト，2003）が影響します。**システム正当化信念**とは，社会に存在するシステムを，それがただ存在するという理由から正当なものだと考える信念です。オブライエンら（2012）は，大学生を対象とした調査で，男性ではシステム正当化信念の強さが自分の仕事（夏休み期間中に教授から依頼されるデータ入力）に対して正当だと思う報酬の額の多さと関連するのに対し，女性では信念の強さが報酬額の少なさと関連していました（ただし，女性に関する結果は統計的に有意ではありませんでした）。オブライエンらはさらに，男女の報酬差が現れるのは，システム正当化信念が顕現化している条件のみであることを示しています。既存のシステムを肯定しようという動機が，男女格差を固定化させているのです。

■ 相補的認知による格差の合理化

　ここまで紹介してきた知見は，「不利な立場にある人たちに責任がある」という形で格差の合理化が行われることを示しています。不利な立場にある人たちを責めるわけですから，ひどく残酷な方法ともいえます。一方で，池上（2012）はより隠微で，一見不利な立場の人たちに同情的あるいは肯定的態度を表明しているように見える格差の合理化方略が存在することを指摘しています。それは，相補的世界観を通じた合理化です。

　相補的世界観とは，「どのような物事にも良い面と悪い面がある」という考え方を指します。たとえば，「優秀な人は冷たい」あるいは「物質的に豊かな社会に暮らす人は心が貧しい」といった相補的ステレオタイプは相補的世界観の代表的な構成要素です。このような認知は，対象の中で良い面と悪い面のバランスがとれている，という形の**平等幻想**を与えてくれます。ケイとジョスト（2003）は，貧しいが幸福な人物，貧しくて不幸な人物，裕福だが不幸な人物，

裕福で幸福な人物に関する文章のいずれかを読んだ後に，アメリカの社会システムの公正さを評定するという実験を行っています。その結果，「貧しいが幸福」条件では「貧しくて不幸」条件よりも，「裕福だが不幸」条件では「裕福で幸福」条件よりも，社会システムが公正だと評価されていました。

　相補的認知によってもたらされる平等幻想は，格差の是正に対する動機づけを低下させます。ベッカーとライト（2011）は，**敵意的性差別**と**慈悲的性差別**が，女性の，性差別是正を目指した集合行動に参加する意図に与える影響を検討しています。敵意的性差別とは男性が女性より優れているため，高い地位にあるのが当然だという差別的信念です。一方，慈悲的性差別とは一見女性の一部側面を高く評価するような形で男性の優位性を肯定する信念で，女性は男性に劣る面がある一方，男性の持っていないよい特徴を持っているという相補的認知を要素として含むものです。彼女らの研究では，多くの男性が慈悲的性差別を支持していると信じさせられた条件で，敵意的性差別を支持していると信じさせられた条件や統制条件よりも集合行動への参加意図が低くなっていました。また，これは，慈悲的性差別条件で性に関するシステムの正当性や女性でいることのメリットが高く評価され，肯定的な感情が高まることによるものでした（図5.5）。

　不利な立場にある人々を何らかの次元で肯定的に評価することを，望ましいと考える人も多いでしょう。しかし，それが平等幻想を生成して格差を合理化し，格差是正の動きを封じる側面を持っていることを，忘れてはなりません。

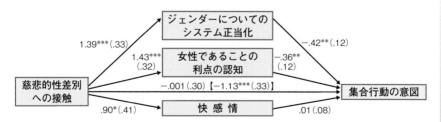

図5.5　**慈悲的性差別への接触が男女格差是正のための集団行動への女性の参加意図に与える影響**（ベッカーとライト，2011）
（　）内は標準誤差。慈悲的性差別への接触から集合行動の意図の【　】内の係数は，3つの媒介変数の影響を統制しない場合の値。
*p＜.05，**p＜.01，***p＜.001。

復 習 問 題

1. 分配的公正の基準を 3 つ挙げ，それぞれの内容を簡潔に説明しなさい。

2. 決定プロセスの公正さを何というか。

3. 所得が低い人がギャンブルをする傾向にある理由を，公正さへの欲求という観点から説明しなさい。

4. 格差で不利な立場にある人が，メリトクラシーを支持してしまう理由を公正さの機能という点から論じなさい。

対 人 行 動 6

　人は，お互いに働きかけを行いながら社会生活を営んでいます。
人が人に対して行うそのような働きかけを対人行動といいます。
この章では，対人行動のうちとくに人を助ける行動（援助行動）
と人を傷つける行動（攻撃行動）に焦点を当てて，それぞれに影
響を与える要因やプロセスについて考えていきます。

本章のトピック

- どのようなときに，人は人を助けなくなってしまうのだろうか？
- 助けを求めることの抵抗感を減らすにはどうすればよいか？
- 攻撃行動の合理化とは何か？
- テレビや映画の暴力映像は，視聴者の攻撃性を高めるのか？

キーワード

傍観者効果，援助成果，心理的負債，非人間化，メディアバイオ
レンス

6.1 援 助 行 動

■ 援助行動の定義

　欠席した友人に講義のノートを貸したり，電車で妊婦や高齢者に座席をゆずったり，また募金を行ったりと，人を助けた経験をほとんどの人が持っているでしょう。人を助ける行動を**援助行動**といいます。専門的には細かく種類が分かれるのですが，ここでは広く援助行動として扱います。

■ 援助提供の判断過程

　援助行動をするかしないかは，どのように判断されるのでしょうか。図6.1に示したように，この判断には，大きく分けて3つの段階が存在します。

　まず1つめは被援助者（援助を受ける人）に関する判断過程です（図6.1 ①）。これは，助けが必要な状況かどうかを判断する段階です。ここではまず，問題の重大性が考慮されます。友人がゼミの課題で困っている状況を想像してください。その課題が毎週の予習のようなものであれば，わざわざ援助をしようとはしないでしょう。一方で，卒業に関わるものであれば，助けようと考える人が多いでしょう。問題が重大だとみなされると，次に当人に解決能力があるかどうかが検討されます。ゼミ課題の例で，友人がとても優秀な人であれば，卒業に関わる重大な課題でも自力で解決できそうだと思うでしょう。一方，その友人が頼りない感じの人であれば，手伝おうという気になる人が多いでしょう。このように，当人が重大な問題に直面していて，しかも自力で解決できる可能性が低い場合に，援助が必要な状況だという判断がなされるのです。

　援助すべき状況であると判断されると，次に援助行動の意思決定の段階（図6.1 ②）に進みます。ここでは，必要な援助を自分が行うのか否かが判断されます。まず，自分に援助する責任（**援助責任**）があるのかどうかが検討されます。責任がない，と思えば当然援助は行いません。責任があると考えた場合には，援助をすること，しないことそれぞれの損得が判断されます。友人の課題を手伝えば，感謝されたり，また良いことをした自分に誇りを持てたりするでしょう。その一方で，時間や労力がかかるなどのデメリットもあります。援助をしない場合には時間や労力の損失を避けられますが，友人から冷たい人間だ

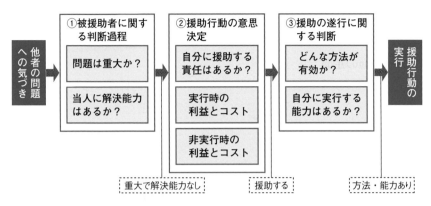

図 6.1　**援助行動の判断過程**（高木，1997 をもとに作成）

と思われるかもしれません。総合的に判断して，メリットがデメリットを上回ると考えた場合に，援助を行おうという意思決定がなされるのです。

　援助を実際に実行する前には，援助実行前段階の判断が行われます（図 6.1 ③援助の遂行に関する判断）。まずは，どのような援助の方法（**援助様式**）が有効であるかを検討します。友人のゼミ課題であれば，参考になる文献を教えたり，一緒に内容を考えたりという方法が考えられます。方法が決まれば，次に自分自身にその方法を実行する能力があるかを検討します（**実行能力の査定**）。実行能力があると思えば，援助行動が実行されます。一方，有効だと思っていた援助方法を実行できないときには，再度別の援助方法を探すことになります。そして，実行できる方法がなければ当然援助は行われません。

■ 傍観者効果

　援助の意思決定に大きな影響を及ぼす要因の一つが，他者の存在です。周囲に他者がいるとき，人は援助を行いにくくなります。これを**傍観者効果**といいます。これを実験的に示したのが，ラタネとダーリー（1970；竹村・杉崎訳，1977）です。彼らの研究では，実験参加者の大学生は，ほかの参加者と生まれ育った環境などについて会話するという仮の目的を伝えられます。そして，相手の参加者は別の個室にいて，マイク付きのヘッドホンで会話をすると告げられます。さらに，会話に影響しないよう実験者はその内容を聞いていないこと，マイクは順番に2分間ずつスイッチが入るように設定されており，一度に1人

の参加者しか喋れない（つまりほかの参加者と相談などはできない）ことが伝えられました。実際にはほかの参加者は存在せず，録音の音声が流れるだけなのですが，参加者はそのことを知りません。

　さて，実験が始まると，最初に話すことになった人物が話をしている途中に発作を起こしてしまいます（上述のように実際は録音の音声です）。参加者のヘッドホンには，発作を起こした人物の苦しそうなうめき声や助けを求める声が流れますが，やがて何も聞こえなくなり，そのまま2分の持ち時間が終わってしまいます。参加者は，実験者が発作を起こした人物の様子を知らないと思っているので，緊急事態を知らせるために自分で実験者に知らせに行かねばなりません。この状況で，大学生が6分以内に自分の個室を出て実験者のところに報告に行くか否かと，個室を出るまでの時間が測定されました。

　この実験でもっとも重要なのは，条件によって実験に何人が参加していると伝えられるかが違った（つまり，その場にいると思われている傍観者の人数が違った）という点です。傍観者0条件では参加者と発作を起こす人物の2人しか実験に参加していないと伝えられます。傍観者1条件ではほかの参加者1人を加えた合計3人，傍観者4人条件では合計6人が実験に参加していると告げられています。条件ごとに報告した人の割合や報告までの時間がどう異なっていたのかを表6.1に示しました。発作中に報告した人の割合，6分以内に報告した人の割合を見ると，傍観者の数が多いほど低いことがわかります。また報告までの時間についても，傍観者の数が多いほど長くなっていました。この結果は，傍観者の存在が援助行動を抑制してしまうことをよく示しています。

　傍観者効果が生じる原因は複数考えることができます。図6.1に示した被援助者に関する判断過程に関連するのは多元的無知です。**多元的無知**とは，他者

表6.1　**傍観者の数ごとの報告者の割合と報告までの時間**
（ラタネとダーリー，1970；竹村・杉崎（訳），1977を一部改変）

		発作中に報告した人の割合	6分以内に報告した人の割合	報告までの時間
傍観者の数	0	85%	100%	52
	1	62%	85%	93
	4	31%	62%	166

の真意を正確に推測できないために，現実とは異なる認識が共有されていると誤って思い込むことです。援助場面では，他人が何も行動しないのを見て「誰も助けようとしていないから，大したことではないはずだ」と互いに思い合ってしまっている状態が，多元的無知に陥っている例です。多元的無知は，援助の必要性を低く認知させることで援助行動を抑制します。意思決定過程に関わるのは**援助責任の分散**です。困っている人の周りに自分以外にも人がいれば，その分自分自身の援助責任は軽く感じられます。そして，「誰かが助けるだろう」と考えてしまいます。また，**評価懸念**の影響も考えられます。評価懸念とは，人からどう思われるかという心配です。人を助けている様子，あるいは助けたことが他人にどう思われるかわからないと心配していると，援助行動実行のコストが大きく感じられて，援助が行われなくなると考えられます。

■ 援 助 成 果

　援助行動の意思決定の段階で，援助をすることに関する利得計算が行われることを述べました。この利得計算には，援助をすることで援助者自身に生じる影響も考慮されます。援助した側に生じる影響を**援助成果**といいます。ミドラルスキー（1991）は，5つの援助成果を挙げています。まず，人を助けていると，自分の問題から注意を逸らし，忘れていることができます（自己の問題からの注意回避）。次に，援助行動がうまくいったときには良い気分になれる（肯定的気分の獲得）でしょうし，自分のことをより良い存在として考えることができるでしょう（自己評価の向上）。また，人の役に立ったということで，自分の人生の有意味さや価値の感覚を感じることもできます（人生の有意味さ）。さらに，他者と関わることで，社会や他者とつながっているという感覚を得ることもできます（共同体意識）。これらは，援助者に良い影響をもたらす肯定的な援助成果です。まさに「情けは人の為ならず」です。肯定的な援助成果を事前に期待すると，援助行動はより生じやすくなると考えられます。

　一方で，援助成果には否定的なものもあります。妹尾・高木（2004）は，援助した人が「相手のプライドを傷つけてしまった」「余計なことをしたと後悔した」などの感想を抱く場合があることを示しています。これらは負の援助成果です。負の援助成果は将来の援助行動を抑制すると考えられます。

6.2 援助要請

■ 援助要請とは

　欠席した講義のノートを友人に頼んで見せてもらったり，知らない土地で道を教えてもらったりと，他者に援助を求めた経験がある人は多いと思います。他者に援助を求めることを**援助要請**といいます。図 6.1 で見たように，援助行動の判断過程は困っている人の存在に気づくところから始まります。自分の問題に気づいてもらい，援助を提供してもらうために援助要請はとても重要です。

　しかし，他者からの援助が問題解決に役立つと知っているにもかかわらず，私たちはなかなか援助を求めようとしないことがあります。講義内容でわからない部分があったのに，教員に質問に行かなかった経験はありませんか？　援助要請が控えられてしまう理由を，援助要請の判断過程に触れながら考えます。

■ 援助要請のプロセス

　援助要請に関わる判断の過程を図 6.2 に示しました。援助行動と同様に，大きく 3 つの段階に分かれています。第 1 段階では，自分が他者の援助が必要な状況に置かれているかを判断します（①解決可能性の評価）。この判断に影響を与えるポイントの一つが，直面している問題の重大性です。たとえば，講義中にわからなかった内容が，試験の出題範囲だった場合，重大な問題だと感じるでしょう。問題が重大だと認識されると，次に自分に解決能力があるかどうかが検討されます。たとえば，わからなかった内容を自分で調べられると思っ

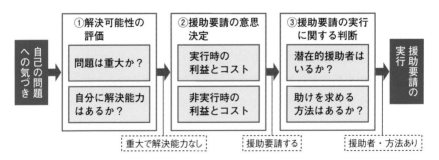

図 6.2　**援助要請の判断過程**（高木，1997 をもとに作成）

たときには，教員に質問しないでしょう。一方，自分で調べるのは難しそうだと思えば，質問することを考えるでしょう。直面している問題が重大で自分に解決能力がない場合に，他者の援助が必要な状況だという判断がなされます。

　次の段階では援助要請をするかしないかの判断が行われます（②援助要請の意思決定）。援助行動の場合と同様に，援助を要請することとしないことのメリットとデメリットが考慮されます。援助を要請すると問題解決の可能性は高まりますが，他人に迷惑をかけてしまう可能性もあります（個人的には迷惑だとは思わないので，遠慮なく質問に来てほしいのですが）。対照的に，援助要請をしないと問題解決は先延ばしになりますが，他人の手を煩わせることはなくなります。援助要請するほうがしないよりもメリットがある・デメリットが少ないと判断されると，援助要請をしようという意思決定がなされます。

　最後は，援助要請の実行に関する判断（③）の段階です。まずは，**潜在的援助者**（助けてくれそうな人）が周りにいるかどうかを判断します。たとえば教員が不在であれば，助けを求めることができません。また，仮に学内にいるとしても，忙しそうな様子であれば，助けてくれそうだとは思わないでしょう。そのような場合，別の教員を探したり，援助することを諦めたりしてしまうでしょう。潜在的援助者がいる場合には，どのような**援助要請方略**（助けを求める方法）が有効なのかが検討され，もっとも有効な方法で援助要請が行われます。

■ 人が援助要請を控えてしまうのはなぜか

　ここまでに見てきた判断過程から，人が援助要請を控えてしまう理由を考えましょう。援助要請の意思決定過程で，援助要請を控えさせてしまう大きな2つの要因があります。一つは心理的負債です。**心理的負債**とは，してもらったことにお返しをしなければ，と本人が義務感を感じている状態です（グリーンバーグ，1980）。援助に関して心理的負債を感じてしまうのは，社会に**返報性の規範**（何かをしてもらったらお返しをしなければならないという暗黙のルール）が存在するためです。借りがあるというのは気持ちの良いことではないので，人はできるだけそれを避けようとします。借りを作るぐらいなら助けを求めない，と考えてしまうのです。それならば何かの形でお返しをすればよいではないか，と考えるかもしれません。しかし，重病を患っている人や高齢者な

ど，他者から援助を受ける機会がどうしても多くなってしまう人たちもいます。そのような人たちにとってお返しをするのが難しいことも少なくありません。

　もう一つの要因は，援助要請が**自我脅威**（自己評価を傷つける事象）になりうるということです。助けを求めることには，「自分一人では問題を解決できない」「他者に依存している」ことを露呈してしまう側面があります。人間は自己高揚動機（第4章参照）を持っているので，自分に関する否定的な情報を知ることを避けようとします。自我脅威を避けるために，援助を求めなくなるのです。

■ 自尊感情と援助要請の関係

　上記のことから，自我脅威を感じやすい人ほど援助要請をしにくいことが考えられます。しかし，自尊感情と援助要請の関連についての研究では，自尊感情の高い人と低い人のどちらが自我脅威を感じやすいかについて，対立する仮説が存在します。「自尊感情が高い人ほど援助要請を行いにくい」と主張するのは**認知的一貫性仮説**（ブラメル，1968）です。人は知識に矛盾がある状態を嫌います。自尊感情の高い人にとって，援助要請の否定的情報は肯定的な自己認識と矛盾するため，援助要請を行いにくいとこの仮説では考えます。もう一つは「自尊感情が低い人ほど援助要請を行いにくい」と主張する**脆弱性仮説**（テスラーとシュヴァルツ，1972）です。この立場では，自尊感情が低い人は自己イメージがすでに傷ついていて，援助要請を行ってさらにダメージを受けることに耐えられないので，援助要請を行いにくいと考えます。

　脇本（2008）は，2つの仮説が支持されるかどうかは，自尊感情の安定性（自尊感情が短期的に変動しやすいかどうかの個人差）によって異なると論じています。自尊感情が不安定で高い人は，自我脅威に過剰に反応す

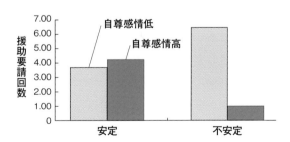

図6.3　**自尊感情の高低と安定性の組合せごとの援助要請の回数**（脇本，2008 をもとに作成）
自尊感情の高低および安定性得点の平均±1SD の値での推定値。
援助要請回数は家族以外の他者に要請した数の1週間の合計値。

ることが知られています（カーニスとウォシュル，1995）。そのため，不安定
な場合は，自尊感情が高いほど援助要請を行いにくいという認知的一貫性仮説
が支持されると考えられます。一方，自尊感情が安定して低い人は，常に自己
嫌悪していて適切な対処をしないので，援助要請を行いにくくなると考えられ
ます。つまり，安定している場合は，脆弱性仮説が支持されると考えられます。
1週間の日誌法調査で自尊感情の高低，安定性，調査期間中に援助要請を行っ
た回数の関連を検討したところ，この主張を支持する結果が得られました（図
6.3）。自尊感情と援助要請の関係を検討するときには，高いか低いかというこ
とだけでなく，安定しているかどうかも同時に考慮する必要があるのです。

■ 援助要請を促進するにはどうすればよいか？

　ここまでの内容から，心理的負債や自我脅威を緩和することが，援助要請の
促進を考える上で重要だと考えられます。これに役立つのが援助成果です。援
助をすることで得られる共同体意識は「お互い様」という考えで心理的負債を
和らげます。また，援助をした経験よって生まれる自尊感情や肯定的感情は，
援助を受けることで生じる自我脅威を相殺すると考えられます。実際に妹尾と
高木（2002）は，大学に在籍する高齢者を対象とした調査で，援助の成功経験
を持っている人ほど，他人からの援助を受けることにも肯定的であることを示
しています。援助を必要とする人たちが，援助成果を得る機会を持てるように
することは，一つの有効な方策です。同じ病や問題を抱える人々が集うセルフ
ヘルプ・グループや高齢者ボランティア活動などは，そのような機会をもたら
す場です。また，援助する側の視点から見れば，相手に「援助することが自分
のためにもなっている」と援助成果の存在を伝えることも，心理的負債感を和
らげるのに役立つでしょう。

　また，援助要請の意思決定をしても，潜在的援助者の存在に気づいていない
と実際に援助要請をすることができません。どこに潜在的援助者がいるかをわ
かりやすくすることで，援助要請を促進することができると考えられます。た
とえば大学教員がオフィスアワーの時間を明示すれば，学生は質問しやすくな
るでしょう。また，経済的な困難や病気に関する悩みなどの場合は，公的相談
機関の問合せ先を広報することで，援助要請を促進できるでしょう。

6.3　攻撃行動

■ 攻撃行動の定義

　攻撃行動をおおまかに定義すると，「相手が望まない被害を意図的に与えよう
とする行為」です。他人からの攻撃を望む人などいない，と思う人もいるでしょ
うが，格闘技の試合を考えてください。選手は対戦を望んでいるので，ルール
に則（のっと）っている限りは，彼らが繰り出す技は社会心理学的な意味での攻撃行動に
はなりません。また，レストランでウェイターが手を滑らせて，あなたにコー
ヒーをかけてしまったとします。あなたは火傷や服が汚れるなどの被害を受け
ますが，これは故意ではないので，攻撃行動には当たりません。攻撃行動とい
うためには，相手が望まない被害を，意図的に与えることが条件となるのです。
また，相手に殴（なぐ）りかかってかわされたときのように，実際に被害が出なくても
相手を傷つけようと意図的に行えば，それは攻撃行動になります（大渕，1993）。

■ 攻撃行動にはどのようなものがあるのか？

　攻撃行動と一口に言ってもさまざまな物があります。一番に思いつくのは，
殴る蹴（け）るなどの暴力を用いたものでしょう。これは**身体的攻撃**です。また，暴
言や悪口といった言葉を用いた攻撃もありますが，それらは**言語的攻撃**といわ
れます。あるいは，「あの人とはみんなで口をきかないようにしよう」などと，
自分が嫌いな相手が孤立するように周囲に働きかけたり，悪いうわさを流した
りするといった形の攻撃も考えられます。これは**関係性攻撃**と呼ばれます。こ
れらは，何によって相手に被害を与えるかという，手段の違いによる区別だと
考えることができます。

　上記の3種類の攻撃は，誰が攻撃しているのかが，攻撃される側にわかるか
どうかという観点からも分類できます。身体的攻撃と言語的攻撃は，攻撃して
いるのが誰かがわかる**直接的攻撃**です。一方，関係性攻撃は，誰が攻撃してい
るのかがわからない**間接的攻撃**です。

　攻撃行動というと，自分から他人を傷つける行為（**能動的攻撃**）を想像する
人が多いでしょう。しかし，相手からの働きかけを拒絶したり無視したりする
形の**受動的攻撃**も存在します。友人からのメールを無視するのがその例です。

攻撃行動は目的によっても区別できます。相手を苦しめることそのものを目的にして行う攻撃行動を，**敵意的攻撃**と呼びます。一方で，金品の強奪など，何かほかの目的のために行われる攻撃行動は**道具的攻撃**です。

■ 人はなぜ攻撃を行うのか？

人がなぜ攻撃行動を行うかについては，3つの主な説明があります（大渕，1993）。1つめは**内的衝動説**です。これは，個人の中に他者の苦しみや破壊に満足を覚えるような欲望があり，そのために攻撃行動が生じるという立場です。原因を個人の中に求める点が特徴です。2つめは，**情動発散説**です。これは，攻撃行動は，環境からの刺激によって生じた個人内の不快感情を発散しようとして起こると考える立場です。つまり，内的衝動説と違い，攻撃衝動そのものがもともと個人の中にあるとは考えません。環境の影響に注目する点で，より社会心理学的な説明だといえるでしょう。

3つめの**社会的機能説**は，攻撃行動に個人の生命や名誉を守り，社会的な影響力を保持するのに役立つ機能があるためだと考えます。攻撃行動の機能として，大渕（1993）は回避・防衛（生じる可能性のある被害を回避・軽減する），強制（自分の望む方向に他者の判断や行動を変えさせる），制裁（不当な行為を戒め，価値基準の正しさを確認する），印象操作（攻撃によって特定の印象を与えたり，傷ついた印象を回復したりする）の4つを挙げています。

これら3つの説明は排他的なものではなく，攻撃行動が複雑なプロセスによって生じていることを示すものです。

■ 攻撃行動の合理化

現代社会において，攻撃行動は望ましくないものとみなされ，制裁や非難の対象になります。また，私たちは普通，そのような規範を内化しているので，攻撃行動自体に良心の呵責を感じます。社会的制裁や良心の呵責は不快なものなので，私たちは普段攻撃行動を行わないように自分をコントロール（**自己制御**）しています。視点を換えれば，攻撃行動を行う際には，自己制御を低下させるような**合理化**が行われているということです。この合理化は，攻撃行動，それによる被害，被害者という3つの対象に対して働きます（図6.4）。

攻撃行動に関する合理化は，攻撃行動そのものの意味づけを変えることで，

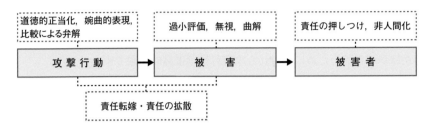

図 6.4　**攻撃行動の合理化モデル** (バンデューラ，1999)

抵抗感を低下させるものです。部活動中に２年生が１年生を殴り，それを「教育的指導」などと，社会的に望ましい行動であるかのように主張するのは**道徳的正当化**です。一方，暴力を「かわいがり」などのように攻撃性を曖昧にする表現に置き換えるのは**婉曲的表現**です。一方，**比較による弁解**は，「もっとひどい仕打ちをする人間がいるのだから，自分の行為は大きな問題ではない」などと，下方比較（第４章参照）で行為の問題性を低く考えることを指します。

　被害に関する合理化は，攻撃はしたが大きな被害は生じていないから問題ない，というものです。これには被害の程度を実際よりも小さく考える**過小評価**，また被害そのものを生じていないと考える**無視**などがあります。さらに，「殴られたことで根性がついた」など，あたかも攻撃行動が肯定的な影響を与えたかのように主張する**曲解**もこれに含まれます。

　攻撃行動と被害双方に関わるのが，加害者の責任に関する合理化です。まず，**責任転嫁**は「３年生に殴るよう言われたので，１年生を殴った」などと，被害者以外の他人に責任があると考えるものです。一方，**責任の拡散**は，集団で暴力をふるうなど，加害者が複数いるときに生じます。

　最後に，被害者に関する合理化は，「相手は暴力を思いとどまる必要のある対象ではない」と思い込むものです。このうち**責任の押しつけ**は，被害者に攻撃される原因があるという言い訳です。２つめは**非人間化**です。非人間化は相手を人間以下のものと考えることで，攻撃への抵抗を低下させます。人間以外に対する攻撃は，人間に対する攻撃よりも良心の呵責が弱くなるからです。非人間化には，人間とほかの動物を分ける理性などの側面を否定するもの（例：けだもの）と，思いやりなど人間味に関する側面を否定するもの（例：冷血

漢）があります（ハスラム，2006）。相手を人間以外の名称で呼ぶ**非人間的ラ
ベリング**は，非人間化の代表例です。

■ 第三者による合理化

　ニュースで犯罪に関する報道があったとき，「被害者にも落ち度があったに
違いない」と考えたことはないでしょうか。加害者ばかりでなく，攻撃行動
を見たり聴いたりした第三者が攻撃行動の合理化を行うことがあります。なぜ，
自分に直接関係のない事件に関してまで，合理化を行うのでしょうか？

　第三者による合理化を理解するカギとなるのは公正世界欲求（第5章参照）
です。公正世界欲求とは，この世界が公正なものであると信じたいという欲求
です。世界が公正だと信じていられるからこそ，人間は将来報われることを信
じて努力したり，罰を恐れて悪事を思いとどまったりするという側面がありま
す。世界が公正な場所だという信念は，世界の確かさや予測可能性を感じさせ
てくれるものであり，私たちの生産的活動の基盤になるものです。

　そのために，人間は世界が公正だという信念を強く守ろうとします。何らか
の被害を受けるということは，不幸な出来事です。そこでもし，被害者に何も
落ち度がない場合，「悪くない人でも不幸になってしまう」ことになり，世界の
公正さに関する信念が揺らいでしまいます（ヘイファー，2000）。そうならない
ように，人は被害者の責めるべき点を見つけ出そうとし，あるいは時に作り出
し，貶（おとし）めることで現実を歪め，世界が公正な場所だと思い込もうとするのです。

　第三者による攻撃行動の合理化に関する重大な問題の一つは，性犯罪に関す
る**レイプ神話**です。**レイプ神話**とは，「被害者にスキがあった」というように
性犯罪の責任を被害者に転嫁する考えを指します。婦女暴行事件がメディアで
大きく取り上げられると，著名人が被害者を非難したり，インターネット上で
被害者の人格を否定するような書き込みが行われたりすることがたびたび起こ
ります。第三者の合理化は被害者の人格を踏みにじり，心理的苦痛をより強め
る二次被害を招きます。上述したように，そもそも第三者による正当化は世界
が公正なものと信じることができないために生じるものです。言い換えれば，
自分で不安に対処できないために生じる行動なのです。そのような利己的な理
由で他者を傷つける行為は赦されるべきものではありません。

6.4 攻撃行動に影響を与える要因

■ 攻撃の一般モデル

　攻撃行動はどのように生じるのでしょうか。また，どのような要因に影響を受けるのでしょうか。アンダーソンとブッシュマン（2002）の攻撃の一般モデル（図6.5）に従って考えていきましょう。このモデルは，個人と環境の特徴が個人の内的状態（認知，感情，覚醒）に影響を及ぼし（入力），その結果内的状態の変化が生じ（内的経路），事態の評価と攻撃行動の実行の有無に関わる意思決定が行われる（出力）というプロセスを考えています。

　内的状態に影響する個人要因としては，まず自尊感情が挙げられます。自尊感情が高くて不安定な人は怒りや敵意を感じやすいことが知られています（カーニスら，1989）。さらに，他者の行為を悪意によるものと考えやすい傾向である**敵意的帰属バイアス**が強い人も，怒りや敵意を感じやすいことが示されています（ダッジとクーイ，1987）。

　性別も攻撃に影響を与える個人要因です。一般的には男性のほうが攻撃的であると考えられています。「平成24年版犯罪白書」（法務省法務総合研究所，2012）を見ると，殺人犯に占める男性の割合は75.5%，強盗，傷害，暴行などでは91.8〜93.5%とかなり高くなっています。このデータは男性のほうがより攻撃的である，という主張を支持するように見えます。しかし，攻撃にはさまざまな種類があり，犯罪白書のデータは主に身体的，直接的攻撃に関するものだと考えることができます。実際にアーチャー（2004）は，①身体的攻撃に関しては男性側が行いやすいとする研究が多数派である，②関係性攻撃に関し

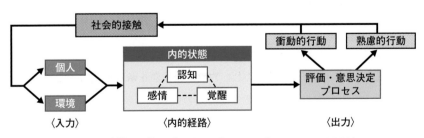

図6.5　**攻撃の一般モデル**（アンダーソンとブッシュマン，2002）

ては女性のほうが行いやすいという研究結果もあるということを示しています。

　一方，環境要因としてはまず，劣悪な物理的環境が挙げられます。気温や湿度が高すぎる，騒音がしているなど不快な状況では攻撃行動が生じやすくなります。環境要因にはほかに，他者が関係する社会的要因もあります。たとえば他人からの侮辱や攻撃は，名誉や身体を守るための攻撃を誘発します。

　内的状態の変化を受けて，事態の評価が行われます。この評価には2種類のものがあります。それは，自動的に他者の特性や環境に関する推論を行う**即時的評価**と，状況の意味づけを意識的に考える**再評価**です。即時的評価は環境に左右されます。たとえば，人混みで他人がぶつかってきたときに，腹の立つことを考えていれば，相手に攻撃の意図を感じてしまいやすくなりますが，混雑に注意が向いていた場合，偶然の事故だろうと考えやすくなります。即時的評価の後，考える時間や認知資源がなければ，即時的評価の内容に応じて衝動的な攻撃行動が生じえます。時間や認知資源がある場合でも，生じた結果が重要でなかったり，不満がなかったりすれば同様です。しかし，時間や資源があり，結果が重要もしくは不満である場合には，再評価が行われます。再評価の結果，故意だと考えれば意図的な攻撃が生じますし，偶然だと考えれば攻撃は抑制されます。これらの評価は内的状態の変化をもたらし，その内的状態が評価に影響を与えるという循環的な関係になっています。

■ モデリングとメディアバイオレンス

　モデリングとは，他者の行動を観察することで行動が変化することをいいます。たとえばスポーツの見学も，モデリングです。見学は望ましい例ですが，モデリングは攻撃行動などの望ましくない行為に関しても働きます。

　このことを示したのがバンデューラら（1963）の実験です。この実験では，攻撃的な他人の様子を見せることが，子どもの攻撃行動にいかに影響するかが検討されました。条件は全部で6つありました。まずは，大人の男性もしくは女性が風船人形を殴ったり蹴ったり，攻撃的な言葉を浴びせたりする様子を直接見せる条件（現実条件）です。さらに，その男性か女性，あるいは黒猫の着ぐるみを着た人物が同じことをしている映像を見せる条件（映像条件），そして比較のための何も見せない条件（統制条件）です。それぞれの条件の子ども

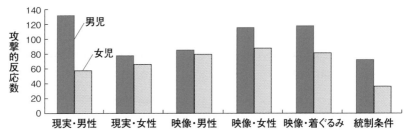

図 6.6　条件ごとの攻撃的反応数（バンデューラら，1963）
20 分の観察時間を 5 秒単位に分割し，攻撃反応が見られた単位の数を攻撃反応数としている。

が，風船人形を含むさまざまなおもちゃのある部屋で，どの程度攻撃的反応（物理的な攻撃や攻撃的言動）を行ったかが記録されました。男児でも女児でも，攻撃的な他者を見る条件で，攻撃的な反応が多くなっていました（図6.6）。

　バンデューラの実験で使われたのは実験用に作られた映像でしたが，私たちが普段視聴しているテレビ，映画やゲームなどの暴力映像（メディアバイオレンス）の影響についても多くの研究が行われています。とくに教育上の関心から，子どもを対象とした研究が多くなっています。研究の論点は2つあります。まず1つめは，メディアバイオレンスが視聴者に影響を及ぼすのかどうかという点です。これに関しては，全体としては影響があるという立場が支持されています。ただし，必ずしも研究結果が一貫しているわけではなく，メディアバイオレンスで攻撃性が高まるのは，主にもともと攻撃性が高い人（ブッシュマン，1995）や，映像を見る前に挑発を受けて怒り感情が生じている場合（湯川，1999）だといわれています。2つめの論点は，メディアバイオレンスの効果の大きさです。これについて，ブラウンとハミルトン＝ギアクリトシス（2005）は，幼い子ども，とくに男児では一定の短期的な影響が見られるとしています。しかし彼らは同時に，より年長の子どもや思春期の少年少女ではそのような影響が必ずしも見られないと論じています。さらに，長期的影響に関してはどの年齢層でも一貫した結果が得られず，メディアバイオレンスが犯罪を助長することを示す証拠がないことも指摘しています。長期的影響の検討は今後も必要ですが，現状の研究結果に鑑みれば，メディアバイオレンスを直ちに犯罪に結びつけるのは，いささか短絡的だといえるでしょう。

コラム ● 調査結果を批判的に検討する――「子どもに見せたくない番組」を例に

　日本 PTA 全国協議会が行う調査の「子どもに見せたくない番組」は毎年ニュースで話題になります。例年は子どもに見せたくない番組があると回答する保護者は 2 割から 3 割程度だったのですが，2012 年度には 6 割にも昇っています。テレビに対する保護者の不信感が急速に高まっているのでしょうか？

　実は，そうとは言い切れません。2012 年度とそれ以前では，調査票に重要な違いがあるためです。2011 年度までは見せたい/見せたくない番組の有無の後に具体的な番組名を尋ね，それから番組の特徴を尋ねていたのに対し，2012 年度では番組の有無の質問の直後に特徴の質問が配置されています。2012 年度の方式だと，番組の有無の回答時に特徴の項目が目に入る可能性が高いと考えられます。そのため，自分ではとくに具体的な番組が思い浮かんでいなかったのに，特徴に当てはまる番組を探して「見せたい」「見せたくない」番組として挙げてしまった可能性があります。見せたくない番組だけでなく見せたい番組があるという回答の割合が増えていることも，この解釈の傍証 になります。現実を正しく理解するためには，調査結果のみならず，調査がどのような手続きや質問項目で行われたかも含めて，批判的に検討する必要があります。

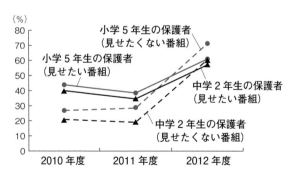

図 6.7　2010 ～ 2012 年度の調査で，子どもに見せたい番組および見せたくない番組があると回答した保護者の割合
（平成 24 年度　マスメディアに関するアンケート調査　子どもとメディアに関する意識調査　調査結果報告書（日本 PTA 全国協議会，2012）をもとに作成）

■ 復 習 問 題 ■

1. 傍観者効果とはどのような現象か。簡潔に説明しなさい。

2. 援助要請を促進するための方法を1つ考え，なぜその方法が有効なのかも説明しなさい。

3. 攻撃の社会的機能を4つ挙げなさい。

4. 第三者が，攻撃行動の被害者を非難してしまう理由を，公正世界欲求というキーワードを使って説明しなさい。

対人関係 7

　私たちは，日常生活でさまざまな人たちと出会い，関わりを持っています。その中で特定の人に魅力を感じ，親友や恋人などの親密な関係に進展していくこともあれば，その過程で仲が悪くなり，関係が崩壊してしまうこともあります。本章では，このような出会いの初期段階から親密な関係に進展していくまでの過程や，親密な関係の維持や崩壊に関する問題，恋愛関係と友人関係，さらには，インターネット上での対人関係について取り上げ，私たちの対人関係について考えていきます。

本章のトピック

- 他者とどのように親密になっていくのか？
- 人に好かれる人はどのような人なのか？
- 恋愛と友情の違いとは？
- 親密な関係においてどのような問題が生じるのか？
- インターネットの利用が対人関係にどのような影響を及ぼすのか？

キーワード

親密な関係，対人魅力，恋愛と友情，恋愛の色彩理論，対人葛藤，インターネット・パラドックス，SNS

7.1 他者とどのように親密になっていくのか？

■ 親密な関係とは

　私たちは家族，友人，恋人などさまざまな人たちと親密な対人関係を築いています。**親密な関係**の定義は研究者によって異なりますが，たとえば，レイスとラズバルト（2004）は「比較的強い相互依存性を持つ関係」と述べています。ここでの相互依存性とは，人が互いに依存し，影響力を及ぼし合うことを指します。こうした定義を踏まえ，本節では私たちが他者とどのように親密になっていくのかについて説明します。

■ 他者との親密化過程

　友人や恋人などの親密な他者は，もともと互いに面識のない他人の状態からさまざまな過程を経て親密になってきた関係であるといえます。以下では，そのような親密化過程に関する知見を紹介します。

1. レヴィンジャーとスヌークの二者関係の進展のレベル……レヴィンジャーとスヌーク（1972）は，さまざまな二者関係の進展の段階をレベル0〜3までの4段階に分類して説明しました（図7.1）。レベル0は，面識がなく接触のない段階です。レベル1は，個人（P）が他者（O）を一方的に評価し，印象を形成している段階です。たとえば，会話をするなどの相互作用はまだなく，相手の見た目などから一方的にどのような人なのかを推測しているような場合です。レベル2は，二者間で相互作用が行われ始める状態を示していますが，あい

関係性のレベル

0. 接触なし
   （無関係）

1. 気づき
   （一方的な態度や印象；相互作用なし）

2. 表面的な接触
   （双方向的な態度；数回の相互作用）

3. 相互性（連続性）
   3.1　交わり　小
   ・
   ・
   ・
   3.2　交わり　大
   ・
   ・
   ・
   3.n　完全な調和
   　　（究極の形態）

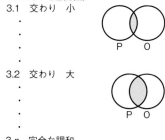

図7.1　**関係性のレベル**（レヴィンジャーとスヌーク，1972）

さつを交わす程度の表面的な接触のみの段階です。レベル3は、表面的な接触を越えてだんだんと互いのことを深く理解していくようになり、関係性が相互依存的なものになっていく段階です。図7.1のレベル3では、最終的に、相手の幸せが自分の幸せに不可欠であるといった一心同体のような関係に近づいていく様子が示されています。このように相互依存性の観点から二者関係の進展を段階的にとらえる考え方は、親密さを測る尺度（アロンら、1992）の開発など、親密な対人関係の研究に大きな影響を与えました。

2. レヴィンジャーの対人関係の進展の5段階……その後、レヴィンジャー（1980）は親密化過程を理解する上で、進展の時間的な推移を長期的な視点でとらえることも重要であると考えました。そして、対人関係の始まりから終焉にいたるまでの推移をABCDEの5段階で説明しました（図7.2）。Aの「魅力」は、他者の魅力に気づき、関係を構築しようとするまでの対人関係の始まりの段階です。外見的魅力などのさまざまな要因によって他者に魅力を感じ始める段階といえます（**7.2**節参照）。Bは他者との関係が始まり、親密な関係を築いていく「関係の構築」の段階です。この段階から次の段階への移行までには相手との関係を継続しようという意図が高められることが重要となります。Cは、構築された親密な関係が維持されていく「持続」の段階です。たとえば、恋人の関係から結婚にいたり、夫婦として互いの関係を維持していくような段階を示しています。Dの「崩壊」は、関係の悪化の段階で、二者関係の一方または双方が以前よりも関係が望ましくないと思うような状態です。Eは、「終焉」の段階で別れや死別などによる親密

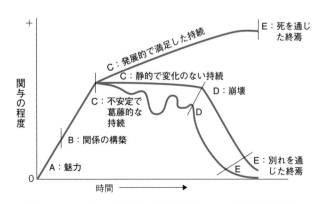

図7.2　**カップルの関係性における関与の3つの時間的推移**
（レヴィンジャー、1980）

な関係の終わりを示しています。図7.2で示すように，CからEにいたるまでに3つの推移が想定されています。一番上の線は，一般的に多くの人が理想的だと考えるような推移で，互いの関係が発展的に持続していき，関係の終焉を迎えるのは死を通じてのみであるというものです。また，真ん中の線は，横ばい状態を示しており，相互依存的な関係は続いていますが刺激はなく，互いの関与が徐々に減少し，Dの崩壊の段階につながっていきます。また，一番下の線は，互いの関与が不安定な状態を繰り返しながら，だんだんと低下していき，崩壊につながっていく様子を示しています。

3. マースタインのSVR理論……マースタイン（1977）のSVR理論では，恋愛関係に焦点を当て，出会いから結婚にいたるまでの進展を「刺激」（S），「価値」（V），「役割」（R）の3段階で説明しました。この理論では恋愛関係の親密さの進展に伴って重要となる要因が変化していくと考えられています。刺激段階は，相手と恋愛関係にいたる以前のまだ互いに相互作用がほとんどない出会いの段階です。ここでは，相手の外見や行動，社会的評判など互いの外的な性質（すなわち，刺激）が親密さを促進するために重要となります。この段階で相手と親しくなると，2人の関係性は次の価値段階に移行します。価値段階では互いの相互作用がだんだん増加することにより，刺激よりも価値観や考え方などの相性が親密さを促進する上でより重要となってきます。ここで互いの価値観が合い，さらに親密さが進展すると役割段階に移行します。役割段階では，夫婦関係での家事や仕事の分担など関係性における互いのさまざまな役割がうまくいっているかどうか，すなわち，互いに補い合うことができているかどうかがとくに重要となります。このようにSVR理論では，この3つの段階をうまく進展することができるカップルは，夫婦関係などの比較的永続的な関係になる可能性が高いと考えられています。

■ 自己開示と親密さ

　他者との親密さの進展に関連する重要な要因として**自己開示**が挙げられます。自己開示とは，自分自身の情報を相手にありのままに伝えることを指します。つまり，「自分がどんな人物であり，今何を考え，何を感じ，何を悩み，何を夢見ているか，などを相手に伝えること」（榎本，1997）です。ここでは自己

開示と親密さに関する知見を紹介します。

1. 自己開示の返報性……音楽の好みなどの表面的な話には同程度に表面的な話を相手に返し，個人的な悩みなどの内面的な話には同程度に内面的な話で返すというように，人は他者からの自己開示に対して同程度の自己開示を相手に返す傾向があることが知られています。これは**自己開示の返報性**と呼ばれています。人は相手から受けた報酬に対して同等の報酬を返すべきという返報性の規範を持っています。自己開示は，受け手にとって自分に対する送り手からの好意や信頼感を示すものとして解釈されうるため，報酬として機能します。そのため，返報性の原理が働くことが指摘されています（ウォーシーら，1969）。

2. 自己開示と好意……人は自分に対して自己開示をする人に好意を感じることが知られています。しかし，それだけでなく，自己開示の内容も好意に影響することがわかっています。たとえば，自己開示の内容が表面的なものだけでなく，より内面的なものも含まれているほうが，受け手は送り手に対して好意を感じることが示されています（中村ら，1984）。また，内面的な自己開示をされるタイミングも好意に影響することが指摘されています（ウォルトマンら，1976）。具体的には，初対面の場合は，会話の最初よりも最後に内面的な自己開示をされたほうが，受け手は送り手に対して好意を感じやすく，会話の最初に内面的な自己開示をされた場合は，未熟で不適応であるという印象を持ちやすいことが明らかにされています。

3. 自己開示と親密化過程に関する理論……アルトマンとテイラー（1973）の**社会的浸透理論**では，二者間の自己開示をその内容の広さと深さの2つの側面からとらえ，対人関係の親密さの進展を説明しています。たとえば，まだ知り合い程度の相手に対する自己開示は，昨日食べた食事の話などのごく表面的な内容で話題の幅も狭いといえます。親密になるにつれて，自己開示は家族にも話せないような個人的な悩みなど内面的な内容も含まれるようになり，話題の幅も広くなると考えられます。このように社会的浸透理論では，自己開示を狭く浅いものから，広く深いものに発展していくにつれて互いの親密さも段階的に進展していくと考えられています。

7.2　人に好かれるのはどのような人か？

■ 外見的特徴と人格的特徴

　私たちが他人と関係をつくろうとするのは，その人が何らかの魅力を持っているからです。魅力を高める要因にはさまざまなものがあります。そのような要因でまず思い浮かぶのは，外見と人格ではないでしょうか。

　出会いの初期段階においては，顔立ちや体格，服装などの見た目の良い人に好意を抱きやすいことが知られています。出会いの初期段階では相手の内面に関する知識が少ないので，外見の特徴が印象に与える影響が相対的に大きくなるためです。ウォルスターら（1966）は，大学の新入生を対象にダンスパーティを開催し，どのような異性を好むかについて実験を行っています。その結果，男女ともに，パートナーの身体的魅力度の高さがほかのさまざまな要因よりも好意度に強く影響していることが示されました。

　さらに，身体的に魅力的な人は内面的にも美しく，優れた素質を持っているといった「美しいことは善である」というステレオタイプがあることも指摘されています（ダイオンら，1972）。彼女らは，大学生に身体的魅力の異なる同世代の人物の写真を呈示し，その人物の印象評定を行わせました。その結果，表7.1で示されるように，身体的魅力の高い人のほうが，社会的に望ましい性格を持っており，職業的な地位も高いなど，多くの側面で優れていると評定されました。このように外見的特徴が**対人魅力**に及ぼす影響についての証拠はさまざまな研究から得られています。

表7.1　**身体的魅力の異なる写真の人物に対する印象評定**（ダイオンら，1972をもとに作成）

	身体的に魅力的ではない人物	平均的な人物	身体的に魅力的な人物
社会的な望ましさ	56.31	62.42	65.39
職業の地位	1.70	2.02	2.25
配偶者としての能力	0.37	0.71	1.70
親としての能力	3.91	4.55	3.54
社会的，職業的な幸福	5.28	6.34	6.37
全般的な幸福	8.83	11.60	11.60
結婚の可能性	1.52	1.82	2.17

数値は高いほど，より望ましい評価であることを示す。

関係がある程度続けば，相手の人格についての知識も増え，それが魅力に影響すると考えられます。一般的に，やさしさなどのあたたかみを感じさせる人は他者に好かれる傾向にあります。また，アンダーソン（1968）は大学生にさまざまな人格的特徴を表す単語を呈示し，それぞれの人格的特徴を持っている人に対してどの程度好意を感じるのかを評定させました。その結果，もっとも好まれた特徴は「誠実さ」であり，次に「正直さ」「理解のある」の順でした。もっとも好まれない特徴は「嘘つき」であり，次に「いかさま師」「下品」の順でした。日本の大学生を対象とした齊藤（1985）の調査でも「誠実さ」は好まれる特徴の上位であることが示されています。一方で「知性」は，アンダーソンの調査では上位に含まれていたのに対し，日本人大学生では含まれていないという違いも見られます。

■ 似ていること──類似性

自分と似ているということも魅力を高める大きな要因です。人は自分と態度が似ている相手ほど，好意的に評価することが示されています（バーンとネルソン，1965）。自分と似ている他者に好意を抱く理由は複数考えることができます。認知的均衡理論（第3章参照）に基づけば，態度が類似していない他者は認知要素間の不均衡という不快な事態を招く相手なので，類似している他者のほうが好まれると考えることができます。また，似た態度を持っている他者の存在は，自分の態度が妥当であるという信念を高める効果を持ちます。このような社会的妥当化は快いことであるため，自分と類似した人物に好意を抱きやすいとも考えられます（バーン，1971）。

類似性に関して近年興味深い知見をもたらしているのが，非意識的模倣に関する研究です。**非意識的模倣**とは，意図せずに相手の姿勢や動き，クセを真似することを指します。これは，知覚と行動が直接結びついているために生じる現象だと考えられています（チャートランドとバージ，1999）。非意識的模倣には，関係形成を促進する社会的機能があると考えられています。実際，人は，他者と親しくなろうという目標を意識的に持っているとき，またそのような目標が非意識的に高められているとき（レイキンとチャートランド，2003）や，相互協調的自己観が顕現化しているとき（ファンヴァーレンら，2003）により

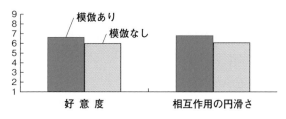

図7.3　**模倣あり条件となし条件における，サクラの好意度および相互作用の
円滑さの評定値**（チャートランドとバージ，1999をもとに作成）

多くの非意識的模倣を示します。また，模倣されることは相手に対する好意を
高めます。チャートランドとバージ（1999）は，ペア課題（実際の参加者は1
人で，もう1人はサクラです）を行う際に，サクラが参加者の行動やクセを露
骨でないように模倣する条件と模倣しない条件を設け，好意度と相互作用の円
滑さを比較する実験を行いました。その結果，模倣条件では模倣なし条件より
もサクラの好意度および相互作用の円滑さが高く評価されていました（図7.3）。
　一方で，非意識的模倣が抑制される場合もあることが示されています。カレ
マンスとフェアヴェイメレン（2008）は，現在恋人がいる人といない人を魅力
的な異性と相互作用させ，どの程度その異性に対して非意識的模倣を示すかを
検討しました。その結果，恋人がいる人は恋人がいない人よりも非意識的模倣
が少ないことが示されました。この傾向には男女差はありませんでした。さら
に，現在の恋人に親密さをより強く感じているほど，魅力的な異性に対する非
意識的模倣が少ないことがわかりました。これは，現在の関係を維持するため
に，ほかの異性と親密になる可能性を高めないための自動的な自己制御が働い
ていることを示唆しています。

■ 近くにいること――物理的近接性

　学校での生活を振り返ってみて，教室での座席や，家の距離が近い友人と仲
よくなったことのある人は多いと思います。このように，物理的に近くにいる
こと（**物理的近接性**）が対人魅力に影響することが知られています。たとえば，
フェスティンガー（1950）は，大学の学生アパートの住人を対象に，入居直後
から6カ月後まで追跡調査を行い，部屋が隣同士であるといったように日常生
活において物理的に近い人同士が親しくなりやすいことを明らかにしました。

この理由の一つとして，物理的に近いことで自然と互いに顔を合わせる頻度が多くなるため，単純接触効果（第3章参照）が生じ，互いの好意度が増すことが考えられます。

　このような物理的近接性の要因は，とくに出会って初期の段階での対人魅力に影響していることが指摘されています。たとえば，ニューカム（1961）の大学寮を対象とした研究では，入居直後はフェスティンガー（1950）の研究と同様に，部屋が隣同士であるなどの物理的な近さが対人魅力に影響していましたが，時間の経過とともに，物理的な近さよりも性格や態度などの類似性の要因が対人魅力に影響することが示されています。

■ 他者からの好意的評価

　自分のことを褒めてくれたり，自分に好意を示してくれたりする人に魅力を感じることも指摘されています（ベックマンとセコード，1959）。アロンソンとリンダー（1965）は，大学生を対象に，自分に対して肯定的，否定的な評価を行う相手に対して，どのくらい好ましいと思うかに関する実験を行っています。この実験では，相手の自分に対する評価の仕方が操作されており，相手から①一貫して肯定的な評価を受け取る場合，②一貫して否定的な評価を受け取る場合，③最初は否定的であるが後に肯定的な評価に変化する場合，④最初は肯定的であるが後に否定的な評価に変化する場合の4つのパターンを設けて，自分に対してこのような評価を行う相手をどのくらい好ましく思うかを検討しています。その結果，もっとも好まれたのは，③最初は否定的であるが後に肯定的な評価に変化する場合で，次に，①一貫して肯定的な評価を受けた場合であることが示されました。一貫して肯定的な他者よりも，否定的評価から肯定的評価に変化した他者が好まれる現象を，**獲得効果**といいます。一方，一貫して否定的な他者よりも，肯定的評価から否定的評価に転じた他者の好意度が低いことは**損失効果**といいます。

　好意的評価を与えてくれる他者が好まれるのは，人が自己高揚動機（第4章参照）を持つためだと考えられます。一方で，否定的自己概念を持つ人は，その自己概念を確認したいという動機（自己確証動機）から，否定的な評価を与える人を好むという研究結果もあります（ギースラーら，1996）。

7.3　恋愛関係と友人関係

■恋愛と友情の違い

「恋愛と友情の違いとは何か？」について一度は考えたことがあるのではないでしょうか。恋愛と友情の性質をどのようにとらえるべきかは，これまでにさまざまな議論がなされています。本節ではこうした議論を踏まえ，恋愛関係と友人関係について考えていきます。

■好意と愛情の区別

ルビン（1970）は，好意と愛情は質的に異なるものであると考え，特定の他者に対する好意と愛情の程度を測定するための Love-Liking 尺度を開発しました（日本語版は藤原ら（1983）によって作成されています；表 7.2）。ルビンは好意を「好意的評価」「相手と自分の類似性の知覚」「相手に対する尊敬」，愛情を「親和・依存欲求」「援助傾向」「排他性」とそれぞれ 3 つの要素でとらえています。

また，デイヴィス（1985）は，友情（好意）に「情熱」と「世話」の要素が加わったものが愛情であると考えました。具体的には，友情は，「楽しさ」「受容」「信頼」「尊敬」「相互援助」「開示」「理解」「自発性」の要素で構成されています。そして，それらに「魅惑」「性的衝動」「排他性」を含む「情熱」と，「養護」や「最大の援助」を含む「世話」の要素が加わったものが愛情であると考えました。このように好意と愛情には，それらを区別する考え方や好意を愛情の一部とする考え方があります。

表 7.2　日本語版 Love-Liking 尺度の項目例（藤原ら，1983 をもとに作成）

Love 尺度	Liking 尺度
私は一人でいると，いつも○○さんに会いたいと思う。	○○さんは私の知り合いの中で最も好ましい人物だと思う。
○○さんのためなら，ほとんど何でもしてあげるつもりだ。	○○さんと私はお互いにとてもよく似ていると思う。
○○さんを独り占めしたいと思う。	○○さんは責任ある仕事に推薦できる人物だと思う。

○○には特定の人物（恋人や友人）をあてはめて，その人物に対する自分の気持ちの程度を「1. 全くそう思わない」から「9. 非常にそう思う」までの 9 段階で評定する。実際の項目数は各 13 項目ある。

■ 恋愛傾向の個人差

　友だちの関係からゆっくりと恋愛にいたるタイプの人もいれば，一目惚れをしてすぐに相手にのめり込むタイプの人もいるように，それぞれに恋愛傾向の個人差があります。このような恋愛傾向を分類，検討することで恋愛の性質を理解しようとする試みが多くの研究で行われています。

1. 恋愛の色彩理論……リー（1977）は，恋愛に関するさまざまな書物や調査をもとに，個人の恋愛スタイルを分類した**恋愛の色彩理論**を提唱しています。この理論では，恋愛をエロス，ストーゲイ，ルダスの３つの基本形と，それらの混合であるマニア（エロスとルダス），アガペー（ストーゲイとエロス），プラグマ（ルダスとストーゲイ）の計６つのタイプ（ラブ・スタイル）に分類しています（表7.3）。また，このラブ・スタイルを測定するための尺度（LAS）が開発され，さまざまな研究者によって検討が行われています。ヘンドリックら（1984）によれば，男性は女性よりもルダスが高く，女性は男性よりもストーゲイ，プラグマ，マニアが高いことが示されています。日本では松井ら（1990）によって男性は女性よりもアガペーが高く，女性は男性よりもルダス，プラグマが高いことが明らかにされています。

表7.3　**6つのラブ・スタイル**（リー，1977をもとに作成）

ラブ・スタイル	特　徴
エロス（美への愛）	自分の理想を具現化したような相手を求める恋愛スタイル。 自分の美の理想を相手の外見に求める。
ストーゲイ（友愛的な愛）	ゆっくりと愛情や交際を発展させていく恋愛スタイル。 長期的な関係を望み，相手に対して段階的に自己を開示し，自意識的な感情（熱情）を避ける傾向がある。
ルダス（遊びの愛）	恋愛をゲームとしてとらえる寛容な恋愛スタイル。 相手とは深く関わらず，嫉妬もしにくい。 複数の相手と関係を結びやすく，恋愛期間も比較的短い。
マニア（熱狂的な愛）	相手に夢中になり，強迫的で嫉妬深く，激しい感情を伴う恋愛スタイル。 何度も相手に愛を確認しようとする。
アガペー（愛他的な愛）	相手に見返りを期待しない，利他的な愛。 自分の感情よりも意志によって相手にやさしさや思いやりを示す。
プラグマ（実利的な愛）	自分に釣り合う相手を探求するスタイル。相手が自分に「ふさわしい」人物なのかを見極めるために，相手のさまざまな特徴（学歴，仕事，年齢など）を考慮する。

2. 成人の愛着理論……シェーバーとハザン（1988）は，恋愛を愛着スタイルからとらえた**成人の愛着理論**を提唱しています。愛着とは「ある特定の他者に対して強い絆を形成する人間の傾向」を指します（ボウルビィ，1977）。ボウルビィ（1973）は乳幼児の子どもが養育者（通常は母親）との関わりを通じて，「自分は愛されるに値するものであるのか」や「他者は自分を受け入れてくれるのか」といった自己や他者への信念や期待を形成し，それらがその後の対人関係に影響を及ぼすと考えました。成人の愛着理論では，このような養育者に向けられる愛着が，成人が恋人や配偶者に向ける愛着と対応していると考え，恋愛を愛着プロセスとしてとらえています。具体的には，これまでの愛着理論をもとに，成人の愛着を安定型，回避型，不安/アンビバレント型の3タイプに分類し，各タイプによって個人の恋愛傾向が異なることが示されています。安定型はほかの2つのタイプと比べ，恋愛関係における幸福感，友情，信頼が高く，回避型は受容感が低く，また不安/アンビバレント型は，恋人に対する嫉妬，感情変化の激しさなどが高いことが明らかにされています。さらに，安定型の人はほかの2つのタイプの人よりも関係の継続期間が約2倍近く長く，離婚率も約2倍近く低いことも示されています（ハザンとシェーバー，1987）。

■友人関係

　私たちは幼少期から生涯を通じてさまざまな友人関係を形成し，その関係を通じて多くの影響を受けています。とくに，青年期の親密な友人関係は自立や社会化にとって重要な影響を及ぼすことが指摘されています。たとえば，松井（1990）は，青年期の友人関係が個人の社会化に及ぼす機能として，①緊張や不安などの否定的感情を緩和・解消してくれる存在としての「安定化機能」，②友人関係を通じて，他者との適切な関係のとり方を学習する「社会的スキルの学習機能」，③友人が自己の行動や自己の認知のモデルになる「モデル機能」の3つを挙げています。

　また，友人関係は自己評価にも影響を及ぼしています。私たちは主に他者との比較（社会的比較）を通じて自己を知り，自己概念を形成しています（第4章参照）。大学生を対象とした調査（高田，1994）では，日常生活で比較をする相手としてもっとも多いのは友人であり，比較をする理由としてもっとも多

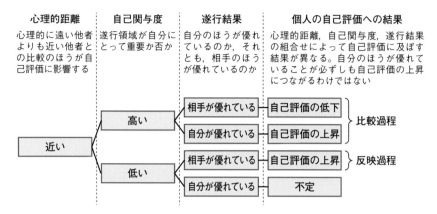

心理的距離　　　自己関与度　　　遂行結果　　　　個人の自己評価への結果

心理的に遠い他者
よりも近い他者と
の比較のほうが自
己評価に影響する

遂行領域が自分に
とって重要か否か

自分のほうが優れ
ているのか、それ
とも、相手のほう
が優れているのか

心理的距離，自己関与度，遂行結果
の組合せによって自己評価に及ぼす
結果が異なる。自分のほうが優れて
いることが必ずしも自己評価の上昇
につながるわけではない

図7.4　自己評価維持モデルで予測される各要因と自己評価への結果との関係
（テッサー，1988をもとに作成）

いのは自己評価のためであることが明らかにされています（第4章表4.3参照）。
　さらに，**自己評価維持モデル**（テッサー，1988）に基づく研究から，友人関係が個人の自己評価の維持，高揚に機能していることも示されています。このモデルでは，他者との比較が個人の自己評価の低下や上昇に及ぼすプロセスを説明しています（図7.4）。具体的には，個人の自己評価に影響する要因として，①心理的距離，②自己関与度，③遂行結果の3つが挙げられています。そして，人は自己評価が低下しない，または上昇する（すなわち，自己評価を維持，高揚できる）ように，それら3つの変数を認知，行動的に変化させていると考えられています。たとえば，友人（心理的距離の近い他者）との比較において自己評価を維持，高揚できるのは，自己関与度が高い領域では自分のほうが優れており，自己関与度が低い領域では相手のほうが優れている場合です。実際に，小・中学生の友人選択と学業成績の関連を調べた研究から（テッサーら，1984；磯崎・高橋，1993），クラスメイトとの心理的距離（友人選択），教科の自己関与度，教科のでき具合（実際の成績や成績の主観的評価）を柔軟に変化させて，自己評価を維持，高揚していることが明らかにされています。また，他の研究では，友人関係において自己評価が維持，高揚できていることが，学級適応や精神的健康にポジティブな影響を及ぼしていることも示されています（磯崎，1994；カミデとダイボウ，2009）。

7.4 親密な関係の維持と崩壊

■ 利益のために関係を続ける

　普通人は親密な関係の継続を望みますが，それが叶わないことがしばしばあります。何が，関係の継続と崩壊を分けるのでしょうか？

　投資モデル（ラズバルト，1980）は，対人関係から得られる利益が重要だと考えます。このモデルでは，対人関係へのコミットメント（関係を継続しようとする意図）が，関係への満足，現在までの投資，代替関係の魅力の 3 つの要素で決まると考えます。関係への満足は，関係から得ている利益とそこに費やしているコストの比率で決まります。少ないコストで得ている利益が多ければ，満足度が高くなります。どの程度の比率で満足度が高くなるのかの基準（比較水準）は過去の経験によって影響されます。客観的には良い相手ではないが，それでも以前よりマシな相手ならば満足する，ということです。

　次に，現在までの投資とは，関係に費やしてきた資源を指します。関係に投入する資源には，内在的な資源（関係に直接投資した時間や想いなど）と，外在的な資源（共通の友人や共有している思い出や所有物など）があります（ラズバルト，1983）。これらの資源は，関係の解消によって失われてしまうので，投資の量が大きくなると人は関係を解消しにくくなると考えられます。

　代替関係の魅力とは，ほかに関係を結びうる魅力的な相手がいるかどうか，ということです。ほかに魅力的な相手がいる場合，現在の相手へのコミットメントが低くなると考えられます。

■ 他者の利益への考慮

　対人関係について，人間が自己利益だけでなく，他者の利益にも配慮すると主張する立場もあります。ウォルスターら（1973）は対人関係を衡平（第 5 章参照）の視点からとらえ，自分の利益と相手の利益の均衡が成り立つときに，喜びや満足が感じられ，関係が安定すると考えました。一方で，自分の利益が大きすぎるときには罪悪感が，小さすぎるときには不満や怒りが生じ，不均衡を解消するための行動が生じると考えています。

　上記の立場は，均衡がとれる程度に相手からの見返りを期待しています。一

方，まったく相手からの見返りを求めないような**共同的関係**（クラークとミルズ，1979）も存在することが指摘されています。共同的関係は，とくに親しい対人関係で見られるものです。相手からの見返りを求めないのは，自己と相手が不可分に結びついており（**7.1**節の**図7.1**参照），相手のために行動することが自分のために行動することと同じ意味を持つためと考えられています。

■ 対 人 葛 藤

対人関係の中で生じるいさかいを**対人葛藤**といいます。対人葛藤は人間関係につきものだと考える人もいれば，避けなければならないと考える人もいます。クロハン（1992）は新婚カップルを2年間追跡した研究で，夫婦2人とも前者のような考え方をしているカップルは，夫婦2人とも後者のような考え方をしているカップルよりも，結婚に感じる幸福度が高いことを報告しています。対人葛藤が必然的に生じるものだと考えていると，実際の葛藤を関係に対する深刻な危機だと考えず，相互理解や関係改善のための機会としてとらえることができるため，このような結果が生じるのだと考えられます。

同じ葛藤でも，問題がどこにあると考えるかによって，その深刻さは変わってきます。ブレイカーとケリー（1979）は，対人葛藤を，特定の行動に焦点が当てられる行動の水準，権利や義務に焦点が当てられる規範と役割の水準，個人の持続的な傾向（人格など）に焦点が当てられる個人的傾性の水準の3つに分類しています。後者になるほど，葛藤はより深刻になると考えられます。

葛藤への対処の仕方も，関係の維持崩壊に大きく影響します。ラズバルトら（1982）は対人葛藤への対処が建設的か破壊的かという次元と，積極的か消極的かという次元で4種類に分類できると考えています（**表7.4**）。双方が破壊的な対処を行った場合，関係が崩壊に向かう可能性は高くなると考えられます。

表7.4　**対人葛藤への対処行動の分類**（ラズバルト，1982をもとに作成）

	積極的	消極的
建設的	対話（Voice） 関係改善に向けた行動を行う	待機（Loyalty） 事態の改善を信じて待つ
破壊的	退去（Exit） 相手との関係を終わらせる	無視（Neglect） 相手を無視する，接触する時間を減らす

■ 赦しの二面性

　相手に対する寛大さや赦しは，対人葛藤を防ぎ関係を維持していく上で重要な役割を持ちます。また，赦すことや他者を赦しやすい性格特性は，怒りやストレスの少なさ（ロウラーら，2005）を予測し，他者を赦せないことは抑うつや社会的非機能性と関連する（モルトビーら，2001）ことが示されています。さらに，クライアントの赦しの過程を支援するような臨床的介入が，精神的健康を高めることも示されています（バスキンとエンライト，2004）。

　しかし，赦しの否定的側面も明らかにされています。マクナルティ（2011）は，新婚カップル（調査開始時点で結婚後6カ月以内）を対象に，赦し傾向とパートナーから受ける身体的，心理的な攻撃の関係を4年間の追跡調査で検討しました。その結果，赦し傾向が強いほど受ける攻撃が増加することが示されました。赦し傾向の強弱（平均±1標準偏差）ごとの予測値では，赦し傾向が強い場合には4年間で変化が見られない一方，赦し傾向が弱い場合には時間経過により受ける攻撃が減少することが示されました（図7.5）。相手の攻撃を抑止するには，それを赦さずに否定的フィードバックを与えることも必要なのです。とくに，相手が良いことをしてくれたら褒めるなどの協調的な志向性を伴うとき，否定的なフィードバックはパートナーからの攻撃を減らす上で効果的です（相馬ら，2007）。赦しの負の側面は，ドメスティック・バイオレンス（DV）の維持にもかかわる問題です（コラム参照）。

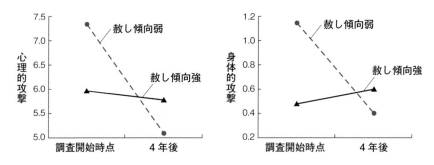

図7.5　赦し傾向の強弱ごとの，調査開始時点と4年後におけるパートナーからの身体的・心理的攻撃の経験数（マクナルティ，2011）

コラム● DV のサイクル理論

　ウォーカー（1979；斎藤監訳，1997）は，DV が加害者の緊張が高まる緊張期，激しく暴力をふるう爆発期，一転して被害者への謝罪や配慮を示すハネムーン期の 3 局面を繰り返すものであることを見出しました（DV のサイクル理論）。ハネムーン期に被害者が加害者に同情したり，自分を責め相手の暴力を正当化してしまうことが，暴力をふるわれる関係からの離脱を困難にする一つの要因であると考えられています。DV からの離脱を阻害するという点も，赦しの負の側面です。

■ 関係の崩壊への対処

　関係改善の努力をしても，関係が崩壊してしまった経験のある人は多いでしょう。関係が崩壊したときの対処の仕方は，その後の健康や立ち直りに要する期間に影響を与えます。大学生を対象に，もっとも辛かった失恋に関して検討した加藤（2005）の調査では，失恋後に相手を恨むなどの拒絶，また別れを悔やんだり相手と連絡をとろうとしたりする未練といった対処が，ストレス反応を強くし，回復までの期間を長くすることが示されました。一方で，失恋によって学んだことを考えたり，気晴らしをしたり，次の恋を見つけようとする対処（図 7.6 では回避と命名されています）はストレスを弱め，回復期間を短くする効果が見られました。ただし，片思いによる失恋では拒絶のストレス反応や回復期間への影響が見られないことが示されています。

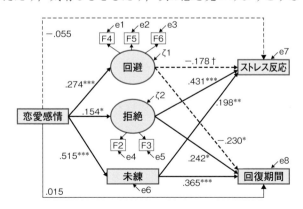

図 7.6　失恋後の反応がストレス反応および立ち直りに要する期間に与える影響（加藤，2005）
F2：敵意，F3：関係解消，F4：肯定的解釈，F5：置き換え，F6：気晴らし。e とζは誤差変数である。†$p<.10$，*$p<.05$，**$p<.01$，***$p<.001$。

7.5　インターネット上での対人関係

■インターネットの利用状況

　総務省の調査によれば，2021年の日本のインターネット利用者の割合は82.9%であり，そのうち，SNS（ソーシャル・ネットワーキング・サービス）を利用している人は78.7%にまで達していることが報告されています（「令和3年通信利用動向調査」総務省）。このような近年のインターネット環境の発展・普及により，日常的にインターネット上でさまざまな他者とコミュニケーションを行う機会が増加しています。本節では，こうしたインターネット上での対人関係に関する知見を紹介します。

■インターネット上でのコミュニケーションの特徴

　インターネット上でのコミュニケーションの特徴の一つとして，利用者の匿名性や社会的手がかりの少なさが挙げられます。たとえば，インターネット上の掲示板などへの書き込みでは基本的に実名などの個人情報をさらす必要がなく，匿名性を保つことができます。また，インターネットでは文字によるコミュニケーションが主であるため，相手の表情や声の調子などの非言語的な情報が対面状況と比べて不足しています（キースラーら，1984）。このような特徴は，フレーミング（炎上）と呼ばれる他者への敵意的な言動の増加に影響することが指摘されています。たとえば，有名人のブログやSNSでの発言内容に対して，閲覧者からの反論や非難，さらには誹謗中傷を含むコメントの書き込みが殺到することはよく知られている事態だと思います。キャステラら（2000）の集団討論での発言内容を検討した実験では，対面やテレビ電話と比べ，非言語的情報が不足している文字のみの電子メールによる討論では，他者への敵意的な発言の発生率が10倍以上も高いことが示されています（表7.5）。

　一方で，このような匿名性の高さが自己開示の促進に影響を及ぼすことも指摘されています。たとえばジョインソン（2001）は，対面よりもインターネット（テキストチャット）での議論のほうが，自己開示の量が多いことを明らかにしています。また，佐藤・吉田（2008）は，インターネット上での自己開示について自己の匿名性（自分が相手に識別されるかどうか）と他者の匿名性

表7.5　コミュニケーション方法別の敵意的な発言の発生数
（キャステラら，2000 をもとに作成）

	対　面	テレビ電話	電子メール
全発言数	3,734	4,074	1,990
くだけた会話	174 (4.66%)	203 (4.98%)	173 (8.69%)
敵意的な発言 （フレーミング）	8 (0.21%)	16 (0.39%)	94 (4.72%)

括弧内は，全発言数に対する発生率を示している。

（相手を識別できるかどうか）の2つの側面から検討しています。自己の匿名性は相互作用中の不安感を低減させ，それが自己開示を行うことへの抵抗感の低減と関連していました。しかし，他者の匿名性は相手に対する親密感を低減させ，自己開示を行うことへの抵抗感の増加，内面的な自己開示の抑制につながっていることが示されました。このように，自他の匿名性が自己開示に異なる効果を持っていることが明らかになっています。

■インターネット・パラドックス

　クラウトら（1998）は，現在ほどインターネットが普及していない時期にインターネット利用が対人関係や精神的健康に及ぼす影響を検討しました。その結果，インターネット利用量が多い人ほど，家族や他の周囲の人たちとの対面での関わりが減少し，孤独感や抑うつ症状が高まるなどの精神的健康が悪化することが示されました。研究参加者はインターネットを主に電子メールやチャットなど他者とのコミュニケーションのために利用していました。そのため，この研究は，他者との交流を促進するために使用されたインターネットが，現実の対人関係や精神的健康にネガティブな影響を及ぼすことを示唆しており，インターネット・パラドックスと呼ばれました。

　しかし数年後の追跡調査（クラウトら，2002）では，そのようなネガティブな影響はほとんど見られず，むしろ，抑うつ症状の減少といったポジティブな影響も見られました。こうした結果の違いについて，クラウトら（2002）はインターネット環境の変化を指摘しています。初期の調査から追跡調査までの数年の間に急速にインターネット環境が整いました。その結果，インターネット

上で家族や友人など親密な他者とより快適なコミュニケーションが可能となり，それが対面での良好な対人関係の促進につながったと考えられています。

■ SNS の利用が対人関係や精神的健康に及ぼす影響

　近年の SNS（Facebook, Twitter, Instagram など）の発展・普及は，私たちの対人関係や精神的健康にさまざまな影響をもたらしています。SNS に共通する機能（特徴）として主に① SNS 上で公開（または限定公開）される個人のプロフィールを作成できる，②つながりのある利用者のリストを作成できる，③つながりのある人の投稿など，頻繁に更新される情報のストリーム（たとえば，Twitter のタイムライン）を閲覧してさまざまな他者と交流することができる，ことが挙げられます（エリソンとボイド，2013）。このような機能によって，利用者は情報収集だけでなく，既存の友人や知人および新たな他者との交流を比較的容易に行うことができます。実際に，北村ら（2016）は，Twitter の利用動機が「情報獲得」（新しい情報などを得る），「娯楽」（娯楽を求める），「既存社交」（既存の対人関係を補完する），「オンライン人気獲得」（新しい関係の構築を求めたり，自分のことや考えについて Twitter を通じて知ってもらう）の4種類に分類されることを明らかにしています。

　では，SNS の利用は対人関係や精神的健康にどのような影響を及ぼしているのでしょうか。ヴァーダインら（2017）は，SNS の利用が能動的か受動的かによって影響が異なることを指摘しています。能動的利用とは，SNS で自ら投稿をする，個人にメッセージを送るなど他者との直接的な交流を促す利用の仕方を指します。能動的利用は，他者とのつながりやソーシャル・サポート（第8章参照）の認知を高め，精神的健康にポジティブな影響を及ぼすことが示されています。たとえば，Facebook の利用者を対象とした実験（ディタースとメール，2013）では，実験者の指示で，一定期間，普段よりも投稿数を増やした人は，そのような指示を受けなかった人と比べ，友人とつながっているという感覚が高まり，それが孤独感の低下を導くことが報告されています。

　一方で，受動的利用とは，他者の情報（投稿など）を閲覧するのみの利用の仕方を指します。受動的利用は，自己評価の低下や妬みを生じさせ，主観的幸福感や精神的健康にネガティブな影響を及ぼすことが示されています。これは，

SNS では自分よりも優れた他者との比較（**上方比較**）が生じやすいことが関連しています。たとえば，より見栄えの良い自撮り写真を選んで投稿するといったように，SNS では現実の対人場面と比べ，容易に自身のより良い面を他者に誇示することができます。そのため，閲覧者はより優れた他者の情報を頻繁に目にすることになり，その結果，自己評価の低下や妬みを伴う上方比較が生じる機会が多くなると考えられています（ヴァーダインら，2017）。クラスノワら（2015）の調査では，受動的利用が多い人ほど，SNS 上で妬みを感じる頻度が高く，それが SNS 使用時のネガティブ感情（悲しみ，など）の生起頻度の高さ，普段の人生満足度の低さ，さらには，SNS 上で自己高揚をする（たとえば，自分の良い面のみを他者に誇示する投稿を行う）傾向の高さと関連していることが示されています（図 7.7）。こうした結果から，SNS 上での妬みにより生じた自己高揚が他の閲覧者の妬みを生じさせるといった，自己高揚と妬みの連鎖を引き起こしている可能性も指摘されています。

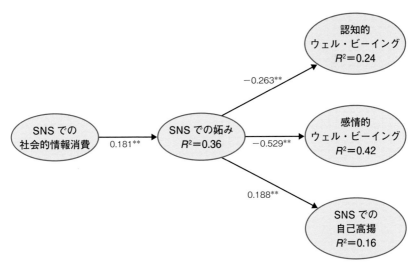

図 7.7　SNS の受動的利用による妬みの影響（クラスノワら，2015 をもとに作成）
「SNS での社会的情報消費」は受動的利用の頻度，「認知的ウェル・ビーイング」は人生満足感を示す。「感情的ウェル・ビーイング」は SNS 使用時のネガティブ感情の生起頻度（の低さ）を示す（そのため，マイナスのパスは生起頻度の増加を表している）。実際の論文では，性別や年齢などの統制変数に関する記載があるが，本書の図では割愛している。$^*p < .05$，$^{**}p < .01$。

復習問題

1. 他者との親密化過程に関する知見を1つ挙げ，その内容について説明しなさい。

2. 類似性が好意につながる理由を1つ挙げて説明しなさい。

3. 恋愛と友情の性質の違いについてどのような考え方があるかを説明しなさい。

4. ブレイカーとケリー（1979）の対人葛藤の3水準が，それぞれどのようなものか説明しなさい。

5. インターネット・パラドックスについて説明しなさい。

受容と排斥

8

　一般的に私たちは他者に受け容れられることを望み，他者との良好な関係からさまざまなものを得ています。他者からのサポートや受容がさまざまな肯定的影響を与える一方，関係からの排斥はさまざまな否定的な帰結に結びつきます。それはミクロなレベルだけでなく，マクロレベルの問題にも結びつくことがあります。また，サポート自体も時に有効でなかったり，問題を招いたりすることがあります。本章では，受容と排斥をめぐる問題を，なぜ人が受容を求めるのかという点まで含めて考えていきます。

本章のトピック

- サポートはどのようなプロセスで健康に影響を及ぼすのか？
- サポートにはどのような負の側面があるのか？
- 他者からの排斥が私たちに及ぼす影響とは？
- 人はなぜ受容を求めるのか？

キーワード

ソーシャル・サポート，緩衝仮説，直接効果仮説，社会的排斥，ソシオメーター，安心探し行動

8.1 他者からの受容の効果——ソーシャル・サポート

■ ソーシャル・サポート

人とのつながりをどの程度大事にするかは人によってそれぞれですが，私たちは，他者に受容されることでさまざまなメリットが得られることを知っています。そのようなメリットのうち，社会心理学およびその隣接領域でとくに盛んに研究されてきたのが，ソーシャル・サポートです。ソーシャル・サポートとは，対人関係の中でやりとりされる支援のことを指します。

ソーシャル・サポートは，大きく2つの種類に分類することができます。それは，道具的サポートと情緒的サポートです（浦，1992）。道具的サポートとは，問題の解決に有用な情報や資源を提供するサポートです。友人が，就職活動でなかなか内定を得ることができず，落ち込んでいるという状況を想像してください。この状況で，エントリーシートの書き方についてアドバイスをしたり，役に立ちそうなセミナーの情報を教えたりするのは道具的サポートです。一方，情緒的サポートは，「辛いよね。その気持ち，わかるよ」となぐさめたり，「努力し続ければ，きっと良い企業に就職できるよ」と励ましたりするといった，相手の感情や気分を改善させようという働きかけです。

道具的サポートは問題の解決に焦点を当てた働きかけであるのに対して，情緒的サポートは直接には問題の解決に役立つわけではありません。そのため，後者は前者より効果的でないと感じられるかもしれません。しかし，情緒的サポートは精神的ダメージを癒やし，自分で問題に取り組む状態まで回復するのを促進するという点で，重要なものです。

■ ソーシャル・サポートと精神的健康

ソーシャル・サポートは主に健康との関連という点から検討されてきました。たとえば，ソーシャル・サポートは精神的健康得点の高さと関連し（福岡・橋本，1995），将来の抑うつ度の低さを予測します（ブラウンら，1986）。

また，教師は職場で情緒的サポートを多く得ているほど，バーンアウトしにくい（貝川，2009）という報告もあります。さらに，大学新入生を対象とした調査では，友人からのソーシャル・サポートの増加が，大学への適応を高める

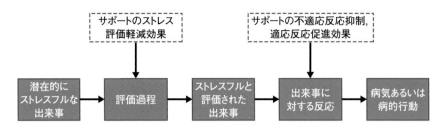

図 8.1　**緩衝仮説のモデル**（コーエンとウィルス，1985）

という結果も報告されています（フリードランダーら，2007）。さらに，ソーシャル・サポートは循環器系，内分泌系や免疫系に肯定的な影響を及ぼすことが明らかにされています（ウチノら，1996）。

　ソーシャル・サポートは，どのようなプロセスで精神的・身体的健康に影響するのでしょうか。この点に関しては2つの説明があります。一つは緩衝仮説と呼ばれるもので，もう一つは直接効果仮説と呼ばれるものです。

　緩衝仮説とは，ソーシャル・サポートが精神的健康に影響を与えるのは，ストレスが存在するときのみだ，と主張する立場です。コーエンとウィルス（1985）は，ソーシャル・サポートが2つの時点でストレスの影響を緩和すると主張しています（図8.1）。1つめは，ストレスの原因となりうる出来事を評価して意味づける時点です。苦痛を感じさせるような出来事であったとしても，本人がそれをどうとらえるかでストレスの程度は変わってきます。たとえば，大学への入学や就職によって，自分の生活環境が大きく変わることは大きなストレスを与えうる出来事ですが，家族や友人からのサポートがあれば乗り越えられるという自信が生まれ，さほど困難な事態だとは感じずに済むでしょう。この効果は心理的痛みだけでなく身体的痛みにも働きます。ブラウンら（2003）は，1℃から2℃の冷たい水に不快感を感じるまで（最大3分間）手をつけておき，20秒ごとにその不快さを報告する課題を用い，サポートが苦痛の評価に及ぼす影響を検討しました。その結果，サポーティブな他者と一緒に課題に取り組む条件において，単独で取り組む条件やただ単に他者が一緒にいる（要は必ずしもサポーティブでない）条件よりも苦痛の評価が低いことが示されました。サポートは，潜在的にストレスフルな出来事の脅威評価を低減

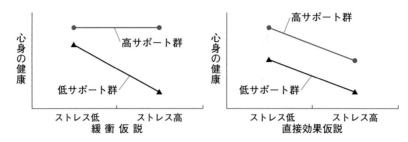

図 8.2　緩衝仮説と直接効果仮説から導かれるサポートおよびストレスが心身の健康に与える影響のパターン（浦，1992）

することで，その影響を緩和するのです。

　２つめの時点は，ストレスフルだと感じられた出来事に対して反応する段階です。たとえば上に述べた例で，やはり就職後の新しい環境に馴染めず，大きなストレスを感じていたとします。人は自分で対処ができないストレス出来事に遭遇すると，自暴自棄になって過剰な飲酒などの不適応な行動を行ってしまうことがあります。しかし，そのようなときに，今まで支えてくれた両親や友人，あるいは世話になった恩師のことを思い出せば，破局的にならないように堪え，早く環境になれる努力をしようという気持ちが湧いてくるでしょう。また，先輩が親睦会などの形で手助けをしてくれることで，より早く環境に馴染むことが可能になり，孤独感や抑うつなど不適応的な反応が生じるのを防ぐことができるかもしれません。

　一方，**直接効果仮説**では，ストレスのない平常時でもストレスが存在する状況でも，他者からのサポートを多く得ている人がより健康である，と考えます。この立場では，サポートがストレスを緩衝するわけではないと考えるので，ストレスが大きくなれば，サポートの多い人でも健康が悪化すると考えます。実際，久田ら（1990）は，ストレスが大きすぎるときにはサポートの緩衝効果が見られないことを示しています。２つの仮説の違いを浦（1992）は図 8.2 のように示しています。

■ 緩衝仮説と直接効果仮説はどのように整理できるか？

　それでは，緩衝仮説と直接効果仮説はどちらが正しいのでしょうか？　素朴に考えれば，ストレスフルな出来事があるときに身近な人からのサポートが心

強いと感じることも，普段から友人関係に恵まれている人が健康そうだということも，どちらも正しいことのように思えるのではないでしょうか。

　実は，そのような素朴な考えは正しいのです。かつてはこれら2つの立場のいずれが正しいかについて，論争がありました。しかしながら現在では，どちらの仮説が支持されるかは，ソーシャル・サポートをどのように定義して測定するか次第であると考えられています。

　コーエンとウィルス（1985）によれば，緩衝仮説を支持する結果が得られているのは，ストレス出来事に遭遇したときに必要なサポートを，他者からどの程度得られるかの期待，つまりサポートの利用可能性の認知を測定している研究です。他者から必要なサポートを得ることができると思っていれば，困難な事態であっても脅威だとは感じにくいでしょうし，脅威だと感じても他者のサポートを利用して生産的に対応しようとするでしょう。一方で，直接効果仮説と整合するような結果は，主にネットワークの構造的側面を測定した研究で得られています。ここでいう構造的側面とは，婚姻状態，友人や近所の人との付き合いの頻度やそれらの人たちに抱く感情，コミュニティへの参加などの観点から，全体として他者とどのくらい関係を形成しているか，言い換えれば社会的ネットワークの中にどの程度自分が組み込まれているかを測定した研究です。人と広く対人関係を形成していれば，普段から肯定的感情や自尊感情は高く，困難な問題が生じてもうまく対応できるというコントロール感を持つことができると考えられます。これらの肯定的な心理状態は，生理的にも肯定的な変化をもたらし，身体的な健康へとつながるでしょう。一方で，構造的側面の研究では，どの種類のサポートが得られているかという点には焦点を当てていません。どのようなサポートが必要かは，場合によって異なります。そのため，個別のストレス出来事に対して適切なサポートを得ているかどうかは保証されないため，緩衝効果が見られないのだと考えられます。構造的側面の研究には，特定の関係に着目したものもあります。近隣に住んでいる友人や親族の数，教会に通う頻度などに関する研究では，直接効果も緩衝効果も支持されていないのに対し，婚姻状態など親しい関係についての研究では，双方を支持する結果もあるとコーエンとウィルスは論じています。

8.2　適切なサポートとは何か

■ つながりやサポートは常に良いものなのか？

　他者からの受容やソーシャル・サポートについて、私たちは望ましい側面にばかり注目しがちです。支え合いの美徳を強調するような言説は学校教育やさまざまなメディアの中に溢れています。また、災害時などのボランティア活動に関しても、肯定的な考え方を持っている人は多いでしょう。

　一方で、他者とのつながりには時間や労力などさまざまな資源を消費するという側面があります。自分にとって楽しいものであればそれでも構わないでしょうが、気が進まない集まりに付き合いで参加しなければならないことは往々にしてあるものです。また、SNS が普及しオンラインでも他者とつながりを持つ人が多くなっている一方で、SNS 疲れという現象が生じています。また、他者とのつながりが強調されすぎると、1 人でいるという自由を謳歌しにくくなるという問題も生じます。

　さらに、サポートはさまざまな要因を考慮しなければ不適切なものになる危険性をはらんでいます。そして、不適切なサポートはむしろ受け取る側に不要なストレスを与えます。本節では、サポートを不適切たらしめる要因を検証した研究を紹介していきます。

■ あからさまなサポートは苦痛を高める

　他者からのサポートに伴う負の側面の一つは、自尊感情への脅威です。他者からサポートを受けるということは、自分に解決能力がないことや、自立できていないことの傍証としてとらえられることがあります（第6章参照）。そのため、ストレス対処や問題解決を促進するはずのサポートが、逆説的にストレスを高めてしまうことがあるのです。

　このことを端的に示しているのがボルガーとアマレル（2007）のサポートのあからさまさ（visibility）に着目した研究です。この研究では、女子学生が、サクラとペアで実験に参加します。参加者は1回めの心的苦痛の測定を受けた後、実験者から「大学院生のティーチングアシスタント（TA）の成績のつけ方が、年齢や性別、成績といった事前情報の有無で歪むかを検討する」という

仮の目的を伝えられます。そして，TA に評定させるためのスピーチを行うか，エッセイを書くことが求められました（実際には，偽のくじ引きで参加者は必ずスピーチを行うようになっていました）。スピーチに割り当てられたことを知ると，ほぼ例外なく参加者は狼狽したそうです。また，準備時間は 5 分しか与えられなかったので，ほとんどの参加者は十分に練ったスピーチを用意することはできず，また準備に不満そうでした。つまり，彼女たちは困難な課題に直面し，サポートが必要となるような状況に置かれていました。

　練習時間が終わると，実験者はサクラにエッセイを書くために別の部屋に移動するよう指示し，その前に何か質問したいことがないかを尋ねます。このときのサクラの質問が，サポートのあからさまさの操作になっていました。あからさま条件では，サクラは参加者に向かって，「良いスピーチをするためには，最初に話そうとしていることの概要を伝えて，最後に強い結論を持ってくることがもっとも大事だと思う」というアドバイス（道具的サポート）をします。一方，あからさまでない条件では，サクラは実験者に向かって「この種類の課題では，最初に話そうとしていることの概要を伝えて，最後に強い結論を持ってくることがもっとも大事ですよね？」という質問をしました。この条件では，参加者は直接的にサポートを受けた形になってはいませんが，スピーチに役立つ情報を得ることができていたのです。その後，スピーチを実際に行うのだと信じたまま参加者は 2 回めの心的苦痛の尺度に回答し，その後，真の研究目的を伝えられました。図 8.3 から明らかなように，あからさまなサポートを受け取った条件で，心的苦痛がより高くなっていました。さらに研究 2 では

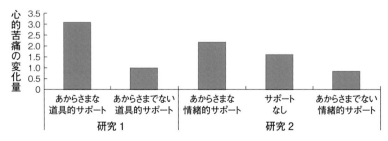

図 8.3　**あからさまなサポートとあからさまでないサポートを受け取った場合の心的苦痛の変化量**（ボルガーとアマレル，2007，研究 1，研究 2）

情緒的サポートについて，サポートなしの統制条件も加えて検討を行っていま
す。その結果，あからさまでないサポートは心的苦痛を弱め，あからさまなサ
ポートは強めることが明らかにされました。サポートの逆説的な効果を防ぐた
めには，その提供の仕方が重要であることを，これらの研究は示しています。

■ 誰からサポートを受けるかという問題

　サポートの提供の仕方だけでなく，誰からサポートを受けるのかというのも
重要な問題です。たとえば，あなたが恋愛関係のことで悩んでいるとしましょ
う。同じくらいかそれ以上に恋愛経験を積んでいる人からのなぐさめやアドバ
イスであれば受け止める気にもなるでしょう。しかし，一度も交際経験のない
人から具体的にどう行動するべきかについて何か言われたとしたら，不愉快だ
と思うのではないでしょうか。

　このようなサポート提供者の正当性の問題を，菅沼と浦（1997）が検討して
います。彼らは，課題にあまり関心がなく，かつ成績が低い（つまり正当性が
低い）人から道具的なサポートを受けると，受けない場合に比べて状態不安が
高くなってしまうこと，課題への関心が高く成績が良い人（正当性が高い人）
からの道具的サポートは課題の遂行量を増加させるのに対し，正当性が低い人
から道具的サポートにはそのような効果がないことを示しています。サポート
は，適切な他者から提供されて初めて有用なものになるのです。

■ サポートの期待とずれ

　8.1節で，サポートの利用可能性の認知がストレスの健康に対する悪影響を
緩衝する効果を持つことについて論じました。サポートの利用可能性の認知と
はつまり期待ですが，期待してもサポートが得られないのはよくあることです。
このようなサポートと期待のずれは，個人の心的状態や対人関係に影響します。

　中村と浦（2000b）は大学1年生を対象とした縦断的研究を行い，父母，大
学入学以前からの友人（旧友），入学後に親しくなった友人へのサポート期待
とサポート入手が心理的適応と自尊感情に及ぼす影響を検討しました。その結
果，受けたサポートが期待より少ないと，適応状態が悪く，自尊感情が低くな
ることが示されました。さらに，旧友のサポートでは，ストレスイベントの経
験頻度が少ない群で，受けたサポートが期待より多いほど適応状態が悪く，自

尊感情も低くなることが示されました。期待よりも受け取ったサポートが少ない場合は大事にされていない感覚が，多い場合は負債感が生じ，このような悪影響が生じるのだと考えられます。さらに，中村と浦（2000a）は，入学後に親しくなった友人から期待したほどのサポートを得られない場合，その友人に対する信頼感が低くなることを示しています。サポートは不足しても，また受け取りすぎても問題なのです。

■ 恋愛関係からのサポートの罠

　恋愛関係は重要なサポート源です。そのため，恋愛関係へのコミットメントが高くなりすぎて，それ以外の関係が疎かになってしまうことがあります。みなさんの周りにも，恋人ができてから付き合いの悪くなった友人はいませんか？

　相馬と浦（2007）は，このような恋愛関係のサポートの排他性を検討しています。彼らの研究では，一般的信頼感の低い人が恋愛関係にある場合は，恋愛関係にない場合に比べて，恋愛関係以外からのサポートを取得しようとしないことを明らかにしています（図8.4）。

　恋愛関係が継続している間は，恋愛関係から得られるサポートで十分かもしれません。しかし，恋愛関係からのサポートに排他的に依存してしまうと，関係が崩壊したときのダメージが大きくなると考えられます。山下と坂田（2008）は，さまざまな関係から情緒的サポートを得ている人たちが，サポート源が同性友人に限定されている人よりも失恋に対して肯定的な意味づけを行う傾向が強いこと，失恋後に立ち直りが遅い群でサポート源を同性友人に限定している人の割合が高いことを示しています。これらの研究から，多様なサポート源を持つことが健康に肯定的な効果をもたらすと考えることができるでしょう。

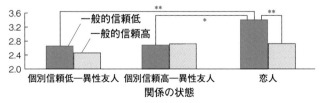

図8.4　もっとも親しい異性との関係と一般的信頼の高低ごとの，関係外部の他者へのサポート要請の抵抗感（相馬・浦，2007）
$^{**}p < .01$, $^{*}p < .05$。

8.3　社会的排斥とその悪影響

■社会的排斥の苦痛

　他者から拒絶されたり，仲間はずれにされたりすると（**社会的排斥**を経験すると），私たちは大きな苦痛を味わいます。血縁者や配偶者，恋人，友人など個人にとって重要な他者との関係から排斥された場合には，苦痛はより大きく，深刻なものになるでしょう。

　では，自分にとってどうでもよいような相手だった場合はどうでしょうか？ゴンサルコラーレとウィリアムズ（2006）は，サイバーボール課題を用いて実験的にこのことを検討しています。**サイバーボール課題**とは，コンピュータの画面上で複数のプレイヤー（と参加者は信じていますが実際はプログラムです）とボール回しをする課題です（**図 8.5**）。排斥される条件では，自分のほうにボールが回されなくなります。彼女たちの実験では，参加者を排斥する相手として支持政党が同じ人（内集団），ライバル政党の支持者（外集団），人種差別団体のメンバー（社会的に軽蔑される外集団）が設定されていました。その結果，どの相手であっても，排斥される場合は受容される場合に比べて所属の感覚やコントロール感，自分が意味ある存在だという感覚が低くなっていました。さらに，ザドロら（2004）は，相手がコンピュータだとわかっている場合にも，排斥が同様の効果を持つことを報告しています。自分にとって重要

図 8.5　サイバーボール課題の画面（ウィリアムズら，2012）
下のプレイヤーが参加者を表している。

でない，さらには人間ですらない相手から排斥された場合にも傷ついてしまうという結果は，人間が排斥に対して極めて敏感であることを示しています。重要でない相手やコンピュータから排斥されても実害はないので，これは不合理な反応です。しかし，危険が存在しないときにも苦痛という警報が出ること（フォールス・ポジティブ）は，危険が存在するときに警報が出ないこと（フォールス・ネガティブ）よりは対処に役立ちます。そのため，排斥に敏感な個体のほうが子孫を残せたので，現在の人間は不合理でも排斥に過敏な傾向を持っているのだと考えられます。

近年，排斥されたときの苦痛の神経学的な基盤に関する研究も行われています。その結果，排斥されたときには，身体的苦痛を味わったときと同じ背側前帯状皮質と右腹外側前頭前野が活性化し，前者は苦痛の多さと正の相関，後者は負の相関関係を持つことが示されています（アイゼンバーガーら，2003）。

■ 社会的排斥に対する反応

ウィリアムズ（2007）は，排斥への評価に反射的過程と熟慮的過程の2つの段階があると主張しています。**反射的過程**とは，排斥の脅威に対する即時的な評価が行われる過程です。上で紹介した研究は排斥された直後の反応を測定しているので，主に反射的過程の反応をとらえていると考えることができます。反射的過程の反応は，個人差変数の影響を受けないことが示されています。

一方で**熟慮的過程**とは，排斥された経験を意識的に解釈する段階です。時間経過により，反射的過程から熟慮的過程に移行すると考えられます。熟慮的過程での解釈次第で，苦痛の大きさや持続期間は異なります。また，この解釈は個人特性の影響を受けます。ザドロら（2006）は，社会不安の高い人と低い人にサイバーボール課題を行わせ，排斥された直後と45分後の所属感，コントロール感などを測定しました。直後の測定では社会不安による差は見られませんでしたが，45分後の時点では，排斥を受ける条件で，社会不安の高い人が低い人よりも上記の感覚が低く排斥によって傷ついていることが示されました。

これらの反応過程を経て，人は脅かされた欲求を回復するための行動をとります。まず思い浮かぶのは，他者からの受容を獲得するための反応でしょう。実際に，排斥の後には対人的な出来事への注意が高まる（ガードナーら，

2000），同調が増える（ウィリアムズら，2000），社会的ジレンマ課題で協力行動が増える（アウウェルケルクら，2005）など，他者からの受容を高めるような向社会的行動が増えることが明らかにされています。一方で，排斥は敵意的帰属バイアス（第6章参照）を強めたり（デウォールら，2009），実際に攻撃行動を強めたりする（トゥエンギら，2001）ことも示されています。

　なぜ，排斥の後にさらに排斥の危険性を高めるような行動をしてしまうのでしょうか。説明要因の一つは受容の期待です。排斥された後に再び受容されることが難しかったり，あるいはそれが自分にとって重要でなければ，攻撃的な反応が生じると考えられます。宮崎と池上（2011）は，親密な関係において，受容の期待や関係へのコミットメントが低いほど，関係志向的な行動が減り，消極的な関係破壊行動（会うのを避ける，無視するなど）が増えることを示しています。もう一つの重要な要因はコントロール欲求です。排斥がコントロール感を低下させ，低下したコントロール感を取り戻そうとして人は攻撃を行うのです。実際に，排斥を経験した後にコントロール感を得ることのできる課題を行う条件では，攻撃行動の高まりが見られないことが示されています（ウォーバートンら，2006）。ガーバーとウィーラー（2009）はメタ分析（コラ

コラム●研究の量的統合——メタ分析

　操作の効果の大きさや方向が実験間で異なっていたり，ある調査で見られた関係がほかの調査では見られなかったりすることはよくあります。そのような差異を量的に統合して，全体的な結論を導く方法がメタ分析です。メタ分析は個々の研究で得られた量的な結果を**効果量**という共通の指標に変換し，領域全体としての効果量はどの程度なのか，また研究の特徴に応じて効果量がどのように異なるのかを検討します。有名な研究知見であっても，その後の研究結果が一貫しないことはよくあります。関心を持ったトピックについてメタ分析の論文を探してみると，研究の実態をよりよく理解することができます（ただし，メタ分析の結果は，分析に含める研究によって異なる可能性があるので，どこまでを対象としているのかも注意して見る必要があります）。日本語でも優れた入門書（たとえば山田・井上，2012）がありますので，研究結果について議論のある領域で，自分で実際にメタ分析を行ってみるのも面白いでしょう。

ム参照）を行い，コントロールと所属の欲求両者を同時に満たせないときに，反社会的な反応が示されやすいと結論しています。

■ 社会的排斥の帰結

　社会的排斥の影響は，身体的健康にまで及びます。バークマンとサイム（1979）は，6,928 人の対象を 9 年間追跡した縦断調査データを用い，このことを示しました。彼らは婚姻状態，友人との接触頻度，教会や集団への参加の程度で社会的つながりの程度を指標化し（この指標では，親密な関係の影響力が大きくなるよう重みづけされています），この指標で対象を 4 群に分けて 9 年間の死亡率を比較しています。その結果，性別や調査開始時点の年齢にかかわらず，つながりがもっとも弱い群で，死亡率がもっとも高くなっていました。また，婚姻状態のみに着目した研究でも，離婚している人はそうでない人よりも死亡リスクが高いことが示されています（ヘムシュトロム，1998）。

　このような個人的な問題ばかりでなく，マクロな視点からも排斥の影響を考えることが必要です。相互に排斥し合う，相互の信頼感が低い社会は弱体化します。実際に，アメリカでは，一般的な他者への信頼が低い州ほど，暴力的犯罪が多く（ケネディら，1998），自己報告で健康の程度が低い（カワチら，1999；図 8.6）ことが知られています。これら知見は，社会的関係から排除される人を作り出すことあるいはそのような状態を放置することが，社会全体に不利益をもたらす可能性を示唆しています。

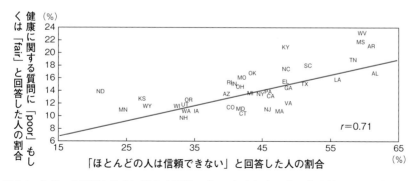

図 8.6　他者への信頼と健康に関する質問に「poor」もしくは「fair」と答えた人の割合の相関関係（カワチら，1999）
健康に関する質問は fair の上に good，very good，excellent がある 5 段階尺度である。

8.4 受容のための自己制御——ソシオメーター仮説

■人はなぜ受容を求めるのか？

　ここまで，受容と排斥について論じてきました。受容や排斥が人間に大きな影響を与えるのは，人間が所属欲求を持っているからですが，なぜ人はそのような欲求を持っているのでしょうか？　進化心理学では，人間の心が進化してきた環境（**進化的適応環境**）から説明をしています。人間にとっての進化的適応環境は，まったくの野生環境ではなく，150人程度の群れ（バンド）であったと考えられています（亀田・村田，2000）。そのような環境の下では，群れの中でうまく立ち回り，周りの他者と相互依存的な関係を築くことが，個体の生存や繁殖の成功を有利にします。たとえば，獲物を狩るときや外敵と戦うときには1人より協力したほうが効率的ですし，自分が怪我や病気で食糧を確保できない場合，他者の助けがあれば生き延びることができます。また，集団内で他者と交流する機会が多ければ，望ましい配偶相手と出会う可能性も高くなります。そのため，人は強い所属の欲求を持つのだと考えられます。

　そのような環境では，所属欲求だけでなく，所属を維持し，関係から排斥されないように自己の行動を監視・コントロールする自己制御メカニズムも進化するはずです。そのような自己制御メカニズムに関する包括的な理論が**ソシオメーター仮説**（リアリーら，1995）です。この説ではソシオメーター仮説を紹介した上で，同理論からとらえた受容と排斥の問題について論じます。

■関係価のモニタリングと主観的指標としての自尊感情

　ソシオメーター仮説が考える対人的な自己制御で核となるのが，関係価です。**関係価**とは，他者にとって，自分が関係を結ぶ相手としてどの程度の価値があるかという主観的信念です。同理論では，人間がモニタリングし，自己制御の基準としているのは実際の受容や排斥ではなく，この関係価であると考えています。受容と排斥という二元論ではなく，関係価の程度を考えることで，実際に受容あるいは排斥されていても当人はそう思っていない，という事態をよりよく説明することができます。

　この関係価を検知して，排斥の危険を個体に伝える役割を担うのが状態的自

尊感情です。関係価が高いという情報を得れば状態的自尊感情は上がり，関係価にとって脅威となるような情報を受け取ると，状態的自尊感情は低下します（リアリーら，1998）。この関係には原因帰属のプロセスが介在しています。つまり，関係価の変化が状態的自尊感情に影響を与えるのは，その変動の原因が自分にあると考えた場合です（リアリーら，2004）。状態的自尊感情は，関係価を反映する主観的指標なのです。ソシオメーターによる関係価の監視は，前注意レベルで自動的に行われていると考えられています。

■ 対人的問題をソシオメーターの駆動からとらえる

　自尊感情には，状態的なものと，特性的なものがあります（第4章参照）。特性的自尊感情は個人内での自尊感情の平均的な水準なので，ソシオメーターの文脈で考えると，その値は平常時のソシオメーターの初期値だと考えることができます。これを模式図で表すと図8.7のようになります。

　特性的自尊感情が高い人は，メーターが高い値を示しているため，多少関係価の低下を感じたとしても警報が出る水準までは低下しません。一方で，特性的自尊感情が低い人は，ささいな関係価低下のサインを検知するだけでも警報が出てしまう状況にあると考えられます。特性的自尊感情が低い人は高い人に比べて，恋愛関係や友人関係で嫉妬する傾向が強い（ビューンク，1982；パーカーら，2005）ことが知られています。嫉妬は，大切な人やものを失うかもしれないときに経験する感情です（有光，2009）。また，遠藤と阪東（2006）は，他人に頼み事をして，曖昧ながらその頼みを相手が受容してくれたというシナリオの解釈が，特性的自尊感情の高さによって異なるかを検討しました。その

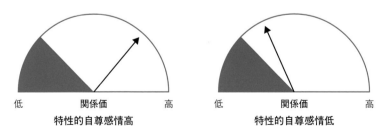

図8.7　**特性的自尊感情が高い人と低い人のソシオメーターの概念図**
（リアリー，2004を一部改変）
塗りつぶし部分は排斥の危険性を知らせる警報が発せられる範囲。

結果，依頼が受容されているにもかかわらず，特性的自尊感情が低い人は排斥
されたと解釈しがちであることが示されました。嫉妬のしやすさや，曖昧な受
容情報を排斥と解釈する傾向は，特性的自尊感情が低い人が関係価に関する脅
威に敏感であるという説を支持するものです。

　状態的自尊感情が関係価の主観的指標であり，特性的自尊感情がその初期値
であると考えることで，自尊感情の高低と関連した対人的な問題を統一的に理
解することができます。まず，抑うつ傾向の強い人の安心探し行動について考
えてみましょう。**安心探し行動**とは，他者から受容されているかどうか，大切
に思われているかどうかを確認する行動です。抑うつ傾向の強い人は，他者の
好意や受容に不安と疑念を抱いているため，安心探し行動を執拗に繰返し行い
ます（コイン，1976）。初期段階では，安心探し行動によって，相手は受容し
ていることをフィードバックしてくれます。しかし，抑うつ傾向の強い人はそ
のフィードバックを曲解し，不安と疑念を強めてしまい，再度安心探し行動を
行います。そのようなことが延々と繰り返される結果，相手も困惑や苛立ちに
耐えられなくなり，実際に抑うつ的な人との接触を避けたり，拒絶したりする
ようになります（**図 8.8**）。ジョイナーとメタルスキー（1995）は，大学生の
同性ペア（ルームメイト）を対象とした2時点の調査を行い，男子学生におい
て，第1時点での抑うつ傾向，否定的フィードバック探索傾向，安心探し傾向
がすべて高いことが，第2時点でのルームメイトからの排斥につながることを
示しています。他者からの排斥を心配することが，実際の排斥を招いてしまう

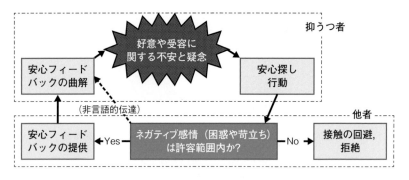

図 8.8　抑うつ者の安心探し行動が関係を悪化させる過程（コイン，1976 をもとに作成）

という皮肉な結果に陥るのです。このようなことが生じるのは，抑うつ傾向に
ある人たちが慢性的に自尊感情が低い状態，つまり主観的関係価が低いことを
繰返し検知した結果，ソシオメーターが排斥情報に過敏になっているためだと
考えられます。

　一方で，ソシオメーターが排斥情報に鈍感すぎる場合にも問題が生じます。
ソシオメーターの鈍感さに関連すると考えられるのが**ナルシシズム**です。ナル
シシズム傾向の強い人は，現実に基づかず，自己を過度に肯定的に評価します。
つまり，主観的には関係価が高いままになっており，対人関係から排斥される
という危険を感じることができません。そのため排斥されそうになっても，適
切な対応をとることができません。そして，排斥の危険性を感じないので，他
者に対する対応がぞんざいになってしまいます。実際に，ナルシシズムの強さ
が他者への無関心さと関連する（ウィンク，1991）ことが示されています。加
えて，ナルシストは他者から排斥された場合でも，自分では関係価が高いと
思っているので，認知的不協和を経験します。そして，この不協和を解消す
るために，他者が不当に自分を排斥しているのだ，と考えてしまいます。ナル
シシズムが強い人が，他人から否定的なフィードバックを受けると，その他人
を否定的に評価するなどの攻撃的反応を示す（バウマイスターら，1996）のは，
このような関係価にまつわる認知的不協和低減反応として理解することができ
ます。

■受容が先か，自尊感情が先か？

　自尊感情が関係価の指標になるという考えは，関係価から自尊感情への影響
の方向を考えるものです。一方で，「自尊感情が高い人は他人から好かれ，自
尊感情の低い人は他人から嫌われる」という，自尊感情が原因になって関係価
の変動が生じるという逆の関係も考えることができます。スリヴァスタヴァと
ビア（2005）は，1週間間隔で4回グループ作業を行わせる縦断調査で，自己
評価と他者評価の関係を検討しました。その結果，他者からの評価の高さが次
の時点の自己評価の高さにつながっていましたが，自己評価の高さと次の時点
の他者評価の高さは関連していませんでした。この結果は，ソシオメーター仮
説が考える影響の方向性を支持するものです。

復 習 問 題

1. 情緒的サポートとはどのようなものか。定義した上で例を 1 つ挙げなさい。

2. 他者からのサポートは常に有効なわけではなく，むしろ心的苦痛を強めてしまうことがある。それはどのような場合か。要因を 1 つ答えなさい。

3. 人が他者から排斥された後に，むしろさらに排斥の危険を高める攻撃行動を行う理由を，コントロール感という観点から説明しなさい。

4. 安心探し行動とはなにか。説明しなさい。

集団の中の個人 9

　私たちはみな，何らかの集団に所属しています。自分から希望
して所属した集団もあれば（たとえば大学），自分の意思とは関
係なく所属した集団（性別や国籍）もあります。集団は私たちの
生活に欠かせないものですが，集団に所属することで得をするこ
ともあれば，損をすることもあります。集団の成員である以上，
個人的意見はさておき，集団の決定や規範に従わなくてはなりま
せん。集団の一員として暮らすということは，常に他人の目にさ
らされ，評価されるということでもあるからです。ここでは集団
に所属することが私たちの認知や行動にどのような影響を与え，
個人としての私たちにどのような変化を与えるのかを考えてみた
いと思います。

9.1 社会的アイデンティティ

■ 社会的アイデンティティ理論

　私たちは自分を他人に紹介するとき，どのような情報を用いるでしょうか。自分の個人的特徴，たとえば背が高い，スタイルが良い，性格が明るい，社交的といった情報を用いることが考えられます。しかし同時に日本人，大学生，テニス・サークルの一員といった社会的な属性に基づいて自分を説明することも多いでしょう。このように自分が何者であるかという自己概念は，個人的特徴による個人的アイデンティティ以外に，社会的属性による**社会的アイデンティティ**によっても形成されます（**図 9.1**）。タジフェルとターナー（1979）の**社会的アイデンティティ理論**は，この個人的アイデンティティと社会的アイデンティティの関係を理論的に説明しています。

　誰でも自分はほかの人から見ても素晴らしい，立派な人間でありたいと考えているでしょう。自分のことをダメな人間であると考えたがる人はあまりいないと思います。このように社会的アイデンティティ理論では，人々はポジティブな自己概念を持つことを好み，自尊感情を高めることに動機づけられていると仮定しています。自尊感情を高める方法は，テストで良い成績をとるなど，社会的に望ましいとされる課題で高い成果を上げるという方法もありますが，それ以外にも社会的に高く評価されている集団の一員となるなどの方法があります。たとえば世間で超一流と呼ばれる大学に入学し，そこの学生となることは，その人の自尊感情を高めます。評価の高い集団の成員であることが「我々」意識を生み，集団の評価を自己の評価へと拡張することで自己をポジ

図 9.1　**個人的アイデンティティと社会的アイデンティティ**

ティブにとらえるようになるのです（エイブラムスとホッグ，1990）。この自
己高揚動機は，自集団をより好ましいものにしようとその成員を動機づけます。
第 10 章で詳しく紹介しますが，人々はある集団に所属すると個人的には利益
がなくても自分たちの集団の利益を増やそうとします。これは**内集団ひいき**と
呼ばれる現象ですが，それは自集団をより高い地位の集団にし，それによって
自分自身の自尊感情を高めようとするために生じます（ルビンとヒューストン，
1998）。

■ 自己カテゴリー化理論

ターナーら（1987）は社会的アイデンティティ理論を基礎として，より認知
的処理の側面を強調した**自己カテゴリー化理論**を提唱しました。この理論では
社会的アイデンティティを強く意識することが，独特な個人としての意識を失
わせ（脱個性化），集団の規範を自己の規範ととらえ（集団規範への同化），自
分を典型的な集団成員と見るという，**自己ステレオタイプ化**について説明し，
これらの変化が差別や偏見に与える影響を検討しています。たとえば自分の好
きなスポーツチームの応援に行ったときには，自分は特別な存在というよりも
単なるファンの 1 人であると考え，みんなでかけ声を合わせて応援し，さらに
は対戦相手の能力を低く評価し，時には罵声を浴びせるといった，普段とは異
なる変化が生じます。さまざまな社会的属性のうち，どのようなカテゴリーが
選ばれるかは，**メタコントラスト原理**によって決定されます。ある一時点で意
識されているカテゴリー内の差異と，ほかのカテゴリーとの間の差異の比率の
ことをメタコントラスト比といいます。カテゴリー内が互いに類似しているほ
ど，そしてカテゴリー間が互いに異なっているほどこの比率は高くなり，自己
カテゴリーとして利用されやすくなります。

■ 社会的アイデンティティと自己評価

上述の通り，人々は集団への所属を通じて望ましい社会的アイデンティティ
を獲得し，それによって自尊感情を高めます。実際，社会的に評価の高い集団
に所属している人々は，社会的に評価の低い集団に所属している人々よりも自
尊感情が高い傾向があります（ブランスコム，1998）。このことから，自尊感
情が低くなるような事態に直面すると，人々は自己評価を高めるためにポジ

ティブな集団と自分とのつながりを強く意識したり，強調したりすることが考えられます。これは**栄光浴**と呼ばれています。この現象を検討するためにチャルディーニら（1976）はある大学のフットボール部が試合に勝った日に，その大学の学生に簡単な課題を行わせ，実際の成績とは無関係に彼らに成績が「良かった」あるいは「悪かった」と伝えました。その後フットボール部の試合結果を学生に聞いたところ，課題の成績が「良かった」と伝えられた学生に比べて，「悪かった」と伝えられた学生は「私たちのチームが勝ちました」という表現をより多く用いていました。課題での失敗によって低下した自尊感情を，勝利したチームと自分とのつながりを強調することによって埋め合わせようとしたために，このような反応が生じたのだと考えられます。

　さらに自尊感情への脅威は，外集団に対する認知にも影響を与えます。たとえば知的能力テストの結果が「悪かった」と伝えられた人は，「良かった」と伝えられた人よりも，ユダヤ人に対するステレオタイプ的な見方を強めました。これは低評価によって自尊感情が低下したので，社会的にネガティブな評価を受けているユダヤ人に対するステレオタイプ的な見方を強めることで「自分たちは彼らとは違う」と集団間の差異を強調し，自我脅威を取り除こうとしたためと考えられます。実際そのような見方を強めた人はその後の自尊感情が高まっていました。つまり残念ながら，自我脅威に対してステレオタイプ的な見方を強めることは，人々の自尊感情の回復に役立っていたのです（フェインとスペンサー，1997）。

■集合的自尊感情

　人々が集団の成員性から得る自尊感情は個人的自尊感情とは異なるという研究もあります。ルータネンとクロッカー（1992）は，それを**集合的自尊感情**と呼び，①成員自尊感情（自分は集団において価値ある成員だ），②私的集合的自尊感情（私は自集団を高く評価している），③公的集合的自尊感情（ほかの人は私の集団を高く評価している），④アイデンティティの重要さ（私の集団は私のアイデンティティにとって重要だ）の4側面から構成されると主張しています。

■社会移動と社会変化

　私たちの自尊感情が所属集団によって決まるのであれば，自尊感情が低くな

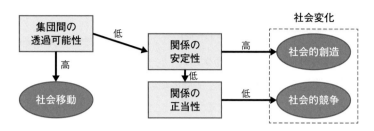

図9.2 **社会移動と社会変化**（ホッグとエイブラムス，1988 をもとに作成）

るような集団に属してしまった場合，私たちはどうするのでしょうか。ホッグ
とエイブラムス（1988）によれば，そのような状況にある人々は**社会移動**や**社
会変化**といった行動をとります（図9.2）。社会移動とは，現在所属している
集団を抜けて，より社会的評価の高い集団に新たに所属することです。たとえ
ば将来の就職のことを考えると今の大学では不利だと考え，より社会的評価の
高い大学に編入学することがこれに当たります。この際に重要になるのは集団
間が移動可能かどうかであり，これを**透過可能性**といいます。ほかの大学に編
入したくても，そのような制度が大学間になければ透過可能性はないといえま
す。また人種や性別は遺伝レベルでの差異なので，透過可能性は極めて低いと
考えられます。

　社会移動が困難であると判断した場合，人々は社会変化によって自尊感情を
高めようとします。タジフェルとターナー（1979）によれば，それは**社会的創
造**と**社会的競争**の2種類に分けられます。社会的創造は自集団と他集団の関係
が安定していて，簡単にはそれが変化しないと判断したときにとられる方略で
す。たとえば大学の学業レベルでは負けていても，自分の大学の学生のほうが
社交的であると主張したり（新しい次元の発見），学業レベルだけが大学の価
値ではないと考えたり（価値の再定義），自分の大学よりも評判の悪い大学と
比較したりする（新しい比較集団の発見）ことなどが社会的創造です。一方，
社会的競争は現在の集団間関係が不安定で，しかも不当であると判断した場合
に生じます。革命運動などで現在の政治体制の不当性を主張し，新しい政治体
制で権力を握ることがその典型例です。このようにして自分の所属集団を変化
させることで，人々は自尊感情を高めることもあります。

9.2 　社会的促進と社会的抑制

■ 社会的促進と社会的抑制とは？

　プロスポーツ選手が試合に勝つと「会場に駆けつけてくれたファンのみなさんのおかげです」ということがあります。これはプロとしてのリップ・サービスでしょうか，それとも本心から出た言葉でしょうか。実は社会心理学の研究からはこれが本心であるといえます。なぜならファンに限らず，他者の存在は人々の能力を高めることが知られているからです。この現象は**社会的促進**と呼ばれています。トリプレット（1898）は自転車競技の練習風景を観察していたときに，選手たちはオートバイと競争しているときがもっとも速く，次いでほかの選手と競争しているとき，そして 1 人で練習しているときがもっとも遅いことに気がつきました。多くの人はそれを空気抵抗の違いによるものだと考えていましたが，トリプレットは他者の存在が選手の競争本能を刺激し，選手自身では引き出すことのできなかった力を解放したと考えました。彼はこの仮説を検証するために，「競争マシン」という装置を作成しました。この装置には糸を巻き取るリールがあり，リールを巻くと 1 周 4 m のトラック上を旗が移動するようになっていました。課題はできるだけ早く旗をトラック 4 周させることでした。この課題を子どもたちに行わせた結果，1 人のときよりもほかの子どもと一緒のときのほうが，リール巻きは速いことが明らかになりました。このことから人々は他者の前では 1 人のときよりも高い能力を発揮できるといえます（ただし，後にストローブ（2005）が現代の統計学の知識を用いて検証した結果，その差は統計的に有意ではありませんでした）。

　一方で，1 人で練習しているときにはうまくできたのに，他者が見ている前では緊張していつも通りの実力を発揮できないという場合もあります。たとえば自宅で授業での発表を練習したときはうまく時間内に収められたのに，実際に先生や友人を前に発表したらうまくできなかった場合などです。オルポート（1920）は，他者の存在が課題達成の量は増やすけれども，質は低下させることを報告しました。このように，他者の存在が本来の能力を低下させることは**社会的抑制**と呼ばれています。しかし他者の存在が促進と抑制という正反対

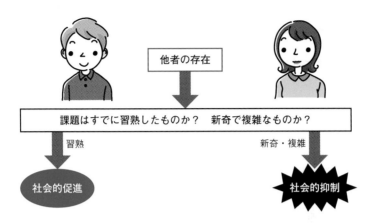

図9.3　**社会的促進・抑制の過程**（ザイアンス，1965をもとに作成）

の反応を引き起こすのはなぜでしょうか。ザイアンス（1965）は，人々が行う課題にはすでに習熟している課題と，複雑で充分に練習していない課題があり，他者の存在は前者を促進，後者を抑制すると論じています（図9.3）。たとえば英語を話すのがすでに得意な人は，他者がいることでいつもよりもうまく英語を話せるようになりますが，英語を話すのが苦手な人は，他者の存在によっていつもよりも話すのが下手になってしまうのです。

■動因理論

　ザイアンス（1965）は他者が近くにいる場合，人々は「次に何が必要か」と考えるので，それが身体的覚醒を引き起こし活動のための準備段階も高まると考えました。スポーツ選手はファンが会場に来ているだけで，練習のときよりも試合への準備が高まるというわけです。しかもザイアンスによれば，社会的促進は個人と観察者との間の社会的相互作用，コミュニケーション，評価などが不可能な場合でも生じます。たとえば目隠しと耳栓をした状態でも，他者が見ていると知らされた場合には，単純な課題では参加者の成績が向上しました（シュミットら，1986）。また身体的な変化に関して，ブラスコビッチら（1999）によれば，他者から見られていると心臓と血管反応が促進されるけれども，課題が困難な場合にはストレス反応が高まることが報告されており，それが前者では社会的促進，後者では社会的抑制の原因になったと考えられます（**図9.4**）。

■ 評 価 懸 念

　他者が見ている前でよいところを見せたいというのは，誰しも考えることで
しょう。このような理由で社会的促進が生じることも十分考えられます。同様
に他者から駄目な人と見られたくないという不安から，いつも通りのことがで
きなくなることが考えられます。このように他者の目を気にし，どのように評
価されるかに注意を払うことを**評価懸念**といいます。他者からよい評価を受け
ると私たちは嬉しくなります。人間にとって他者からの好評価は，お金などの
物質的な報酬と同じように心理的な報酬となります。そのためもっと頑張って
それを得ようとして社会的促進が生じるのです（図9.4）。

■ 注意妨害―葛藤理論

　人前で発表をするときに，他者のささいな仕草が自分にダメ出しをしている
ように思え，それで焦ってうまくいかなくなる，ということはないでしょうか。
注意妨害―葛藤理論（グエリンとイネス，1982）によれば，このように他者の
存在は社会的促進を促す一方で，それを気にしすぎて注意を散漫にさせること
があります。そのため課題に十分な注意を払えず，結果として成績が低下して
しまうのです（図9.4）。他者の存在によって，人々の注意がその他者と課題
とに分割されてしまうので，高い成果を挙げるのに必要な認知能力が低下して
しまうのです。

■ パーソナリティの影響

　他者の目を気にする人もいれば，他者からの評価をまったく気にしない人も
います。このような性格の違いも社会的促進と社会的抑制に影響を与えます。
とくに物事をポジティブとらえるかネガティブにとらえるかに関する個人差
は，他者存在による社会的促進と社会的抑制に影響することが知られています
（図9.4）。物事をポジティブにとらえることを好む人は，自分の行為に自信を
持っているので，他者の目がある集団の中に積極的に飛び込み，新しいことに
挑戦することを好みます。それに対して物事をネガティブにとらえる人は，自
分が置かれている社会的状況をとても気にするので，他者の存在は行動を抑制
し，心理的脅威にもなります。したがって他者の存在は，ポジティブ志向の人
には社会的促進効果，ネガティブ志向の人には社会的抑制として影響を与えま

図 9.4　社会的促進と社会的抑制の要因

す（ウジール，2007）。

■ ケーラー効果

　集団作業では集団全体の成果が，集団内でもっとも劣った成員によって決定される場合があります。たとえばオーケストラなどは，1 人でも下手な演奏者がいると演奏全体が台無しになってしまいます。みんなの足を引っ張ってしまい居心地の悪い思いをするというのは，多くの人が経験することでしょう。そのようなとき，能力の劣る成員は，ほかの成員に追いつこうと努力することが知られています。これはケーラー効果と呼ばれています（ケーラー，1926）。カーら（2007）は，このケーラー効果を検証する実験を行いました。実験では女性参加者が，できるだけ長くダンベル（1.3 kg）を水平に持ち上げているように指示され，長く持ち続けているほど多くの報酬がもらえると説明されました。実験中はこの課題を 1 人で行いましたが，参加者にはもう 1 人別の女性が隣の部屋で同じ課題を行っていると説明し，その女性の状態をモニターで知ることができるようになっていました。さらに一部の参加者には，もっとも悪かった成績に応じて集団（参加者ともう 1 人の女性）の報酬が決まると説明しました。実際にはもう 1 人の女性は存在しないので，参加者は常に最低成績者となりました。その結果，参加者は 1 人のときはダンベルを平均 20 秒持ち上げていましたが，もっとも悪かった成績に応じて報酬が決まると説明されたときは，平均 33 秒と 1 人のときよりも長くダンベルを持ち上げていました。ちなみにこのケーラー効果は，男性よりも女性のほうが強いことが知られています（ウェーバーとハーテル，2007）。

9.3　集団による損失

　人間は集団を形成することで，進化上大きな利点を獲得してきました。たとえば互いに協力して狩猟を行うことで，大型の生物を捕獲することができるようになりました。また子育ての面においても，集団の成員同士でお互いの子どもの面倒を見ることが可能になり，結果として子孫の生存率を高めてきました。このように集団を形成することによって人々は個人の能力以上のことができるようになりました。しかし集団は本来の能力，つまり個々人の能力をすべて合計したほどには能力を発揮しないことがあります。言い換えると集団には，人々の能力を抑制してしまう効果があるのです。なぜそのようなことが起こるのでしょうか。

■ リンゲルマン効果

　19世紀のフランス人農学者リンゲルマン（1913）は集団生産性を研究するために，5人に一斉にロープを引かせその強さを測定しました。その結果，ロープを引いた強さは，理論上求められる個人の最大値の合計よりも小さな値になることを見出しました。しかも人数が増えれば増えるほど1人当たりの力が弱くなっていました。このような現象は**リンゲルマン効果**と呼ばれています。その原因は2つあります。一つは**動機的損失**と呼ばれるもので，人々は集団では一生懸命働こうとしなくなるというものです。集団で作業をしていると少しでも楽をしようと手を抜く不届き者が現れるので，結果として理論上の最大値とはならないというわけです。もう一つは**調整損失**と呼ばれるもので，努力の同時性が損なわれることが原因です。集団で作業するときには互いに息を合わせる必要がありますが，それがうまくできない場合には個々人の力が十分には発揮できず，結果として集団の能力は低下するというわけです。

■ 社会的手抜き

　学校のクラス全員で清掃活動を行うとき，真面目に清掃をする人もいれば先生の目が行き届かないことをよいことに掃除をさぼる人もいます。このように人々が身体的あるいは精神的活動に従事する際，集団的状況ではあまり努力しないことを**社会的手抜き**といいます（ウィリアムズら，1981）。社会的手抜き

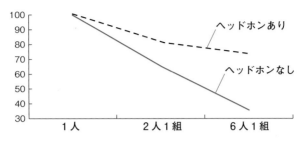

図9.5 **参加者の1人当たりの声の大きさ**（ラタネ，1979をもとに作成）
1人のときの声の大きさを100とした場合。

はさまざまな集団活動において見られますが，実は多くの場合，手抜きをしている本人は，自分が手抜きをしているという自覚がありません（カラウとウィリアムズ，1993）。

　ラタネら（1979）は，実験参加者にできるだけ大声を出させるという課題で社会的手抜きを検討しました。参加者は1人，2人1組，6人1組のいずれかの状態で，できるだけ大声を出すように頼まれました。その結果，1人当たりの声の大きさは，個人の場合に比べ2人1組では66％に，6人1組だと36％の声の大きさになっていました。さらにラタネらはこの結果が社会的手抜きではなく，他人とうまく声を合わせようとしたができなかったという，調整損失によって生じた可能性を検討しました。参加者はほかの人と一緒に課題を行うと説明された上で，目隠しとヘッドホンを着用して他者の存在がわからない状態にされ，先ほどと同様にできるだけ大きな声を出すように指示されました。この場合，実際には1人で課題を行っていたので調整の失敗による効果はないことから，参加者の成績の低下は単純に社会的手抜きと考えることができます。結果は個人の場合を100％として，2人1組の場合は1人当たり82％，6人1組の場合は74％の成績となっていました（図9.5）。したがって，どのようにうまく成員同士を調整しても社会的手抜きは生じるといえます。

■ 社会的手抜きの原因

　社会的手抜きはなぜ生じるのでしょうか。たとえば学校でグループ課題を行い，とても高い評価を受けたとしましょう。その場合グループとしては高評価

図9.6 社会的手抜きの要因

を受けたとしても，それに対して自分がどの程度貢献したかははっきりしません。このように集団で課題を行うと個人の頑張りはあまり評価されないので，人々はやる気をなくすことが考えられます。また集団で課題を行っている場合には個人に対する注目が低下するので，他人からの評価懸念も低下します。その結果，社会的手抜きが生じると考えられます（**図9.6**）。

ハーキンスとジャクソン（1985）の実験では，参加者は4人1組の集団で新しいアイデアをできるだけ多く考えるよう頼まれました。その際に「成果は4人分合計して評価する」という説明と，「それぞれ個人毎に評価する」という2種類の説明を行いました。その結果，成果を合計して評価すると説明された参加者には社会的手抜きが生じましたが，成果を個人的に特定できた参加者には手抜きが生じませんでした。

人々が課題に対するやる気を失うのはどのような場合でしょうか。人々の動機づけは，目標を達成できる見込みの高さと，その目標が持つ価値によって決まります（エックルスとウィグフィールド，1995）。しかし明らかに無理な目標であったり，自分にとってはどうでもよいものであったりすると，人々はやる気を失います。これは集団においても同様です。とくに集団ではある人が懸命に働いても，ほかの者が手を抜いた場合には集団は失敗するかもしれません。また集団として成功しても，懸命に働いた人が必ずしもその恩恵を受けるかどうかわかりません。このような集団の特徴が，社会的手抜きを促進させる

のです。また社会的手抜きは，女性より男性において，東洋よりも西洋において，複雑な課題よりも単純な課題において多いことがわかっています（カラウとウィリアムズ，1993，2001）。

■ 社会的手抜きをしない人たち

　バイト先などでみんなが忙しく働いているのに，1人怠けている人がいてイライラした経験はないでしょうか。結果的には集団の成果が評価されるので，誰かが怠けた分は，別の人が頑張ることで埋め合わせることになります。このように自分が手を抜いた部分をほかの集団成員が補わせて，自分に割り当てられたよりも少なく働くことを**ただ乗り**といいます。ただ乗りは，自分の貢献が不可欠なものではないと考えたときに生じやすく，逆に集団の成功に自分が中心的な役割を果たしていると考えているときには生じにくいことが知られています（カーとブルーン，1983）。また小集団では各個人の役割が大きいので，ただ乗りが生じにくくなります（カメダら，1992）。

　ただ乗りをする人がいる一方で，言われなくても仕事を懸命にこなす人がいます。もちろんその人が真面目な人であるためとも考えられますが，それ以外にもその仕事を楽しいと思い，やりがいを感じている場合も手抜きは減ります。集団の中でほかの成員との作業を楽しんでいる人は，集団での経験やその成果を重視しているので，集団への参加に消極的な人よりも手抜きが少なくなります（スタークら，2007）。社会的アイデンティティ理論によれば，集団に同一化しているほど「我々」という意識が強くなります。そして課題が「我々」にとって重要であると考えると，社会的手抜きは減り，懸命に働くようになります（ハスラム，2004）。また「切磋琢磨」という言葉があるように，競争が友好的である限りは，激しい競争でも集団成員同士は手抜きすることなく頑張ることが知られています（ハインツ，2005）。さらには集団の規模が大きすぎなければ，課題の成果が個人に基づくものであるよりも，集団に基づくものである場合のほうが手抜きはむしろ減ります（デマッテオら，1998）。そして集団成員の間で報酬が平等に与えられるときにも手抜きは減ります（ハニーウェル=ジョンソンとディッキンソン，1999；リデンら，2004）。

9.4 集団意思決定

　私たちは日常生活においてさまざまな選択肢の中から決定を下しています。これは意思決定と呼ばれています。この意思決定は個人として行うこともあれば，集団成員としてほかの人々と一緒に，つまり**集団意思決定**を行うこともあります。実は意思決定は個人で行うよりも，集団で行うほうが多くの利点があります。たとえば集団意思決定は個人的意思決定よりも，正確な知覚ができ（ラスカーとハマー，2006），グーグルによる検索作業で必要な情報を早く見つけ（ラゾンダー，2005），内科医のチームは1人の内科医よりも正確な診断が下せる（ギリックとスタリー，2007）ことが報告されています。ではなぜ集団のほうが個人よりも優れた意思決定を行えるのでしょうか。

■ 集団による記憶と情報処理

　集団にはさまざまな人がいて，それぞれがさまざまな経験をしています。それぞれの集団成員が別々の記憶を持っているということは，集団は個人よりも多くの情報を記憶していることになります。集団意思決定では，それぞれの成員が獲得した独自の情報によって集団に貢献することができます（ヘニンセンとヘニンセン，2007）。しかし一方で，**9.3**節で紹介したように集団ではただ乗りや手抜きが生じます。その上，社会的手抜きを抑制しても，集団は個人よりも情報の記憶成績が低くなることが報告されています（ウェルドンら，2000）。

■ 共有情報バイアス

　実は集団意思決定には，人々が自分独自の情報を互いに交換するよりも，互いに共有している情報の確認に時間を費やしてしまうという大きな欠点があります。これは**共有情報バイアス**と呼ばれています。スタッサーとティトゥス（1985，1987）は4人1組の集団に，学生代表候補者に関する16個の情報を与えました（**図9.7**）。候補者は3人いて，候補者Aがもっとも望ましく，8つの長所，4つの平凡な点，そして4つの短所を持っていると記述されていました。それに対してほかの2人の候補者は4つの長所，8つの平凡さ，4つの短所を持っていると記述されていました。参加者にすべての情報を与え，集団で議論させた場合には，83％の参加者がもっとも長所の多い候補者Aを選び

図9.7　共有情報バイアス（スタッサーとティトゥス，1985，1987）
各成員が共通に持っている「a」という情報が重視され，ほかの成員が持っていない「b」「c」「d」という情報は軽視される。

ました。一方，個人で判断させた場合，候補者 A が選ばれた割合は 67%でした。しかし 4 人 1 組の参加者に対して，候補者 A の 8 つの長所のうち，たとえば参加者 α には長所①と長所②を，参加者 β には長所③と④を，とそれぞれの参加者に別々の長所を情報として与え，平凡さおよび短所はそのまま与えた場合，合計すれば 8 つの長所を持つ，もっとも望ましいはずの候補者 A が選ばれた割合は 24%にまで低下しました。なぜこのようなことが起こったのでしょうか。これは参加者が集団での合意を重視し，共有している情報を互いに再確認しようとした結果，4 人とも共有している平凡さや短所に関する話合いが増えてしまい，互いに一部しか持っていない長所に関する情報が，正確に利用されなかったためです。この共有情報バイアスは，集団成員が自分への評価を高めようと，他人に同意していることを強調する目的で生じることがあります（ウィッテンバウムら，2004）。皮肉なことに，人々は共有情報について議論する人を，独自の情報を持っている人よりも，知識があり，有能で，信頼できると考える傾向があります（ウィッテンバウムら，1999）。

■集団極性化

　集団で意思決定を行うと，意見がより過激でリスクを伴った方向へと変化することが報告されています。これはリスキーシフトと呼ばれています（ストーナー，1968）。一方で極端な安全策を選択するというコーシャスシフトという

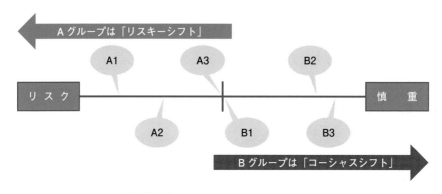

図 9.8　集団極性化（メイヤーズとラム，1976 をもとに作成）
A グループのメンバーは極端な「A1」の意見により，集団の意見の平均が「リスク」よりになる「リスキーシフト」が，B グループでは「B3」が極端に慎重なので，集団の意見の平均は「慎重」よりになる「コーシャスシフト」が生じる。

現象も報告されています（ワラッチら，1962）。実際には，リスキーであれコーシャスであれ，集団での意思決定は，個人よりも極端な決定が下されやすいことが知られており，これは**集団極性化**と呼ばれています（メイヤーズとラム，1976；図 9.8）。どちらの方向に極性化が生じるかは初期の方向性次第です。人々は自分が他人と同じか異なっているかを常に気にし，集団と自分の意見が異なる場合には，自分の観点を集団の観点のほうへと変えてしまいます（サンダースとバロン，1977）。このようなことが起こるのは，人々が集団での話合いのときに，ほかの成員に好印象を与えようとするためです（ワイゴールドとシュレンカー，1991）。また内集団と外集団の違いを強調するために，ある意見が内集団での典型的態度だと思えば，成員はその方向へと態度を変えてしまい（ハスラム，2004），その結果集団極性化が生じます。

■集団思考

　友だち数名のグループで授業での課題をどのように進めるかを相談していると，「なんとかなるでしょう」と楽観的な計画を立ててしまい，実際には計画通りには進まず失敗するということがあります。このように集団で相談することは，非現実的で楽観的な思考を促進してしまうことが知られています。これは**集団思考**と呼ばれています（ジャニス，1972，1982）。

　集団思考が見られる集団にはいくつか特徴があります。第1の特徴は，自分の集団に対する過大評価です。集団思考に陥っている集団は，自分たちが物事を完璧に進めていると考える傾向があります。ジャニスはこれを**不滅の幻想**と呼びました。また自分たちの集団は本質的に道徳的であり，その決定は正しいと信じて疑わないという特徴もあります。これは**道徳性の幻想**と呼ばれています。第2の特徴として，集団思考に陥っている集団は新しいアイデアや観点を求めようとせず，むしろ自分たちの当初の考えを合理化しようとする傾向が挙げられます。そして第3の特徴として，集団思考に陥っている集団では，決定に賛成することは容易であるけれども，反対することは極めて困難となる対人的圧力がかかるという点が挙げられます。集団での決定に対する批判はタブー視され，規範に対して同調するように圧力をかけられます。さらに自分たちの決定とは一致しない情報を閉め出し，注意を払わず，価値のないものとして扱う場合もあれば，反対を唱える成員に沈黙するように圧力をかける場合もあります。

　これらの特徴は，集団思考の大きな原因の一つが**集団凝集性**にあることを示しています。集団凝集性とは集団内での成員同士のまとまりの強さのことです。この凝集性の高い集団では成員は上記のように集団の決定に反対するのを控え，ほかの成員との議論を避け，あらゆるものを犠牲にしてでも集団内での友好的雰囲気や協調性を維持しようとします。もう一つの原因としては感情的要因が考えられます。たとえば外部からの批判は集団成員に不快感情を生み出すので，集団はそのような情報を遮断しようとします。その結果，現状を把握できず，不十分な情報に基づき楽観的な視点で議論してしまうのです。

　これらは大きな集団である国家レベルでも同様です。隣国との関係が悪化していたり，戦争状況であったりすると，集団成員は緊張と不安が高まり，それを早くなんとかしたいと思うあまり，非論理的方法を選択してしまいます。その結果自分たちの決定のポジティブな結果を強調したり，ネガティブな結果を過小評価したり，ささいな点に注目したり，大きな問題を見逃したりして自分たちの楽観的な選択を合理化してしまうのです。

9.5 社会からの影響

■社 会 規 範

　社会の一員として，私たちは日々の生活の中で「すべきこと」「してはいけないこと」といったルールを守っています。これは法律のように違反した場合には罰則を伴うものもありますが，実際にはそのような明確な罰則がなくてもある種のルールを守っています。そのような人々の間で合意が得られ，調整された基準のことを**社会規範**といいます。身近な例では適切な服装やマナー，敬称などがあり，さらには公正さ，道徳，価値観といったものも社会規範です。社会規範は単なる社会的規則ではなく，内面化された基準です。人々は知らず知らずのうちに社会規範を受け入れ，それに応じて行動を変化させます。

　私たちが社会規範を受け入れる過程について，シェリフ（1936）は自動運動効果を利用して検証しました。自動運動効果とは，暗室で小さな光点を見つめていると，それが実際には移動していないのに移動しているように見える錯覚です。シェリフは参加者にこの光点の移動距離を口頭で回答させました。1 人で暗室に入っているとき，参加者の回答は 2 〜 25 cm と大きくばらつきました。次に同様の課題を 3 人 1 組で行わせました。この場合，参加者は他人の回答を互いに聞くことになります。最初は 3 人の回答にばらつきが見られましたが，これを 3 回繰り返したところ，3 人の回答は平均値付近で一致するようになりました。このような変化が起こったのは，参加者が知らず知らずのうちに「光点の移動距離はこれくらいと回答すべきである」という社会規範を形成し，それに従って回答をしたためと考えられます。さらに興味深いことに，その参加者を再度個室に戻し 1 人で同様の課題を行わせたところ，やはり先ほどの 3 人の平均値付近を回答しました（シェリフ，1966）。誰も見ていないのに 3 人集団と同様の回答をしたということは，集団での課題を通じて形成された回答についての規範が内面化されていたことを示しています。

■同 　 調

　集団で話し合っているときに自分 1 人だけ違う意見を言うのは，ほかの人から変な目で見られてしまうと私たちは考えてしまいます。そのため集団内で意

見を述べるときに，個人的には間違っていると思うけれども，ほかの人たちの意見に自分の意見を合わせてしまう，ということは誰でも経験したことがあるのではないでしょうか。このように集団成員が，集団の多数の人々の下した決定に合うように自分の決定を変えることを，**同調**といいます。一見先ほどの規範形成の話と似ているようですが，実は重要な違いがあります。規範形成は，規範を正しいと思ってそれに自分の判断を合わせていましたが，同調の場合は，みんなの意見が間違っていると思ってはいるけれども，表面上はみんなの意見に合わせているのです。

　アッシュ（1952，1955，1956）は，同調に関する心理過程を実験によって示しました。彼は 7 〜 9 人の男子大学生を部屋に集め，2 列に並んで座らせました。そして彼らに数種類の線分の組合せを見せ，その中で同じ長さのものを答えるように求めました。線分の組合せは基準となる線分と，3 本の長さが異なる線分からなっており，その 3 本の中から基準の線分と同じ長さのものを回答するという簡単なものでした。この課題は 18 回繰り返され，参加者は口頭で回答するように求められたのですが，実は複数いる参加者のうち，1 人だけが本当の参加者で，それ以外の人は実験協力者でした。協力者は 18 回のうち 12 回わざと間違った回答をしました。参加者は必ず 7 番目に回答することになっていたので，6 人の間違った回答を聞いた後で回答することになっていました（図 9.9）。

　このような状況では，参加者は全回答のうち平均 36.8％で間違った回答をし，全参加者のうち 76.4％は少なくとも 1 回は間違った回答をしました。しかし同じ課題を 1 人で行ったときの誤答率はたったの 5％でした。このように，自分以外の多数の人々が明らかに間違った回答をしている場合，人々はその間違っ

図 9.9　同調実験での刺激と反応例（アッシュ，1952，1955，1956 をもとに作成）

た回答に自分の回答を合わせてしまうのです。ただし参加者は平均して12回中9回は同調していませんので，この実験は人々が同調に対して抵抗することを示した実験であるともいえます。

　このような同調を強める要因としては，「全員一致」と「数の力」が考えられます。集団内の多数派が全員一致して間違った回答をするのではなく，参加者以外にもう1人正しい回答をする人がいる場合には，参加者の同調は全回答の5.5％にまで低下しました。また集団の規模を2〜16人まで変化させ，その上で多数派の人数の変化による同調の変化を検討したところ，多数派が2人のときに同調の割合は13.6％となり，3人では31.8％にまで急上昇しました。その後同調は人数に応じてゆっくりと増加し，7人のときに最高の37.1％に達しましたが，その後は人数の増加に合わせてゆっくりと低下しました。このように多数派に対する同調は，人数に応じて単純に増加するわけではなく，少人数でも生じるといえます。

■ 少数派の影響

　シェリフやアッシュの実験は，大多数の人が少数派に影響を与える過程を扱っていました。しかし現実社会では，新しい流行などのように初めは一部の人々がやっていたことが，大多数の人に受け入れられるということもあります。このような多数派に対する**少数派の影響**を検討したのがモスコヴィシ（1976, 1980, 1985, 1994）です。モスコヴィシによれば，少数派が多数派に影響を与えるためには，まず多数派の「全員一致」を崩し，人々に自分たちの意見を個人的に受容させる必要があります。そのため多数派の確信を揺るがし，情報を求めるように仕向けることで，自分たちの意見を人々に浸透させていきます。

　モスコヴィシら（1969）はアッシュの実験を応用し，参加者に画面の色を回答させるという実験を行いました。計36種類の青色の画面は，実際には明るさが異なるだけでした。この課題を1人で行った場合はみんな「青」と回答しましたが，一貫して「緑」と（偽りの）回答する実験協力者と一緒に課題を行った場合，参加者が「緑」と回答する割合は8.4％にまで上昇しました。さらに実験後に個室に移動し青から緑へ16段階に変化する色見本を見せ，各段階の色が「緑」か「青」かを回答させました。その結果，最初の課題を少数派

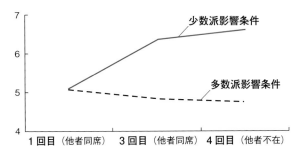

図9.10　回答が「緑」よりだった程度（モスコヴィシら，1969をもとに作成）

と一緒に行った参加者は，少数派がいなかった参加者よりも，緑の範囲を広く判断していました（図9.10）。これは参加者が微妙な色を「緑」と判断する傾向が強くなったことを意味しています。そして，その少数派がいないのに影響を与えていることから，参加者の心に少数派の影響が内面化されていたと考えられます。ただしこのような影響が生じるためには，少数派が一貫した態度を示す必要があります。モスコヴィシらの実験においても，少数派の回答が全体の3分の2だけ「緑」と答えていた場合，参加者の回答の変化は1.25％にまで低下しました。

コラム●監獄実験とは

　1971年にジンバルドーがスタンフォード大学で行った有名な実験に監獄実験があります（ジンバルドー，1989）。新聞広告で参加者を一般の人から募り，事前に暴力的傾向などの心理的特徴がないことを確認された男性21人がこの実験に参加しました。21人は無作為に「看守」か「囚人」の役を割り与えられ，大学内に設けられた監獄にてそれぞれの役割を果たすように指示されました。その結果，看守役は囚人役に対して命令的な口調となり，囚人を侮辱するようになりました。それに対して囚人は抵抗することなく無気力になり，看守にただ従うだけでした。参加者の健康状態を確認に来たほかの実験者や医師がその異常な状況に気が付き，2週間の予定の実験は6日で中断することになりました。この実験は倫理的に大きなスキャンダルとなりましたが，同時にその社会的状況によって人間がいかに容易に変えられてしまうかを明らかにしました。

復 習 問 題

1. 社会的アイデンティティが私たちに与える影響について説明しなさい。

2. 社会的促進が起こる心理メカニズムについて説明しなさい。

3. 社会的手抜きとは何か，それが生じる要因とあわせて説明しなさい。

4. 集団での意思決定が個人の意思決定とは異なる点について説明しなさい。

5. 集団の中にいると，もともとの自分の意見を変えてしまうことがあるが，その心理メカニズムについて説明しなさい。

集団間関係 10

　ほかの人々と一緒に集団を作ることは，私たちにさまざまな利点をもたらしてくれます。しかしその一方で大きな危険も私たちにもたらしもします。その代表的なものは戦争や民族紛争，宗教対立といった集団間の葛藤です。集団間の葛藤では多くの人々が傷つけ合い，時には殺し合いにまで発展します。それではなぜ集団を作ることが葛藤を生み出してしまうのでしょうか。集団を作りその成員となることで私たちにどのような心理的変化が生じ，それが集団間の葛藤を引き起こすまでにはどのような心理過程があるのでしょうか。そして，生じてしまった葛藤を解決する際にはどのような困難に直面するのでしょうか。本章では集団間関係の中でも集団間葛藤を中心に，関係の悪化の過程とその解決方法について考えます。

本章のトピック

- 集団同士の葛藤が激しいものになるのはなぜか？
- 集団間葛藤状態にある人々の心はどのような特徴があるのか？
- 集団間の葛藤を解決するためには，どのような心理的変化が必要か？

キーワード

現実的葛藤理論，内集団ひいき，個人間—集団間不連続性効果，集団間バイアス，集団間接触，和解

10.1 集団間葛藤の原因

■ 現実的葛藤理論

テレビで紹介され，とても評判の高いケーキがあったとします。あなたはそれを食べたいと思いましたが，同じようにそれを食べたいと思う人々が100人いるのに，そのケーキはあと50個しか作られない特別なものでした。あなただったらどうするでしょうか？　どうしてもケーキを手に入れたければ，早起きして店に並ぶなど，他人と競争してでもそれを手に入れようとするでしょう。これは集団同士においても同様です。**現実的葛藤理論**（キャンベル，1965）によれば，一方が手に入れると他方にはそれが手に入らない資源があり，それをめぐって集団同士が競うとき，必然的に葛藤が生まれます。現実的葛藤理論の実証研究としては，シェリフら（1961）の**泥棒洞窟実験**が有名です。シェリフらはオクラホマ州の泥棒洞窟州立公園で行われたサマーキャンプを利用して，集団間葛藤と解決を検討しました。

この実験は3つの段階から構成されていました（図10.1）。第1段階では21人の少年がランダムに2つの集団のいずれかに割り振られ，一緒にハイキングやスポーツ競技をして1週間過ごしました。すると少年たちは自発的に集団

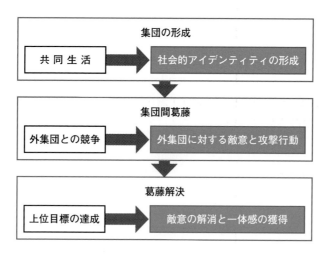

図10.1　**泥棒洞窟実験の各プロセスとその結果**（シェリフら，1961をもとに作成）

規範や役割，リーダー，そしてキャンプでの縄張りを決め，自分たちの集団を「ラトラーズ」や「イーグルス」と呼ぶようになりました。

　続く第2段階では，ラトラーズとイーグルスの間で綱引きや野球，宝探しなどの競争を行い，勝者にはトロフィー，メダル，そして4徳ナイフが与えられました。この競争は必然的に勝者と敗者を生みます。そのため競争が始まると両集団の緊張関係は急速に高まりました。両者の関係は次第に悪化し，最後には殴り合うケンカにまで発展しました。

　最後の第3段階では，シェリフらはこの集団間の葛藤解決に取り組みました。そのためには両集団が友好的に接触することが有効と考え，イーグルスとラトラーズに7つの活動を一緒に行わせました。しかし集団は反感を強め，食事中に食べものを投げ合うなど，互いに危害を加え続けました。そこで今度は接触の際に上位目標を設けました。上位目標とは2つの集団が協力することによってのみ達成できる目標のことです。泥棒洞窟実験では，子どもたちに「給水装置が故障したので，そのパイプを調べてほしい」と頼みました。パイプは約1.2 kmあったので，両集団で手分けする必要がありました。続いて映画鑑賞のためにお金を出し合う，脱輪したトラックを引っ張り出す，食事を用意すること，テントの備品を交換する，トラックに同乗するなどを上位目標のもと，両集団共同で行わせました。その結果両集団には一体感が生まれ，キャンプ終了時には集団間の対立はなくなり，別れの際には涙する子どもも現れるようになりました。

　泥棒洞窟実験は集団間葛藤とその解決法について，多くの重要な情報を与えてくれました。まず何の基準も設けず無作為に割り当てられた集団であっても，人々はそこに社会的アイデンティティ（第9章参照）を見出し，集団成員として振る舞うようになるということです。このことは集団が必ずしも似たもの同士，互いに好きなもの同士で形成されるわけではなく，むしろそれらの特徴は，集団ができた後に成員が獲得していくものであることを示しています。次に，集団同士での競争的接触は，外集団成員に対するネガティブな態度と行動を強めるという点です。したがって過去における対立の歴史や被害経験だけが集団間葛藤を引き起こすのではなく，自分と相手のどちらかしか欲しいものが

得られないという状況もまた集団同士の激しい対立を生むのです。そして最後に集団同士での協力を必要とする関係は，集団間葛藤を解決するということです。このことは資源をみんなに分け与え，競争さえなくせば葛藤もなくなるわけではないこと，そして集団間葛藤解決には協力を通じて「我々」と「彼ら」という意識を消滅させることが重要であることを示しています。なお，泥棒洞窟実験は60年以上前にアメリカで行われたものですが，2016年に日本人を対象に行われた実験でもほぼ同様の結果が得られました（熊谷，2019）。

■ 内集団ひいき

　なぜ私たちはオリンピックで日本代表を応援するのでしょうか。実は人々は自分と同じ集団の成員というだけで，外集団の成員によりも好意的な感情や態度，行動を示すことが知られています。これは**内集団ひいき**と呼ばれています。では内集団ひいきは，人々を単にある集団に割り振り，内集団と外集団という社会的カテゴリーを設けるだけで生じるのでしょうか。それとも泥棒洞窟実験のように，集団成員としての共通経験などを通じて社会的アイデンティティを強く感じている場合にのみ生じるのでしょうか。この内集団ひいきに必要な最低限の条件を明らかにするために，タジフェルら（1971）は**最小条件集団パラダイム**という方法を用いて検討しました。

　実験では最初に参加者である子どもたちにパウル・クレーとワシリー・カンディンスキーの絵画を2枚1組，合計12枚見せ，それぞれの組合せでどちらが好きかを回答させました。そして，それに基づいてクレー・グループ，あるいはカンディンスキー・グループのいずれかに割り振られたと説明しました（実際にはランダムに割り振られました）。次に子どもたちは2つのグループの名前と参加者番号が書かれた配点表を見て，ほかの参加者への点数の割り振りを決めるように頼まれました。実験参加の謝礼はこの点数に応じて支払われると説明されました。配点表の組合せは**表10.1**のようになっており，クレー・グループとカンディンスキー・グループのそれぞれ1人の参加者番号が記入されているだけなので，お金が割り振られるのが自分ではないことはわかりますが，具体的に誰に割り振るかはわからないようになっていました。たとえば参加者の子どもが「i」を選んだとしたら，自分と同じ画家を選んだ，参加者番

表 10.1 **報酬配分の組合せ例**（タジフェルら，1971 をもとに作成）

		a	b	c	d	e	f	g	h	i
内集団	034	9	10	11	12	13	14	15	16	17
外集団	495	5	7	9	11	13	15	17	19	21

号 034 の子どもに 17 点，違う画家を選んだ，参加者番号 495 の子どもに 21 点が与えられるというわけです。もし参加者が仲間の取り分をもっとも多くしたいと考えれば，「i」を選択するはずです。ただしその場合，外集団の取り分も最大になります。反対に外集団成員に嫌な思いをさせてやろうと思った場合は，外集団の取り分が最小になる「a」を選択すると考えられます。しかしその場合，内集団成員の取り分も最小になってしまいます。

　結果はとても興味深いものでした。実験に参加した子どもの多くは，表 10.1 でいえば，「d」を選択しました。これは子どもたちが，内集団成員の報酬の客観的な多さを犠牲にしてでも，報酬が「外集団よりも多い」ことを優先させたという，複雑な決断を下していたと解釈できます。

　このように内集団ひいきは単にある集団へと割り当てられるだけで生じます。しかもそれは個人的利益とは関わりなく，自分が所属している集団にとっての利益になるように行動すること，そしてその目的は内集団の価値を外集団よりも相対的に高いものにすることだといえます。内集団ひいきが生じる原因としては，割り当てられた集団に対して社会的アイデンティティを形成し，他集団との差を強調しようとする社会的比較（ターナー，1975）や集団弁別性（シェーパーズら，2002）による説明，内集団を望ましいものとすることで，自尊心を高めようとしたためとする自尊心仮説（オークスとターナー，1980），自己と内集団を類似していると知覚した結果生じたとする信念一貫性理論（ロカーチ，1969）や自己係留判断による説明（カディヌとロスバルト，1996），内集団に対しては外集団よりも，間接的な互酬性を強く期待しているという「閉ざされた一般交換システム」仮説（ヤマギシとキヨナリ，2000）などが考えられています。

10.2 集団間葛藤激化のプロセス

■ 集団は個人よりも葛藤が生じやすいのか？

　個人同士のケンカなどでも時には殺人にいたることがありますが，集団間葛藤の残酷さはその比ではありません。とくに戦争や民族紛争時の異常な残虐行為は，第三者から見ればどうしてそのようなことができたのか理解に苦しむほどでしょう。それでは集団間葛藤のどのような特徴が，そのように葛藤をより過激にしてしまうのでしょうか。

　個人同士よりも集団間でのほうが競争はより強くなることを，**個人間―集団間不連続性効果**といいます。インスコら（1987）は，囚人のジレンマ課題を用いてこの個人間―集団間不連続性効果を検討しました。囚人のジレンマ課題では参加者に「協力」か「競争」かという選択肢が与えられ，相手が協力を選択したときに自分が競争を選択する（つまり裏切ると）と報酬が最大になります。しかし，互いに競争を選択した場合，報酬は最少になり，また，互いに協力を選べばともに中程度の報酬が得られます。この課題を個人同士で行った場合，競争的反応を選択した参加者の割合は 6.6％でした。また互いに相談ができない 3 人集団同士で同様の課題を行った場合でも，競争的反応の割合は 7.5％でした。しかし互いに相談が可能な 3 人集団がこの課題を行った場合，競争的反応の割合は 36.2％にまで上がりました。さらに 3 人の中から代表者を選出し，代表者を通じてのみほかの 3 人組に選択を伝えることができる場合，競争的反応の割合は 53.3％まで上がりました（図 10.2）。

　なぜこのような個人間―集団間不連続性効果が生じるのでしょうか。その原因として，まず人々は集団を個人よりも強く恐れることが挙げられます。集団は個人よりもより競争的，攻撃的，傲慢だと認知され，協力的，信頼性，援助的だとは認知されない傾向があります（ホイルら，1989）。これは**集団間パラノイア**とも呼ばれています（クラマー，2004）。先ほどのインスコらの実験からも，それが単なる誤解ではないことがわかります。次に集団では責任の拡散が生じるので（第 6 章参照），外集団を傷つけることへの罪悪感は弱くなります。たとえば他人に辛い飲みものを飲ませて不快な経験をさせた実験において，

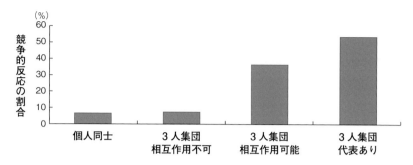

図10.2　「競争」を選択した参加者の割合（インスコら，1987をもとに作成）

参加者個々人には攻撃性に差がなくても，集団条件の参加者は個人条件の参加者よりも辛い飲みものをより多く与え，また相手からも，より多く与えられてもいました（マイヤーとハインツ，2004）。そして集団成員は，集団全体の利益を最大化する者を善き成員であると考えるので，集団のリーダーは外集団に被害を与える競争的な選択であっても，内集団の利益が大きくなるならそれを選択します（ピンターら，2007）。このように集団間葛藤では個人間での葛藤の場合よりも，相手集団は競争的だという認知と，外集団は傷つけてもよいという感覚，それに集団の役に立ちたいという気持ちが強まるので，相手に対する危害が強まるのです。

集団間バイアス

　サムナー（1906）によれば，人間はその本質において集団へと集まる種であり，ほかのあらゆる集団よりも自分の集団を好む傾向があります。この傾向は**集団間バイアス**と呼ばれていますが，とくに部族や民族集団，国家などの集団に関しては**自民族中心主義**と呼ばれています。集団間バイアスは2つの側面から構成されています。一つは内集団の成員や成果を選択的に好ましくとらえること，もう一つは外集団の成員や成果を低くとらえることです。たとえば誰を友人とするかに関して，シェリフの泥棒洞窟実験では内集団成員を友人として選んだ割合がイーグルスでは92.5%，ラトラーズでは93.6%でした。一方，子どもたちに嫌いな相手を選ばせた場合，イーグルスの95%がラトラーズのメンバーを，ラトラーズの75%がイーグルスのメンバーを選びました。熊谷（2019）においても，参加者は一貫して，内集団成員を外集団成員よりも「温

かい人」と評定していました。ただし多くの場合このような集団間バイアスは非意図的で無意識的でさえあり，本人も気づいていないことがあります（フィスク，2004）。

外集団同質視

　人々が集団成員として自分をカテゴリー化すると，内集団と外集団のそれぞれの成員に対する見方も変化します。たとえば外集団は単純でその成員はみんな類似していると認知し，一方，内集団は多様で複雑な成員から構成されていると認知するようになります。これは**外集団同質視**と呼ばれています（ボルドリィら，2007）。外集団同質視は常に生じるわけではありません。通常，不利な集団は同質的と認知され，有利な集団は多様と認知されますので（グイノートら，2002），社会的立場が弱い集団は内集団を同質的と認知することがあります（ハスラムとオークス，1995）。またアリソンとメジック（1985）は，大学での体育プログラムへの予算案についての意見を参加者に伝え，それが典型的な意見であるかを推定させました。結果は，示された意見が他大学の投票結果であると説明された参加者は，それが自分たちの大学の投票結果であると説明された参加者よりも，意見をその大学の典型的な意見だとより強く考えていました。つまり同じ情報を見せられても，外集団の情報はその成員がみんな同じように考えているととらえられやすいというわけです。

究極の帰属のエラー

　集団間葛藤状態では，外集団成員の行動に対してなぜそのようなことをしたのかという原因帰属に対しても認知的バイアスが生じます。具体的には外集団が他人に暴力を振うといったネガティブな行いは，性格など内的要因に帰属される傾向があります。これは**究極の帰属エラー**と呼ばれています（ヒューストン，1990；ペティグルー，2001）。それに対して，外集団成員がポジティブな行動をした場合には，強制など外的要因に帰属され，例外的なものとして扱われます。また集団間バイアスは言語活動にも見られます。内集団成員のネガティブな行動は具体的に，たとえば「アンナは涙を流した」というように描写されます。それに対して外集団が同じことをした場合は「アンナは赤ん坊のようだった」とより抽象的に描写されます。反対にポジティブな行動は，内集団

の場合は抽象的に，外集団の場合は具体的に記述される傾向があります（カーナギら，2008；マース，1999）。

■ 道徳的排除と非人間化

　集団間葛藤が激化するにつれて集団間バイアスが強まると，人々は内集団を外集団よりも道徳的に優れ，外集団は人間以下であると認知するようになります（バンデューラ，1999；レイエンスら，2003）。これは自分たちの暴力行為を被害者の行動，意図，特徴に帰属して正当化するためです。その結果，加害者は相手に対する道徳的関心を払わなくなります（ストーブ，1990）。これは**道徳的排除**と呼ばれています。また相手を1人の人間として扱うことを止めることもあり，これは**非人間化**と呼ばれています（第6章参照）。非人間化の特徴は，外集団に人間の本質的性質が備わっていないと認知することです。たとえば文化や高尚さ，高度な道徳規範，合理的思考能力など人間独自の特徴は内集団成員だけのもので，外集団成員にはそれが備わっていないと考えます（ハスラム，2006）。また人々は非人間化によって，外集団は粗雑で原始的な感情，たとえば怒りや恐怖などは感じるが，より人間的な感情である罪悪感や希望などは感じないと認知するようになり（デモウリンら，2004；レイエンスら，2003），それによって外集団に対する攻撃も強くなります（バンデューラら，1975）。

コラム●テロリストの心理

　「狂信的テロリスト」という表現があるように，テロリストには異常者というイメージがあります。確かに大勢の人々を無差別に巻き込んで自爆するというのは通常の人々には理解しがたい行いです。しかしそのような行動にいたる心理は，普通の人々が経験する社会心理的影響の結果として生じる側面があるのです。たとえば権威者による自爆テロ正当化の言説に繰返し触れることで，テロへの支持的な態度が形成されます。またテロ組織がテロ行為を決意した人に家族や友人宛の遺書を書かせたり，共同体がテロリストの家族に対する援助と名誉を与えたりすることは，テロ行為を途中で放棄することを困難にします（クルグランスキーら，2011）。テロ対策には，これら社会心理的影響を考慮することが必要です。

10.3 集団間葛藤解決

■ 集団間接触

　集団間葛藤が私たちの安全と平和を脅かす大きな問題である以上，それは解決されるべきです。ではどのようにすれば集団間葛藤は解決できるでしょうか。集団同士が互いに偏見を持っていて，それが葛藤の原因であるならば，その偏見や誤解を解消することが集団間葛藤の解決に有効だと考えられます。誤解を解くためには，外集団が本当はどのような人々かを知る機会を設ければよいと思うかもしれませんが，現実にはこれはうまくいきません。実際，人種差別をなくそうと人種によって分けられた学校の生徒同士を接触させても，偏見は低下しませんでした（ジェラード，1983）。海外留学は異文化への理解を高めると思われていますが，実際には留学生が留学先の国をネガティブに見るようになることもあります（スタンゴアら，1996）。しかしうまくやれば集団間の接触経験は，集団間葛藤を弱めるのに効果的であることも知られています。それでは成功する**集団間接触**とはどのようなものでしょうか。

　集団間接触によって葛藤が弱まるのは，それによって外集団に対する不安が低下し，その結果外集団に対するポジティブな態度が形成されるためです（ブラウンとヒューストン，2005）。そのためには平等な地位（学歴，富，技術，経験の差を最小化する），個人的相互作用（接触が非公式で個人的），支援的規範（友好的，援助的，平等主義的態度と集団間比較の禁止，自集団の権威による推奨），協力（両集団は共通目標に向けてともに働く）といった条件を満たす必要があります（オルポート，1954；ペティグルーとトロッペ，2000；2006）。

■ 拡張接触

　集団間接触は集団間葛藤を弱めるのに有効ですが，そもそも接触機会をどのように設けるかという大きな問題があります。つまり両集団を接触させること自体がとても困難な場合には，集団間の不安の解消や友好的態度を作ることも難しくなります。しかし最近の研究では，集団間葛藤の解決には必ずしも成員同士が直接接触する必要はないことが報告されています。ライトら（1997）は

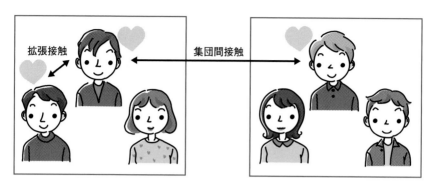

図 10.3　集団間接触と拡張接触（ライトら，1997 をもとに作成）
両端矢印は友情関係，ハートは外集団に対するポジティブな態度を表す。

外集団成員と友人関係にある内集団成員がいるという知識だけで，人々の集団間バイアスが低減することを報告しています。このような接触効果は**拡張接触**と呼ばれています（**図 10.3**）。

　ライトら（1997）の実験では，最初に集団の結束を高めるために成員同士で共同作業を行いました。次に別の集団と競争課題を行いましたが，集団間葛藤を強めるために参加者は，必ず外集団からネガティブな評価を受けるようになっていました。その後各集団の中から代表 1 名が選ばれ，代表同士が親密になる課題を行った後，代表はもとの集団へと戻り内集団成員同士で話し合う機会を設けました。その結果，最初の段階で見られた集団間バイアスが，最後の話し合いの後では低下していました。これは集団から選ばれた者同士が親密になり，それぞれの内集団成員にそれを伝えたため，外集団に対するポジティブな情報が伝わり，不安を低下させた結果であると考えられます。このように拡張接触の利点は，友好的な外集団との関係を直接経験する必要がないという点です。

■ 想 像 接 触

　拡張接触は，接触機会が限られている場合でも集団間葛藤の解決に役立ちますが，それではほとんど接触機会のない相手に対してはどうしたらよいでしょうか。実は実際に集団間接触をしていなくても，人々が良好な集団間接触を

想像するだけで集団間バイアスが低減するという興味深い研究結果が報告されています。クリスプとターナー（2009）はこれを**想像接触**と呼びました。ポジティブな集団間接触を想像することが，外集団成員への好意的感情や将来の良好な接触に対する予測を生み，外集団成員に対する不安を和らげます。そのため外集団成員に対するネガティブな態度も弱まるのです。このことを検証するために，ターナーら（2007）は大学生参加者に年配者との交流場面を想像させ，そのときにどのように感じるかを記述させました。その後で今後別の研究をする際には年配者と若者のどちらがよいかを尋ねたところ，年配者との相互作用を想像した参加者はそのような想像をしなかった参加者と比べ，若者と年配者（大学生にとっては外集団成員）のどちらでも構わないと回答する割合が多くなっていました。この結果は，想像接触が「一緒に実験するなら内集団成員（つまり若者）のほうがよい」という集団間バイアスを低減させたことを示しています。

■脱カテゴリー化

　人々が集団に所属している成員を「集団の一員」ではなく，「単なる一個人」ととらえるようになることを**脱カテゴリー化**，あるいは**個人化**といいます。（ブリューワー，2007）。このような脱カテゴリー化には集団間葛藤を弱める効果があります。たとえば外集団成員同士で意見が一致していないことを知ると，外集団同質視は低下し，外集団に対する脱カテゴリー化が起こります。その結果集団間バイアスは低下し（ワイルダー，1986），集団間葛藤も弱まります。

■再カテゴリー化

　集団間葛藤を解決するためには，対立する 2 つの集団を何らかの共通点から 1 つの集団として認識することが効果的と考えられます。たとえば「白人」と「黒人」では対立しても，「アメリカ人」という共通性を強く意識することで相手を外集団成員ではなく内集団成員と認知するようになり，その結果敵意が低下するというわけです。この点を検証したのがガートナーとドヴィディオ（2000）の**共通内集団アイデンティティモデル**です。このモデルでは集団成員のイメージを，2 つの集団から 1 つの共通内集団カテゴリーへ変えさせることを提案しています。これを**再カテゴリー化**といいます。再カテゴリー化は葛

藤の原因となる認知的要因を減らすと同時に，それぞれの集団成員がもともと持っていたアイデンティティの保持も可能にします。そのため自身のアイデンティティに対する脅威を感じることなく，外集団との協力的関係を作ることができます。

交差カテゴリー化

　人々は日常生活においてさまざまな集団に属しているので，さまざまな社会的アイデンティティを持っています。そのため集団間葛藤の原因となるのは，複数ある社会的アイデンティティの中の，特定の社会アイデンティティであるといえます。そこで問題となる社会的アイデンティティから別の社会的アイデンティティへと人々の注意を向けさせることで，集団間葛藤は弱まると考えられます（クリスプとヒューストン，2007）。また，人間の認知能力には限界があるので，複数の社会的アイデンティティへと意識を分散させることは，その社会的アイデンティティによる効果を弱め，結果として集団間バイアスを低下させます。さらに複数の社会的アイデンティティの一部を外集団と共有可能なものにすると，差別や偏見が低下します。この自己カテゴリー化の複雑化を**交差カテゴリー化**といいます（クリスプとヒューストン，2007；図10.4）。ただし交差カテゴリー化には自集団や外集団に対する複雑な認知が必要なので，その余裕があるときにしか使えないという欠点があります。

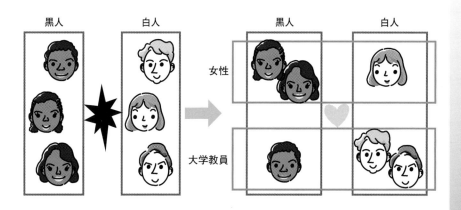

図 10.4　**交差カテゴリー化**（クリスプとヒューストン，2007 をもとに作成）

10.4　集団間葛藤解決とその障碍

■ 文化の影響

　集団間葛藤を解決しようとしても，それがスムーズに進むわけではなく，葛藤の当事者はさまざまな障碍_{がい}に直面します。その中でも厄介な障碍として文化の影響が考えられます。葛藤を暴力的な手段で解決することが文化的に推奨されている場合，葛藤を譲歩や妥協による解決が人々の支持を得るのは難しいでしょう。

　暴力的葛藤の文化については，ニスベットとコーエン（1996）による**名誉の文化**に関する研究が有名です（**図 10.5**）。彼らはアメリカ南部における，名誉に関する規範に注目しました。アメリカ南部の殺人率はほかの地域の 3 倍にも達していましたが，彼らはその原因が南部の歴史から生まれた文化にあると考えました。ヨーロッパ人がアメリカ南部に移民してきた当時，公的機関に保護を頼むことができなかったため，自分の力で自分の財産を守る必要があり，その場合には暴力的報復が有効でした。時が経ち公的機関の保護が得られるようになっても，南部には自分の家や財産を暴力的に守ることは賞賛されるべき，という名誉の文化が残りました。実際には南部人がほかの地域と比べても暴力を望ましいことと考えているわけではないのですが，自己防衛や侮辱に対する暴力を推奨する傾向があります。厄介なことに，この名誉の文化は南部人に暴力の普遍性に関する錯覚を与えました。たとえば名誉を傷つけられると他人は暴力的に振る舞うだろうと予想したり，他人の曖昧な行動を自分に対する脅威と知覚するようになりました。結果として南部人はお互いに対して暴力的な社

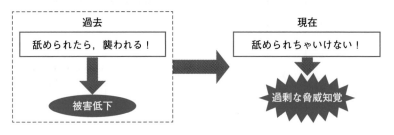

図 10.5　**名誉の文化が生じた過程**（ニスベットとコーエン，1996 をもとに作成）

会を作ってしまったのです。

■ 集団的記憶

　いじめなど他人から不快な目に遭わされた記憶は，加害者に対する憎しみを生み，悪化した両者の関係をいつまでも持続させます。同様に集団として被害を受けた人たちは，その経験を集合的に記憶し，それが加害者集団に対する報復動機を維持するので，**集団的記憶**は集団間葛藤を解決する際の障碍となります。この集団的記憶は，個人的な被害の記憶と異なるさまざまな特徴を持っています。まず集団的記憶を共有する者同士という形で，集団間の境界線が強調されます。集団間カテゴリーの強調は集団間の差異を強調し，その結果人々は自集団の優位性を強く意識するようになり，それが外集団に対する差別的態度を強めます（メジックとスミス，2002）。次に集団的記憶は，現在の集団間関係に対する知覚や認知に影響を与えます。「過去の歴史において，平和主義を装って攻撃してきたのだから，今回の平和的な発言も信用できない」と解釈するようになるわけです。その結果外集団の行動がすべて信用できず脅威として知覚されるので，平和的な話合いが進まなくなります（バル＝タル，2007）。さらに集団的記憶が引き起こす恐怖や脅威が，外集団に対する攻撃を動機づけ，またその攻撃を正当化するのに役立ちます。たとえば2001年の同時多発テロや真珠湾攻撃を思い出したアメリカ人参加者は，アメリカとは無関係の歴史的出来事（第2次世界大戦でのポーランド人の被害）を思い出したアメリカ人参加者よりも，イラクでのアメリカ兵による加害行為を正当化し，罪悪感も弱い傾向が見られました（ウォールとブランスコム，2008）。

　この集団的記憶は，集団間葛藤の直接の被害者以外でも共有できるという特徴があります。人々は学校での歴史教育や文化教育を通じて集団間葛藤に関する記憶，とくに屈辱的な被害者としての記憶を獲得します。またテレビなどのメディアを通して繰返し取り上げられることで，集団的記憶は世代を超えて受け継がれます。そのため集団間葛藤後の新しい取組みが必要なとき，集団的記憶は人々に長期的影響を与える，非常に厄介な問題となります。

■ 集団間感情

　人々は外集団に対してネガティブな感情反応を見せることがあります。ただ

しそれは非言語的で，どちらかといえば苛立ちに近いものです（ドヴィディオ
ら，2004）。さらに集団は集団間文脈によって特定の感情を示すこともありま
す。代表的なものとしては社会的地位が挙げられ，**集団間感情理論**によれば，
ほかの集団よりも低い地位にある集団の成員は，高い地位にある集団の成員と
は異なる集団間感情を抱きます（スミスとマッキー，2005）。たとえば恐怖や
嫉妬は低地位集団に典型的な感情であり，軽蔑や怒りは高地位集団によく見ら
れる感情です。

　オルポート（1954）は「怒りは伝統的に個人に対してのみ向けられるが，憎
悪は集団に対して向けられる」と述べました。憎悪は，恐怖やほかの感情より
も外集団に対する暴力を生む原因となります。通常，憎悪は外集団が内集団に
対して行った過去の加害行為を，意図的で邪悪な性質によって生じたと信じて
いるときに表出され，外集団への危害，悪行，身体的暴力を擁護します。それ
に対して恐怖や怒りは，一見集団間葛藤を悪化させるように思われますが，恐
怖は外集団を回避する傾向を，怒りは外集団への関心を強めるので，集団間関
係を向上させる取組みへの支持を強めるという側面もあります（ハルペリン，
2008）。

■和　解

　戦争や民族紛争，宗教対立などの大規模で複雑な集団間葛藤が「解決」した
といえるのは，単に互いが暴力によって危害を加えることを止めたり，非難し
合うことを止めたりするということではありません。確かにそれは集団間葛藤
の解決にとって重要かつ必要なステップですが，その最終的な目的は**和解**に達
することです。和解とは，葛藤に関与した社会の成員の動機，目標，信念，態
度，感情を変え，さらに葛藤当事者間の関係性と当事者自身を変えることです
（バル=タル，2011）。それは葛藤していた集団同士が互いに相手の存在を尊重
し，受け入れ，信頼し合い，平和的な関係や相手に対するポジティブな態度を
とるよう動機づけられ，相手の欲求や関心に配慮することによって初めて達成
することができます（バル=タル，2009）。

　この和解を達成しようとする際に，上述の文化，集団的記憶，集団間感情が
障碍となります（図 10.6）。集団間での和解を成立させるためには，個々人の

図 10.6　和解の障碍となる社会心理的要因

　取組みも重要ですが，社会全体での取組みも必要になります。たとえば国家レベルでの賠償や謝罪などがそれに当たります。このような国家レベルでの決定には国民の支持が必要となりますが，集団間葛藤を維持してきた文化は全国民に影響を与えますので，和解のための方針転換の際に強力な障碍となります。たとえば第 2 次世界大戦の終結後，日本人が急速な態度の変更を迫られたときに多くの人が混乱し，抵抗したことはその一例といえるでしょう。

　また集団的記憶も和解にとって大きな障碍となります。和解が成立するためには被害者が報復を諦め，受けた被害についての責任を加害者にこれ以上問わず，過去を水に流すことが必要です。しかし人々の被害者としての集団的記憶は，世代を超えて受け継がれていくため，非常に多くの人々に態度の変更を迫る必要が出てきます。さらに集団的記憶によって集団の団結が強まるなど自集団にとって有益な効果も多いので，それを改めることに多くの集団は抵抗します。そのため集団的記憶の影響を取り除き，和解への道を進むためには，学校教育などによる長期的な取組みが必要となります。

　そして集団間感情も和解のためには克服しなくてはならない大きな問題です。和解にとって重要な感情は赦しです。これは相手の加害行為をきれいに忘れるということではなく，加害行為に対する責任追及を止めることです。もう一つは希望であり，それによって将来のために現在抱えている憎悪や怒りを抑えようという動機が生じます。これらの感情によって相手に対する尊敬や信頼を持つようになり，集団間の和解が可能になるのです。

■ 復 習 問 題 ■

1. 「内集団ひいき」とは何か。具体的にはどのようなことが生じるのか，説明しなさい。

2. 集団間葛藤が激化するときに生じる認知的変化には何があるか。その変化が葛藤に与える影響を含めて説明しなさい。

3. 集団間接触にはどのような種類があるか。それぞれが集団間葛藤を解決する過程も含めて説明しなさい。

4. 集団間の和解はどのようにして達成できるか。その障碍と克服方法を交えて説明しなさい。

引用文献

第 1 章

Andrews, P. W.(2001). The psychology of social chess and the evolution of attribution mechanisms: Explaining the fundamental attribution error. *Evolution and Human Behavior, 22*, 11-29.

Bargh, J. A.(1997). The automaticity of everyday life. In R. S. Wyer, Jr.(Ed.), *The automaticity of everyday life: Advances in social cognition.* Vol. 10(pp.1-61). Erlbaum.

Bargh, J. A., & Pietromonaco, P.(1982). Automatic information processing and social perception: The influence of trait information presented outside of conscious awareness on impression formation. *Journal of Personality and Social Psychology, 43*, 437-449.

Blair, I. V., & Banaji, M.(1996). Automatic and controlled processes in stereotype priming. *Journal of Personality and Social Psychology, 70*, 1142-1163.

Brewer, M. B.(1988). A dual process model of impression formation. In T. K. Srull, & R. S. Wyer, Jr.(Eds.), *Advances in social cognition.* Vol. 1(pp.1-36). Erlbaum.

Cesario, J., Plaks, J.E., & Higgins, E. T.(2006). Automatic social behavior as motivated preparation to interact. *Journal of Personality and Social Psychology, 90*, 893-910.

Darley, J. M., & Gross, P. H.(1983). A hypothesis-confirming bias in labeling effects. *Journal of Personality and Social Psychology, 44*, 20-33.

Fiske, S. T., & Neuberg, S. L.(1990). A continuum of impression formation, from category-based to individuating processes: Influences of information and motivation on attention and interpretation. In M. P. Zanna(Ed.), *Advances in experimental social psychology.* Vol. 23(pp. 1-74). Academic Press.

Fiske, S. T., & Taylor, S. E.(1991). *Social cognition*(2nd ed.). McGraw-Hill.

Fiske, S. T., & Taylor, S. E.(2008). *Social cognition: From brains to culture.* McGraw-Hill.
（フィスク，S. T.・テイラー，S. E. 宮本 聡介・唐沢 穣・小林 知博・原 奈津子（編訳）(2013). 社会的認知研究——脳から文化まで—— 北大路書房）

Galinsky, A. D., & Moskowitz, G. B.(2000). Perspective-taking: Decreasing expression, stereotype accessibility, and in-group favoritism. *Journal of Personality and Social Psychology, 78*, 708-724.

Gigerenzer, G.(2007). *Gut feelings: The intelligence of the unconscious.* Viking Press.
（ギガレンツァー，G. 小松 淳子（訳）(2010). なぜ直感のほうが上手くいくのか？——無意識の知性が決めている—— インターシフト）

Gilbert, D. T.(1998). Ordinary personology. In D. T. Gilbert, S. T. Fiske, & L. Lindzey(Eds.), *The handbook of social psychology*(4th ed.). Vol. 2(pp.89-150). McGraw-Hill.

Gilbert, D. T., Pelham, B. W., & Krull, D. S.(1988). On cognitive busyness: When person perceivers meet persons perceived. *Journal of Personality and Social Psychology, 54*, 733-740.

Haselton, M. G., & Buss, D. M.(2000). Error management theory: A new perspective on biases in cross-sex mind reading. *Journal of Personality and Social Psychology, 78*, 81-91.

Higgins, E. T., Rholes, W. S., & Jones, C. R.(1977). Category accessibility and impression formation. *Journal of Experimental Social Psychology, 13*, 141-154.

Jones, E. E., & Davis, K. E.（1965）. From acts to dispositions: The attribution process in person perception. In L. Berkowitz（Ed.）, *Advances in experimental social psychology*. Vol. 2（pp. 220-266）. Academic Press.

Jones, E. E., & Harris, V. A.（1967）. The attribution of attitudes. *Journal of Experimental Social Psychology, 3*, 1-24.

Jones, E. E., & Nisbett, R. E.（1971）. The actor and the observer: Divergent perceptions of the causes of behavior. In E. E. Jones, D. E. Kanouse, H. H. Kelley, R. E. Nisbett, S. Valins, & B. Weiner（Eds.）, *Attribution: Perceiving the causes of behavior*（pp.79-94）. General Learning Press.

Kahneman, D., & Tversky, A.（1973）. On the psychology of prediction. *Psychological Review, 80*, 237-251.

Kelley, H. H.（1950）. The warm-cold variable in first impressions of persons. *Journal of Personality, 18*, 431-439.

北村 英哉（2013）. 社会的プライミング研究の歴史と現況——特性プライミング，目標プライミング，評価プライミング，感情プライミング，マインドセット・プライミングの研究動向—— 認知科学, *20*, 293-306.

Lichtenstein, S., Slovic, P., Fischhoff, B., Layman, M., & Combs, B.（1978）. Judged frequency of lethal events. *Journal of Experimental Psychology: Human Learning and Memory, 4*, 551-578.

Malle, B. F.（2006）. The actor-observer asymmetry in attribution: A（surprising）meta-analysis. *Psychological Bulletin, 132*, 895-919.

尾崎 由佳（2010）. 社会的判断と行動の自動性　村田 光二（編）現代の認知心理学6　社会と感情（pp.23-48）　北大路書房

Todorov, A., & Uleman, J. S.（2004）. The person reference process in spontaneous trait inferences. *Journal of Personality and Social Psychology, 87*, 482-493.

Tversky, A., & Kahneman, D.（1974）. Judgment under uncertainty: Heuristics and biases. *Science, 185*, 1124-1131.

Willis, J., & Todorov, A.（2006）. First impressions: Making up your mind after 100 ms exposure to a face. *Psychological Science, 17*, 592-598.

第2章

Bless, H., Bohner, G., Schwarz, N., & Strack, F.（1990）. Mood and persuasion: A cognitive response analysis. *Personality and Social Psychology Bulletin, 16*, 331-345.

Bodenhausen, G. V., Kramer, G. P., & Süsser, K.（1994）. Happiness and stereotypic thinking in social judgment. *Journal of Personality and Social Psychology, 66*, 621-632.

Bower, G. H.（1981）. Mood and memory. *American Psychologist, 36*, 129-148.

Bower, G. H., Gilligan, S. G., & Monteiro, K. P.（1981）. Selectivity of learning caused by affective states. *Journal of Experimental Psychology: General, 110*, 451-473.

Brotheridge, C. M., & Grandey, A. A.（2002）. Emotional labor and burnout: Comparing two perspectives of "people work". *Journal of Vocational Behavior, 60*, 17-39.

Buck, R.（1980）. Nonverbal behavior and the theory of emotion: The facial feedback hypothesis. *Journal of Personality and Social Psychology, 38*, 811-824.

Coles, N. A., Larsen, J. T., & Lench, H. C.（2019）. A meta-analysis of the facial feedback literature: Effects of facial feedback on emotional experience are small and variable. *Psychological Bulletin, 145*, 610-651.

Cosmides, L., & Tooby, J. (2000). Evolutionary psychology and the emotions. In M. Lewis, & J. M. Haviland-Jones (Eds.), *Handbook of emotions* (pp.91-115). Guilford Press.

Davis, C. G., Nolen-Hoeksema, S., & Larson, J. (1998). Making sense of loss and benefiting from the experience: Two construals of meaning. *Journal of Personality and Social Psychology, 75*, 561-574.

Dutton, D. G., & Aron, A. P. (1974). Some evidence for heightened sexual attraction under conditions of high anxiety. *Journal of Personality and Social Psychology, 30*, 510-517.

遠藤 利彦 (2013). 「情の理」論──情動の合理性をめぐる心理学的考察── 東京大学出版会

Fiske, S. T., & Taylor, S. E. (2008). *Social cognition: From brains to culture.* McGraw-Hill.
（フィスク, S. T.・テイラー, S. E. 宮本 聡介・唐沢 穣・小林 知博・原 奈津子（編訳）(2013). 社会的認知研究──脳から文化まで── 北大路書房）

Forgas, J. P. (1995). Mood and judgment: The affect infusion model (AIM). *Psychological Bulletin, 117*, 39-66.

Forgas, J. P., & Moylan, S. J. (1987). After the movies: Transient mood and social judgments. *Personality and Social Psychology Bulletin, 13*, 467-477.

Frank, R. H. (1988). *Passions within reason: The strategic role of the emotions.* Norton.
（フランク, R. H. 山岸 俊男（監訳）(1995). オデッセウスの鎖──適応プログラムとしての感情── サイエンス社）

Friedman, H. S., & Booth-Kewley, S. (1987). The "disease-prone personality": A meta-analytic view of the construct. *American Psychologist, 42*, 539-555.

Gilovich, T., & Medvec, V. H. (1995). The experience of regret: What, when, and why. *Psychological Review, 102*, 379-395.

Grandey, A. A. (2003). When the "show must go on": Surface acting and deep acting as determinants of emotional exhaustion and peer-rated service delivery. *Academy of Management Journal, 46*, 86-96.

Harvey, J. H. (2000). *Give sorrow words: Perspectives on loss and trauma.* Brunner/Mazel.
（ハーヴェイ, J. H. 安藤 清志（監訳）(2002). 悲しみに言葉を──喪失とトラウマの心理学── 誠信書房）

Hochschild, A. R. (1983). *The managed heart: Commercialization of human feeling.* University of California Press.
（ホックシールド, A. R. 石川 准・室伏 亜季（訳）(2000). 管理される心──感情が商品になるとき── 世界思想社）

Isen, A. M., & Means, B. (1983). The influence of positive affect on decision-making strategy. *Social Cognition, 2*, 18-31.

Isen, A. M., Shalker, T. E., Clark, M. S., & Karp, L. (1978). Affect, accessibility of material in memory and behavior: A cognitive loop? *Journal of Personality and Social Psychology, 36*, 1-12.

Johnston, V. S. (1999). *Why we feel: The science of human emotions.* Perseus Books.
（ジョンストン, V. S. 長谷川 真理子（訳）(2001). 人はなぜ感じるのか？ 日経BP社）

木村 晴（2006）．感情の制御 北村 英哉・木村 晴（編）感情研究の新展開 ナカニシヤ出版 pp.193-210.

北村 英哉（2003）．認知と感情——理性の復権を求めて—— ナカニシヤ出版

北村 英哉・木村 晴（2006）．感情研究の新たな意義 北村 英哉・木村 晴（編）感情研究の新展開（pp. 3-19） ナカニシヤ出版

Laird, J. D. (1974). Self-attribution of emotion: The effects of expressive behavior on the quality of emotional experience. *Journal of Personality and Social Psychology, 29*, 475-486.

Matsumoto, D. (1987). The role of facial response in the experience of emotion: More methodological problems and a meta-analysis. *Journal of Personality and Social Psychology, 52*, 769-774.

Muraven, M., Tice, D. M., & Baumeister, R. F. (1998). Self-control as limited resource: Regulatory depletion patterns. *Journal of Personality and Social Psychology, 74*, 774-789.

Nasco, S. A., & Marsh, K. L. (1999). Gaining control through counterfactual thinking. *Personality and Social Psychology Bulletin, 25*, 556-568.

Nolen-Hoeksema, S., & Morrow, J. (1993). Effects of rumination and distraction on naturally occurring depressed mood. *Cognition and Emotion, 7*, 561-570.

Oatley, K. (1992). *Best laid schemes: The psychology of emotions.* Cambridge University Press.

Roese, N. (2005). *If only: How to turn regret into opportunity.* Broadway Books.
（ローズ，N. 村田 光二（監訳）（2008）．後悔を好機に変える——イフ・オンリーの心理学—— ナカニシヤ出版）

Roseman, I. J. (1991). Appraisal determinants of discrete emotions. *Cognition and Emotion, 5*, 161-200.

Schwarz, N. (1990). Feelings as information: Informational and motivational functions of affective states. In E. T. Higgins, & R. M. Sorrentino (Eds.), *Handbook of motivation and cognition: Foundations of social behavior.* Vol. 2 (pp.527-561). Guilford Press.

Schwarz, N., & Clore, G. L. (1983). Mood, misattribution, and judgments of well-being: Informative and directive functions of affective states. *Journal of Personality and Social Psychology, 45*, 513-523.

Schwarz, N., & Clore, G. L. (1988). How do I feel about it? The informative function of affective states. In K. Fiedler, & J. P. Forgas (Eds.), *Affect, cognition and social behavior* (pp.44-62). Hogrefe.

Smith, C. A., & Ellsworth, P. C. (1985). Patterns of cognitive appraisal in emotion. *Journal of Personality and Social Psychology, 48*, 813-838.

Snyder, M., & White, P. (1982). Moods and memories: Elation, depression, and the remembering of the events of one's life. *Journal of Personality, 50*, 142-167.

Speisman, J. C., Lazarus, R. S., Mordkoff, A., & Davison, L. (1964). Experimental reduction of stress based on ego defense theory. *Journal of Abnormal and Social Psychology, 68*, 367-380.

Tangney, J. P. (1995). Shame and guilt in interpersonal relationships. In J. P. Tangney, & K. W. Fischer (Eds.), *Self-conscious emotions: The psychology of shame, guilt, embarrassment, and pride* (pp.114-139). Guilford Press.

Wegner, D. M., Schneider, D. J., Carter, S., & White, T. (1987). Paradoxical effects of thought suppression. *Journal of Personality and Social Psychology, 53*, 5-13.

Zillmann, D., & Bryant, J. (1974). Effect of residual excitation on the emotional response to provocation and delayed aggressive behavior. *Journal of Personality and Social Psychology*, *30*, 782-791.

第3章

Agha, S. (2003). The impact of a mass media campaign on personal risk perception, perceived self-efficacy and on other behavioural predictors. *AIDS Care*, *15*, 749-762.

Apsler, R., & Sears, D. O. (1968). Warning, personal involvement, and attitude change. *Journal of Personality and Social Psychology*, *9*, 162-166.

Bornstein, R. F., & D'Agostino, P. R. (1992). Stimulus recognition and the mere exposure effect. *Journal of Personality and Social Psychology*, *63*, 545-552.

Brehm, J. W. (1956). Postdecision changes in the desirability of alternatives. *Journal of Abnormal and Social Psychology*, *52*, 384-389.

Chaiken, S., Liberman, A., & Eagly, A. H. (1989). Heuristic and systematic processing within and beyond the persuasion context. In J. S. Uleman, & J. A. Bargh (Eds.), *Unintended thought* (pp.212-252). Guilford.

Festinger, L. (1957). *A theory of cognitive dissonance*. Stanford University Press.

Festinger, L., & Carlsmith, J. M. (1959). Cognitive consequences of forced compliance. *Journal of Abnormal and Social Psychology*, *58*, 203-211.

Fiske, S. T., & Taylor, S. E. (1991). *Social cognition* (2nd ed.). McGraw-Hill.

Gerbner, G. (1973). Cultural indicators: The third voice. In G. Gerbner, L. P. Gross, & W. H. Melody (Eds.), *Communications technology and social policy* (pp.555-573). John Wiley & Sons.

Gleicher, F., & Petty, R. E. (1992). Expectations of reassurance influence the nature of fear-stimulated attitude change. *Journal of Experimental Social Psychology*, *28*, 86-100.

Heath, L., & Gilbert, K. (1996). Mass media and fear of crime. *American Behavioral Scientist*, *39*, 379-386.

Heider, F. (1958). *The psychology of interpersonal relations*. Wiley.

Hovland, C. I., Janis, I. L., & Kelley, H. H. (1953). *Communication and persuasion: Psychological studies of opinion change*. Yale University Press.

Hovland, C. I., & Weiss, W. (1951). The influence of source credibility on communication effectiveness. *Public Opinion Quarterly*, *15*, 635-650.

Iyengar, S., Peters, M. D., & Kinder, D. R. (1982). Experimental demonstrations of the "not-so-minimal" consequences of television news programs. *The American Political Science Review*, *76* (4), 848-858.

Janis, I. L., & Feshbach, S. (1953). Effects of fear-arousing communications. *Journal of Abnormal and Social Psychology*, *48*, 78-92.

Jeong, S-H., Cho, H., & Hwang, Y. (2012). Media literacy interventions: A meta-analytic review. *Journal of Communication*, *62*, 454-472.

唐沢 穣 (2010). 態度と態度変化——感じ考えたことが行動となって現れる——　池田 謙一・唐沢 穣・工藤 恵理子・村本 由紀子 (編著) 社会心理学 (pp.137-158)　有斐閣

木村 堅一・深田 博己 (1996). エイズ患者・HIV 感染者に対する偏見に及ぼす恐怖——脅威アピールのネガティブな効果——　広島大学教育学部紀要, 第一部, 心理学, *44*, 67-74.

Lazarsfeld, P. F., Berelson, B., & Gaudet, H.（1944）. *The people's choice: How the voter makes up his mind in a presidential campaign.* Columbia University Press.

Maheswaran, D., Mackie, D. M., & Chaiken, S.（1992）. Brand name as a heuristic cue: The effects of task importance and expectancy confirmation on consumer judgments. *Journal of Consumer Psychology, 1,* 317-336.

McCombs, M. E., & Shaw, D. L.（1972）. The agenda-setting function of mass media. *Public Opinion Quarterly, 36,* 176-187.

McGuire, W. J., & Papageorgis, D.（1961）. The relative efficacy of various types of prior belief-defense in producing immunity against persuasion. *Journal of Abnormal and Social Psychology, 62,* 327-337.

Nellis, A. M., & Savage, J.（2012）. Does watching the news affect fear of terrorism? The importance of media exposure on terrorism fear. *Crime and Delinquency, 58,* 748-768.

Niederkrotenthaler, T., Braun, M., Pirkis, J., Till, B., Stack, S., Sinyor, M., …Spittal, M. J.（2020）. Association between suicide reporting in the media and suicide: Systematic review and meta-analysis. *BMJ* 2020;368:m575.

Niederkrotenthaler, T., Till, B., Kirchner, S., Sinyor, M., Braun, M., Pirkis, J., …Spittal, M. J.（2022）. Effects of media stories of hope and recovery on suicidal ideation and help-seeking attitudes and intentions: Systematic review and meta-analysis. *The Lancet Public Health, 7,* e156-e168.

O'Keefe, D. J.（1999）. How to handle opposing arguments in persuasive messages: A meta-analytic review of the effects of one-sided and two-sided messages. *Communication Yearbook, 22,* 209-249.

Petty, R. E., & Cacioppo, J. T.（1979）. Effects of forewarning of persuasive intent and involvement on cognitive responses and persuasion. *Personality and Social Psychology Bulletin, 5,* 173-176.

Petty, R. E., Cacioppo, J. T., & Goldman, R.（1981）. Personal involvement as a determinant of argument-based persuasion. *Journal of Personality and Social Psychology, 41,* 847-855.

Petty, R. E., Kasmer, J. A., Haugtvedt, C. P., & Cacioppo, J. T.（1987）. Source and message factors in persuasion: A reply to stiff's critique of the elaboration likelihood model. *Communication Monographs, 54,* 233-249.

斉藤 慎一（1992）. 培養理論再考　新聞学評論, *41,* 170-183.

斉藤 慎一（2002）. テレビと現実認識――培養理論の新たな展開を目指して――　マス・コミュニケーション研究, *60,* 19-43.

Schwarz, N., Bless, H., & Bohner, G.（1991）. Mood and persuasion: Affective states influence the processing of persuasive communications. In M. P. Zanna（Ed.）, *Advances in experimental social psychology.* Vol. 24（pp.161-199）. Academic Press.

Sueki, H., & Ito, J.（2015）. Suicide prevention through online gatekeeping using search advertising techniques: A feasibility study. *Crisis: The Journal of Crisis Intervention and Suicide Prevention, 36,* 267-273.

鈴木 みどり（編）（2001）. メディア・リテラシーの現在と未来　世界思想社

髙橋 あすみ・土田 毅・末木 新・伊藤 次郎（2020）. 「死にたい」と検索する者の相談を促進するインターネット広告の要素は何か？　自殺予防と危機介入, *40,* 67-74.

Tannenbaum, M. B., Hepler, J., Zimmerman, R. S., Saul, L., Jacobs, S., Wilson, K., & Albarracín,

D.（2015）．Appealing to fear: A meta-analysis of fear appeal effectiveness and theories. *Psychological Bulletin, 141*, 1178-1204.

Tyler, T. R., & Cook, F. L.（1984）．The mass media and judgments of risk: Distinguishing impact on personal and societal level judgments. *Journal of Personality and Social Psychology, 47*, 693-708.

上野 徳美（1981）．説得への抵抗に及ぼす予告の効果　心理学研究, *52*, 173-177.

Wilson, E. J., & Sherrell, D. L.（1993）．Source effects in communication and persuasion research: A meta-analysis of effect size. *Journal of the Academy of Marketing Science, 21*, 101-112.

Zajonc, R. B.（1968）．Attitudinal effects of mere exposure. *Journal of Personality and Social Psychology, 9*, 1-27.

第4章

Alloy, L. B., & Abramson, L. Y.（1979）．Judgment of contingency in depressed and nondepressed students: Sadder but wiser? *Journal of Experimental Psychology: General, 108*, 441-485.

Baldwin, M. W.（1994）．Primed relational schemas as a source of self-evaluative reactions. *Journal of Social and Clinical Psychology, 13*, 380-403.

Barclay, C. R., & Subramaniam, G.（1987）．Autobiographical memories and self schemata. *Applied Cognitive Psychology, 1*, 169-182.

Baumeister, R. F., Campbell, J. D., Krueger, J. I., & Vohs, K. D.（2003）．Does high self-esteem cause better performance, interpersonal success, happiness, or healthier lifestyles? *Psychological Science in the Public Interest, 4*, 1-44.

Baumeister, R. F., Smart, L., & Boden, J. M.（1996）．Relation of threatened egotism to violence and aggression: The dark side of high self-esteem. *Psychological Review, 103*, 5-33.

Brewer, M. B., & Gardner, W.（1996）．Who is this "We"? Levels of collective identity and self representations. *Journal of Personality and Social Psychology, 71*, 83-93.

Bosson, J. K., Swann, W. B., Jr., & Pennebaker, J. W.（2000）．Stalking the perfect measure of implicit self-esteem: The blind men and the elephant revisited? *Journal of Personality and Social Psychology, 79*, 631-643.

Cooley, C. H.（1922）．*Human nature and the social order.* Scribner.（Original work published in 1902）

Crocker, J., Luhtanen, R. K., Cooper, M. L., & Bouvrette, A.（2003）．Contingencies of self-worth in college students: Theory and measurement. *Journal of Personality and Social Psychology, 85*, 894-908.

Crocker, J., & Wolfe, C. T.（2001）．Contingencies of self-worth. *Psychological Review, 108*, 593-623.

Diener, E., & Diener, M.（1995）．Cross-cultural correlates of life satisfaction and self-esteem. *Journal of Personality and Social Psychology, 68*, 653-663.

Dunning, D., Meyerowitz, J. A., & Holzberg, A. D.（1989）．Ambiguity and self-evaluation: The role of idiosyncratic trait definitions in self-serving assessments of ability. *Journal of Personality and Social Psychology, 57*, 1082-1090.

Dweck, C. S.（1986）．Motivational processes affecting learning. *American Psychologist, 41*,

1040-1048.

遠藤 由美 (2000). 「自尊感情」を関係性からとらえ直す 実験社会心理学研究, *39*, 150-167.

Fein, S., & Spencer, S. J. (1997). Prejudice as self-image maintenance: Affirming the self through derogating others. *Journal of Personality and Social Psychology, 73*, 31-44.

Festinger, L. (1954). A theory of social comparison processes. *Human Relations, 7* (2), 117-140.

Giesler, R. B., Josephs, R. A., & Swann W. B., Jr. (1996). Self-verification in clinical depression: The desire for negative evaluation. *Journal of Abnormal Psychology, 105*, 358-368.

Greenberg, J., Porteus, J., Simon, L., Pyszczynski, T., & Solomon, S. (1995). Evidence of a terror management function of cultural icons: The effects of mortality salience on the inappropriate use of cherished cultural symbols. *Personality and Social Psychology Bulletin, 21*, 1221-1228.

Greenberg, J., Pyszczynski, T., Burling, J., Simon, L., Solomon, S., Rosenblatt, A., Lyon, D., & Pinel, E. (1992). Why do people need self-esteem: Converging evidence that self-esteem serves an anxiety-buffering function. *Journal of Personality and Social Psychology, 63*, 913-922.

Greenberg, J., Pyszczynski, T., & Solomon, S. (1986). The causes and consequences of a need for self-esteem: A terror management theory. In R. F. Baumeister (Ed.), *Public self and private self* (pp.189-212). Springer-Verlag.

Greenberg, J., Pyszczynski, T., Solomon, S., Rosenblatt, A., Veeder, M., Kirkland, S., & Lyon, D. (1990). Evidence for terror management theory II : The effects of mortality salience on reactions to those who threaten or bolster the cultural worldview. *Journal of Personality and Social Psychology, 58*, 308-318.

Greenberg, J., Schimel, J., Martens, A., Solomon, S., & Pyszcznyski, T. (2001). Sympathy for the devil: Evidence that reminding whites of their mortality promotes more favorable reactions to white racists. *Motivation and Emotion, 25*, 113-133.

Greenwald, A. G., & Farnham, S. D. (2000). Using the implicit association test to measure self-esteem and self-concept. *Journal of Personality and Social Psychology, 79*, 1022-1038.

Higgins, E. T., King, G. A., & Mavin, G. H. (1982). Individual construct accessibility and subjective impressions and recall. *Journal of Personality and Social Psychology, 43*, 35-47.

Hinkley, K., & Andersen, S. M. (1996). The working self-concept in transference: Significant-other activation and self change. *Journal of Personality and Social Psychology, 71*, 1279-1295.

Hong, Y. Y., & Chiu, C. Y. (2001). Toward a paradigm shift: From cross-cultural differences in social cognition to social-cognitive mediation of cultural differences. *Social Cognition, 19*, 181-196.

池上 知子・遠藤 由美 (2008). グラフィック社会心理学 第2版 サイエンス社

伊藤 忠弘 (1999). 社会的比較における自己高揚傾向――平均以上効果の検討―― 心理学研究, *70*, 367-374.

伊藤 忠弘 (2001). 自尊感情 山本 真理子・外山 みどり・池上 知子・遠藤 由美・北村 英哉・宮本 聡介 (編) 社会的認知ハンドブック (pp.48-49) 北大路書房

James, W. (1984). *Psychology: Briefer course.* Vol. 14. Harvard University Press. (ジェームズ, W. 今田 寛 (訳) (1992). 心理学 上・下 岩波書店)

Jordan, C. H., Spencer, S. J., & Zanna, M. P. (2005). Types of high self-esteem and prejudice:

How implicit self-esteem relates to ethnic discrimination among high explicit self-esteem individuals. *Personality and Social Psychology Bulletin, 31*, 693–702.

Jordan, C. H., Spencer, S. J., Zanna, M. P., Hoshino-Browne, E., & Correll, J. (2003). Secure and defensive high self-esteem. *Journal of Personality and Social Psychology, 85*, 969–978.

Kernis, M. H., Cornell, D. P., Sun, C. R., Berry, A., & Harlow, T. (1993). There's more to self-esteem than whether it is high or low: The importance of stability of self-esteem. *Journal of Personality and Social Psychology, 65*, 1190–1204.

Kernis, M. H., Grannemann, B. D., & Barclay, L. C. (1989). Stability and level of self-esteem as predictors of anger arousal and hostility. *Journal of Personality and Social Psychology, 56*, 1013–1022.

Kernis, M. H., Grannemann, B. D., & Mathis, L. C. (1991). Stability of self-esteem as a moderator of the relation between level of self-esteem and depression. *Journal of Personality and Social Psychology, 61*, 80–84.

Klein, R. A., Cook, C. L., Ebersole, C. R., Vitiello, C., Nosek, B. A., Hilgard, J., …Ratliff, K. A. (2022). Many Labs 4: Failure to replicate mortality salience effect with and without original author involvement. *Collabra: Psychology, 8*, 35271.

北山 忍 (1998). 自己と感情——文化心理学による問いかけ——　共立出版

Leary, M. R., Haupt, A., Strausser, K., & Chokel, J. (1998). Calibrating the sociometer: The relationship between interpersonal appraisals and state self-esteem. *Journal of Personality and Social Psychology, 74*, 1290–1299.

Leary, M. R., Tambor, E. S., Terdal, S. K., & Downs, D. L. (1995). Self-esteem as an interpersonal monitor: The sociometer hypothesis. *Journal of Personality and Social Psychology, 68*, 518–530.

Linville, P. W. (1985). Self-complexity and affective extremity: Don't put all of your eggs in one cognitive basket. *Social Cognition, 3*, 94–120.

Linville, P. W. (1987). Self-complexity as a cognitive buffer against stress-related illness and depression. *Journal of Personality and Social Psychology, 52*, 663–676.

Markus, H. (1977). Self-schemata and processing information about the self. *Journal of Personality and Social Psychology, 35*, 63–78.

Markus, H. R., & Kitayama, S. (1991). Culture and the self: Implications for cognition, emotion, and motivation. *Psychological Review, 98*, 224–253.

Markus, H., Smith, J., & Moreland, R. L. (1985). Role of the self-concept in the perception of others. *Journal of Personality and Social Psychology, 49*, 1494–1512.

Medvec, V. H., Madey, S. F., & Gilovich, T. (1995). When less is more: Counterfactual thinking and satisfaction among Olympic medalists. *Journal of Personality and Social Psychology, 69*, 603–610.

Mikulincer, M., & Florian, V. (2002). The effects of mortality salience on self-serving attributions: Evidence for the function of self-esteem as a terror management mechanism. *Basic and Applied Social Psychology, 24*, 261–271.

Mikulincer, M., Florian, V., & Hirschberger, G. (2003). The existential function of close relationships: Introducing death into the science of love. *Personality and Social Psychology Review, 7*, 20–40.

Nasco, S. A., & Marsh, K. L. (1999). Gaining control through counterfactual thinking.

Personality and Social Psychology Bulletin, 25, 557-569.

沼崎 誠（1991）．自己能力診断が可能な課題の選好を規定する要因——自己査定動機・自己高揚動機の個人差と性差—— 心理学研究，*62*，16-23．

沼崎 誠（1992）．自己能力診断が可能な課題の選好を規定する要因2——能力の統制可能性と重要性・有益性および自己能力予測—— 実験社会心理学研究，*32*，15-26．

沼崎 誠（2001）．自己確証 山本 真理子・外山 みどり・池上 知子・遠藤 由美・北村 英哉・宮本 聡介（編）社会的認知ハンドブック（pp.43） 北大路書房

沼崎 誠・工藤 恵理子（1995）．自己の性格特性の判断に関連する課題の選好を規定する要因——自己査定動機・自己確証動機—— 心理学研究，*66*，52-57．

Pyszczynski, T., Abdollahi, A., Solomon, S., Greenberg, J., Cohen, F., & Weise, D. (2006). Mortality salience, martyrdom, and military might: The Great Satan versus the Axis of Evil. *Personality and Social Psychology Bulletin, 32*, 525-537.

Rafaeli-Mor, E., & Steinberg, J. (2002). Self-complexity and well-being: A review and research synthesis. *Personality and Social Psychology Review, 6*, 31-58.

Rosenblatt, A., Greenberg, J., Solomon, S., Pyszczynski, T., & Lyon, D. (1989). Evidence for terror management theory Ⅰ: The effects of mortality salience on reactions to those who violate or uphold cultural values. *Journal of Personality and Social Psychology, 57*, 681-690.

Ryan, R. M., & Deci, E. L. (2000). Self-determination theory and the facilitation of intrinsic motivation, social development, and well-being. *American Psychologist, 55*, 68-78.

榊 美知子（2006）．自己知識の構造が気分不一致効果に及ぼす影響 心理学研究，*77*，217-226．

Schimel, J., Hayes, J., Williams, T., & Jahrig, J. (2007). Is death really the worm at the core? Converging evidence that worldview threat increases death-thought accessibility. *Journal of Personality and Social Psychology, 92*, 789-803.

Schimel, J., Simon, L., Greenberg, J., Pyszczynski, T., Solomon, S., Waxmonsky, J., & Arndt, J. (1999). Stereotypes and terror management: Evidence that mortality salience enhances stereotypic thinking and preferences. *Journal of Personality and Social Psychology, 77*, 905-926.

Solomon, S., Greenberg, J., & Pyszczynski, T. (1991). A terror management theory of social behavior: The psychological functions of self-esteem and cultural worldviews. In M. P. Zanna (Ed.), *Advances in experimental social psychology*. Vol. 24 (pp.93-159). Academic Press.

Swann, W. B., Jr., Rentfrow, P. J., & Guinn, J. S. (2003). Self-verification: The search for coherence. In M. R. Leary, & J. P. Tangney (Eds.), *Handbook of self and identity* (pp.367-383). Guilford Press.

Tajfel, H., & Turner, J. C. (1979). An integrative theory of intergroup conflict. In W. G. Austin, & S. Worchel (Eds.), *The social psychology of intergroup relations*. Brooks/Cole.

高橋 雅延（2000）．記憶と自己 太田 信夫・多鹿 秀継（編著）記憶研究の最前線 北大路書房

高田 利武（1994）．日常事態における社会的比較の様態 奈良大学紀要，*22*，201-210．

Taylor, S. E., & Brown, J. D. (1988). Illusion and well-being: A social psychological perspective on mental health. *Psychological Bulletin, 103*, 193-210.

外山 美樹・桜井 茂男（2001）．日本人におけるポジティブ・イリュージョン現象 心理学研

究，*72*，329-335.

Trope, Y.（1980）. Self-assessment, self-enhancement, and task preference. *Journal of Experimental Social Psychology, 16*, 116-129.

内田 由紀子（2008）. 日本文化における自己価値の随伴性――日本版自己価値の随伴性尺度を用いた検証―― 心理学研究，*79*，250-256.

脇本 竜太郎（2008）. 自尊心の高低と不安定性が被援助志向性・援助要請に及ぼす影響　実験社会心理学研究，*47*，160-168.

脇本 竜太郎（2010）. 自尊心の高低・不安定性の2側面と達成動機の関連　パーソナリティ研究，*18*，117-128.

Weinstein, N. D.（1980）. Unrealistic optimism about future life events. *Journal of Personality and Social Psychology, 39*, 806-820.

Wills, T. A.（1981）. Downward comparison principles in social psychology. *Psychological Bulletin, 90*, 245-271.

Wilson, A. E., & Ross, M.（2001）. From chump to champ: People's appraisals of their earlier and present selves. *Journal of Personality and Social Psychology, 80*, 572-584.

Yamaguchi, S., Greenwald, A. G., Banaji, M. R., Murakami, F., Chen, D., Shiomura, K., Kobayashi, C., Cai, H., & Krendl, A.（2007）. Apparent universality of positive implicit self-esteem. *Psychological Science, 18*, 498-500.

第5章

Adams, J. S.（1965）. Inequity in social exchange. In L. Berkowitz（Ed.）, *Advances in experimental social psychology*. Vol. 2（pp.267-299）. Academic Press.

Becker, J. C., & Wright, S. C.（2011）. Yet another dark side of chivalry: Benevolent sexism undermines and hostile sexism motivates collective action for social change. *Journal of Personality and Social Psychology, 101*, 62-77.

Callan, M. J., Ellard, J. H., & Nicol, J. E.（2006）. The belief in a just world and immanent justice reasoning in adults. *Personality and Social Psychology Bulletin, 32*, 1646-1658.

Callan, M. J., Ellard, J. H., Shead, N. W., & Hodgins, D. C.（2008）. Gambling as a search for justice: Examining the role of personal relative deprivation in gambling urges and gambling behavior. *Personality and Social Psychology Bulletin, 34*, 1514-1529.

Camerer, C., & Thaler, R. H.（1995）. Anomalies: Ultimatums, dictators and manners. *The Journal of Economic Perspectives, 9*, 209-219.

Deutsch, M.（1975）. Equity, equality, and need: What determines which value will be used as the basis of distributive justice? *Journal of Social Issues, 31*, 137-149.

Gaucher, D., Hafer, C. L., Kay, A. C., & Davidenko, N.（2010）. Compensatory rationalizations and the resolution of everyday undeserved outcomes. *Personality and Social Psychology Bulletin, 36*, 109-118.

後藤 道夫（2007）. 格差社会の実体と背景　後藤 道夫・吉崎 祥司・竹内 章郎・中西 新太郎・渡辺 憲正　格差社会とたたかう――〈努力・チャンス・自立〉論批判―― 青木書店

Hafer, C. L., & Bègue, L.（2005）. Experimental research on just-world theory: Problems, developments, and future challenges. *Psychological Bulletin, 131*, 128-167.

橋本 健二（2019）. 現代日本における階級構造の変容　季刊経済理論，*56*，15-27.

橋本 剛明・白岩 祐子・唐沢 かおり（2012）．経済格差の是正政策に対する人々の賛意――機
　　会の平等性と社会階層の認知が責任帰属に与える影響の検討――　社会心理学研究, *28*,
　　13-23.

林 洋一郎（2007）．社会的公正研究の展望――4 つのリサーチ・パースペクティブに注目し
　　て――　社会心理学研究, *22*, 305-330.

池上 知子（2012）．格差と序列の心理学――平等主義のパラドクス――　ミネルヴァ書房

今在 慶一朗（2013）．基礎自治体に対する公正感と地域社会に対する態度の関係，および経
　　済格差による調整効果についての検討　社会心理学研究, *28*, 169-179.

今在 慶一朗・今在 景子（2004）．民事紛争における和解成立の要因と効果　心理学研究, *75*,
　　238-245.

今在 景子・大渕 憲一・今在 慶一朗（2003）．第三者介入による消費者問題の解決――手続き
　　的公正に関する実験的研究――　社会心理学研究, *19*, 144-154.

Jost, J. T. (1997). An experimental replication of the depressed-entitlement effect among
　　women. *Psychology of Women Quarterly, 21*, 387-393.

Jost, J. T., & Banaji, M. R. (1994). The role of stereotyping in system-justification and the
　　production of false consciousness. *British Journal of Social Psychology, 33*, 1-27.

Jost, J. T., Pelham, B. W., Sheldon, O., & Ni Sullivan, B. (2003). Social inequality and the
　　reduction of ideological dissonance on behalf of the system: Evidence of enhanced system
　　justification among the disadvantaged. *European Journal of Social Psychology, 33*, 13-36.

川嶋 伸佳・大渕 憲一・熊谷 智博・浅井 暢子（2012）．多元的の公正感と抗議行動――社会不
　　変信念，社会的効力感，変革コストの影響――　社会心理学研究, *27*, 63-74.

Kay, A. C., & Jost, J. T. (2003). Complementary justice: Effects of "poor but happy" and "poor
　　but honest" stereotype exemplars on system justification and implicit activation of the
　　justice motive. *Journal of Personality and Social Psychology, 85*, 823-837.

Kluegel, J. R., & Smith, E. R. (1986). *Beliefs about inequality: Americans' views of what is and
　　what ought to be.* Aldine de Gruyter.

Lerner, M. J. (1980). *The belief in a just world: A fundamental delusion.* Plenum Press.

Lerner, M. J. (1998). The two forms of belief in a just world. In L. Montada, & M. J. Lerner
　　(Eds.), *Responses to victimizations and belief in a just world* (pp.247-269). Plenum Press.

Leventhal, G. S. (1976). Fairness in social relations. In J. W. Thibaut, J. T. Spence, & R. C.
　　Carson (Eds.), *Contemporary topics in social psychology* (pp.211-239). General Learning
　　Press.

Leventhal, G. S. (1980). What should be done with equity theory? New approaches to the study
　　of fairness in social relationships. In K. J. Gergen, M. S. Greenberg, & R. H. Willis (Eds.),
　　Social exchange: Advances on theory and research (pp.27-54). Plenum.

Lind, E. A., & Tyler, T. R. (1988). *The social psychology of procedural justice.* Plenum.
　　（リンド，E. A.・タイラー，T. R. 菅原 郁夫・大渕 憲一（訳）(1995)．フェアネスと
　　手続きの社会心理学――裁判，政治，組織への応用――　ブレーン出版）

Lipkus, I. M., Dalbert, C., & Siegler, I. C. (1996). The importance of distinguishing the belief in
　　a just world for self versus for others: Implications for psychological well-being. *Personality
　　and Social Psychology Bulletin, 22*, 666-677.

Maes, J., & Kals, E. (2002). Justice beliefs in school: Distinguishing ultimate and immanent
　　justice. *Social Justice Research, 15*, 227-244.

Maes, J., & Schmitt, M.（1999）. More on ultimate and immanent justice: Results from the research project "Justice as a problem within reunified Germany". *Social Justice Research, 12*, 65-78.

Major, B., McFarlin, D., & Gagnon, D.（1984）. Overworked and underpaid. *Journal of Personality and Social Psychology, 47*, 1399-1412.

諸井 克英（1996）. 親密な関係における衡平性　大坊 郁夫・奥田 秀宇（編）親密な対人関係の科学　誠信書房

村上 幸史（2009）.「幸運」な事象は連続して起こるのか？——「運資源ビリーフ」の観点から——　社会心理学研究, *25*, 30-41.

O'Brien, L. T., Major, B. N., & Gilbert, P. N.（2012）. Gender differences in entitlement: The role of system-justifying beliefs. *Basic and Applied Social Psychology, 34*, 136-145.

大渕 憲一（1998）. 手続的公正を越えて——社会集団の理論へ——　田中 堅一郎（編著）社会的公正の心理学——心理学の視点から見た「フェア」と「アンフェア」——　ナカニシヤ出版

大渕 憲一・福野 光輝（2003）. 社会的公正と国に対する態度の絆仮説——多水準公正評価, 分配的および手続的公正——　社会心理学研究, *18*, 204-212.

Ohbuchi, K., Hayashi, Y., & Imazai, K.（1998）. Conflict management in Japanese organizations: Fairness or collectivistic values? *Tohoku Psychologica Folia, 57*, 1-13.

大渕 憲一・今在 慶一朗（1999）. 国民による国に対する公正感とコミットメントおよびその機能評価　心理学研究, *70*, 310-318.

大竹 文雄（2005）. 日本の不平等——格差社会の幻想と未来——　日本経済新聞社

大坪 庸介・亀田 達也・木村 優希（1996）. 公正感が社会的効率を阻害するとき——パレート原理の妥当性——　心理学研究, *67*, 367-374.

Pelham, B. W., & Hetts, J. J.（2001）. Underworked and overpaid: Elevated entitlement in men's self-pay. *Journal of Experimental Social Psychology, 37*, 93-103.

Raman, L., & Winer, G. A.（2004）. Evidence of more immanent justice responding in adults than children: A challenge to traditional developmental theories. *British Journal of Developmental Psychology, 22*, 255-274.

Reis, H. T., & Gruzen, J.（1976）. On mediating equity, equality, and self-interest: The role of self-presentation in social exchange. *Journal of Experimental Social Psychology, 12*, 487-503.

Sampson, E. E.（1975）. On justice as equality. *Journal of Social Issues, 31*, 45-64.

Schwartz, S.（1975）. The justice of need and the activation of humanitarian norms. *Journal of Social Issues, 31*, 111-136.

Shapiro, E. G.（1975）. Effect of expectations of future interaction on reward allocations in dyads: Equity or equality. *Journal of Personality and Social Psychology, 31*, 873-880.

Son Hing, L. S., Bobocel, D. R., & Zanna, M. P.（2002）. Meritocracy and opposition to affirmative action: Making concessions in the face of discrimination. *Journal of Personality and Social Psychology, 83*, 493-509.

田中 堅一郎（1998）. 社会的公正に関する定量的モデル　田中 堅一郎（編著）社会的公正の心理学——心理学の視点から見た「フェア」と「アンフェア」——　ナカニシヤ出版

Thibaut, J. W., & Walker, L.（1975）. *Procedural justice: A psychological analysis*. Lawrence Erlbaum.

脇本 竜太郎（2011）．第三者の不貞行為およびその意図が喚起する内在的正義の推論　日本社会心理学会第 52 回大会（名古屋大学）

脇本 竜太郎（2013）．逸脱行為の意図が内在的正義の推論に及ぼす影響——自己効力感の調節効果——　日本社会心理学会第 54 回大会（沖縄国際大学）

Walker, L., Latour, S., Lind, E. A., & Thibaut, J.（1974）. Reactions of participants and observers to modes of adjudication. *Journal of Applied Social Psychology, 4*, 295-310.

Walster, E., Berscheid, E., & Walster, G. W.（1973）. New directions in equity research. *Journal of Personality and Social Psychology, 25*, 151-176.

World Economic Forum（2022）. Global Gender Gap Report 2022. World Economic Forum. Retrieved from http://www3.weforum.org/docs/WEF_GGGR_2022.pdf（2022 年 12 月 26 日）

Zitek, E. M., Jordan, A. H., Monin, B., & Leach, F. R.（2010）. Victim entitlement to behave selfishly. *Journal of Personality and Social Psychology, 98*, 245-255.

第 6 章

Anderson, C. A., & Bushman, B. J.（2002）. Human aggression. *Annual Review of Psychology, 53*, 27-51.

Archer, J.（2004）. Sex differences in aggression in real-world settings: A meta-analytic review. *Review of General Psychology, 8*, 291-322.

Bandura, A.（1999）. Moral disengagement in the perpetration of inhumanities. *Personality and Social Psychology Review, 3*, 193-209.

Bandura, A., Ross, D., & Ross, S. A.（1963）. Imitation of film-mediated aggressive models. *Journal of Abnormal and Social Psychology, 66*, 3-11.

Bramel, D.（1968）. Dissonance, expectation and the self. In R. Abelson, E. Aronson, T. M. Newcomb, W. J. McGuire, M. J. Rosengerg, & P. H. Tannnenbaum（Eds.）, *Source book of cognitive consistency*（pp.355-365）. Rand McNally.

Browne, K. D., & Hamilton-Giachritsis, C.（2005）. The influence of violent media on children and adolescents: A public-health approach. *The Lancet, 365*, 702-710.

Bushman, B. J.（1995）. Moderating role of trait aggressiveness in the effects of violent media on aggression. *Journal of Personality and Social Psychology, 69*, 950-960.

Dodge, K. A., & Coie, J. D.（1987）. Social-information-processing factors in reactive and proactive aggression in children's peer groups. *Journal of Personality and Social Psychology, 53*, 1146-1158.

Greenberg, M. S.（1980）. A theory of indebtedness. In K. Gergen, M. S. Greenberg, & R. Wills（Eds.）, *Social exchange: Advances in theory and research*（pp.3-26）. Plenum.

Hafer, C. L.（2000）. Do innocent victims threaten the belief in a just world? Evidence from a modified Stroop task. *Journal of Personality and Social Psychology, 79*, 165-173.

Haslam, N.（2006）. Dehumanization: An integrative review. *Personality and Social Psychology Review, 10*, 252-264.

法務省法務総合研究所（編）（2012）．平成 24 年版　犯罪白書——刑務所出所者等の社会復帰支援——　日経印刷

Kernis, M. H., Grannemann, B. D., & Barclay, L. C.（1989）. Stability and level of self-esteem as predictors of anger arousal and hostility. *Journal of Personality and Social Psychology, 56*,

1013-1022.

Kernis, M. H., & Waschull, S. B.（1995）. The interactive roles of stability and level of self-esteem: Research and theory. In M. P. Zanna（Ed.）, *Advances in experimental social psychology*. Vol. 27（pp.93-141）. Academic Press.

Latané, B., & Darley, J. M.（1970）. *The unresponsive bystander: Why doesn't he help?* Appleton-Century Crofts.

（ラタネ, B. ・ダーリー, J. M. 竹村 研一・杉崎 和子（訳）（1977）. 冷淡な傍観者
――思いやりの社会心理学―― ブレーン出版）

Midlarsky, E.（1991）. Helping as coping. In M. S. Clark（Ed.）, *Prosocial behavior*（pp.238-264）. SAGE.

日本 PTA 全国協議会（2012）. 平成 24 年度マスメディアに関するアンケート調査 子ども
とメディアに関する意識調査 調査結果報告書 日本 PTA 全国協議会 Retrieved from
http://www.nippon-pta.or.jp/material/pdf/24th_media.pdf（2013 年 12 月 26 日）

大渕 憲一（1993）. 人を傷つける心――攻撃性の社会心理学―― サイエンス社

妹尾 香織・高木 修（2002）. 援助者に及ぼす援助行動経験の効果（4）――援助者，被援助者
からのアプローチによる高木（1997）モデルの検証―― 日本社会心理学会第 43 回大
会発表論文集，816-817.

妹尾 香織・高木 修（2004）. 高齢者の援助行動経験と心理・社会的幸福・安寧感との関連
心理学研究，*75*，428-434.

高木 修（1997）. 援助行動の生起過程に関するモデルの提案 関西大学社会学部紀要，*29*，
1-21.

Tessler, R. C., & Schwartz, S. H.（1972）. Help seeking, self-esteem, and achievement motivation: An attribution analysis. *Journal of Personality and Social Psychology*, *21*, 318-326.

脇本 竜太郎（2008）. 自尊心の高低と不安定性が被援助志向性・援助要請に及ぼす影響 実
験社会心理学研究，*47*，160-168.

湯川 進太郎・吉田 富二雄（1999）. 暴力映像と攻撃行動――暴力性および娯楽性の観点によ
る新たなモデルの提出―― 心理学評論，*42*，487-505.

第7章

Altman, I., & Taylor, D. A.（1973）. *Social penetration: The development of interpersonal relationships*. Holt, Rinehart and Winston.

Anderson, N. H.（1968）. Likableness ratings of 555 personality-trait words. *Journal of Personality and Social Psychology*, *9*, 272-279.

Aron, A., Aron, E. N., & Smollan, D.（1992）. Inclusion of other in the self scale and the structure of interpersonal closeness. *Journal of Personality and Social Psychology*, *63*, 596-612.

Aronson, E., & Linder, D.（1965）. Gain and loss of esteem as determinants of interpersonal attractiveness. *Journal of Experimental Social Psychology*, *1*, 156-171.

Baskin, T. W., & Enright, R. D.（2004）. Intervention studies on forgiveness: A meta-analysis. *Journal of Counseling and Development*, *82*, 79-90.

Beckman, C. W., & Secord, P. F.（1959）. The effect of perceived liking on interpersonal attraction. *Human Relations*, *12*, 379-384.

Bowlby, J.（1973）. *Attachment and loss*. Vol. 2. *Separation: Anxiety and anger*. Basic Books.

Bowlby, J. (1977). The making and breaking of affectional bonds. *British Journal of Psychology*, *130*, 201-210.

Braiker, H. B., & Kelley, H. H. (1979). Conflict in the development of close relationships. In R. L. Burgress, & T. L. Huston (Eds.), *Social exchange in developing relationships* (pp.135-168). Academic Press.

Byrne, D., Gouaux, C., Griffitt, W., Lamberth, J., Murakawa, N., Prasad, M., & Ramirez, M. (1971). The ubiquitous relationship: Attitude similarity and attraction a cross-cultural study. *Human Relations*, *24*, 201-207.

Byrne, D., & Nelson, D. (1965). Attraction as a linear function of proportion of positive reinforcements. *Journal of Personality and Social Psychology*, *1*, 659-663.

Castella, V. O., Abad, A. M. Z., Alonso, F. P., & Silla. J. M. P. (2000). The influence of familiality among group members, group atmosphere and assertive on uninhibited behavior through three different communication media. *Computers in Human Behavior*, *16*, 141-159.

Chartrand, T. L., & Bargh, J. A. (1999). The chameleon effect: The perception-behavior link and social interaction. *Journal of Personality and Social Psychology*, *76*, 893-910.

Clark, M. S., & Mills, J. (1979). Interpersonal attraction in exchange and communal relationships. *Journal of Personality and Social Psychology*, *37*, 12-24.

Crohan, S. E. (1992). Marital happiness and spousal consensus on beliefs about marital conflict: A longitudinal investigation. *Journal of Social and Personal Relationships*, *9*, 89-102.

Davis, K. E. (1985). Near and dear: Friendship and love compared. *Psychology Today*, *19*, 22-30.

Deters, F. G., & Mehl, M. R. (2013). Does posting Facebook status updates increase or decrease loneliness? An online social networking experiment. *Social Psychological and Personality Science*, *4*, 579-586.

Dion, K., Berscheid, E., & Walster, E. (1972). What is beautiful is good. *Journal of Personality and Social Psychology*, *24*, 285-290.

Ellison, N. B., & Boyd, D. (2013). Sociality through social network sites. In W. H. Dutton (Ed.), *The Oxford handbook of internet studies* (pp.151-172). Oxford University Press.

榎本 博明 (1997). 自己開示の心理学的研究　北大路書房

Festinger, L., Schachter, S., & Back, K. (1950). *Social pressures in informal groups: A study of human factors in housing.* Stanford University Press.

藤原 武弘・黒川 正流・秋月 左都士 (1983). 日本語版 Love-Liking 尺度の検討　広島大学総合科学部紀要Ⅲ, *7*, 265-273.

Giesler, R. B., Josephs, R. A., & Swann, W. B., Jr. (1996). Self-verification in clinical depression: The desire for negative evaluation. *Journal of Abnormal Psychology*, *105*, 358-368.

Hazan, C., & Shaver, P. R. (1987). Romantic love conceptualized as an attachment process. *Journal of Personality and Social Psychology*, *52*, 511-524.

Hendrick, C., Hendrick, S., Foote, F. H., & Slapion-Foote, M. J. (1984). Do men and women love differently? *Journal of Social and Personal Relationships*, *1*, 177-195.

磯崎 三喜年 (1994). 児童・生徒の自己評価維持機制の発達的変化と抑うつとの関連について　心理学研究, *65*, 130-137.

磯崎 三喜年・高橋 超 (1993). 友人選択と学業成績の関連の時系列的変化にみられる自己評価維持機制　心理学研究, *63*, 371-378.

Joinson, A. N. (2001). Self-disclosure in computer-mediated communication: The role of self-awareness and visual anonymity. *European Journal of Social Psychology, 31,* 177-192.

Kamide, H., & Daibo, I. (2009). Application of self-evaluation maintenance model to psychological health in interpersonal contexts. *Journal of Positive Psychology, 4,* 557-565.

Karremans, J. C., & Verwijmeren, T. (2008). Mimicking attractive opposite-sex others: The role of romantic relationship status. *Personality and Social Psychology Bulletin, 34,* 939-950.

加藤 司 (2005). 失恋ストレスコーピングと精神的健康との関連性の検証　社会心理学研究, *20,* 171-180.

Kiesler, S., Siegel. J., & McGuire, T. W. (1984). Social psychological aspects of computer-mediated communication. *American Psychologist, 39,* 1123-1134.

北村 智・佐々木 裕一・河井 大介 (2016). ツイッターの心理学——情報環境と利用者行動——　誠信書房

Krasnova, H., Widjaja, T., Buxmann, P., Wenninger, H., & Benbasat, I. (2015). Why following friends can hurt you: An exploratory investigation of the effects of envy on social networking sites among college-age users. *Information Systems Research, 26,* 585-605.

Kraut, R., Kiesler, S., Boneva, B., Cummings, J., Helgeson, V., & Crawford, A. (2002). Internet paradox revised. *Journal of Social Issues, 58,* 49-74.

Kraut, R., Patterson, M., Lundmark, V., Kiesler, S., Mukopadhyay, T., & Scherlis, W. (1998). Internet paradox: A social technology that reduces social involvement and psychological well-being? *American Psychologist, 53,* 1017-1031.

Lakin, J. L., & Chartrand, T. L. (2003). Using nonconscious behavioral mimicry to create affiliation and rapport. *Psychological Science, 14,* 334-339.

Lawler, K. A., Younger, J. W., Piferi, R. L., Jobe, R. L., Edmondson, K. A., & Jones, W. H. (2005). The unique effects of forgiveness on health: An exploration of pathways. *Journal of Behavioral Medicine, 28,* 157-167.

Lee, J. A. (1977). A typology of styles of loving. *Personality and Social Psychology Bulletin, 3,* 173-182.

Levinger, G. (1980). Toward the analysis of close relationships. *Journal of Experimental Social Psychology, 16,* 510-544.

Levinger, G., & Snoek, D. J. (1972). *Attraction in relationship: A new look at interpersonal attraction.* General Learning Press.

Maltby, J., Macaskill, A., & Day, L. (2001). Failure to forgive self and others: A replication and extension of the relationship between forgiveness, personality, social desirability and general health. *Personality and Individual Differences, 30,* 881-885.

松井 豊 (1990). 友人関係の機能　斎藤 耕二・菊池 章夫 (編著) 社会化の心理学ハンドブック——人間形成と社会と文化——(pp.283-296)　川島書店

松井 豊・木賊 知美・立澤 晴美・大久保 宏美・大前 晴美・岡村 美樹・米田 佳美 (1990). 青年の恋愛に関する測定尺度の構成　東京都立立川短期大学紀要, *23,* 13-23.

McNulty, J. K. (2011). The dark side of forgiveness: The tendency to forgive predicts continued psychological and physical aggression in marriage. *Personality and Social Psychology Bulletin, 37,* 770-783.

Murstein, B. I. (1977). The stimulus-value-role (SVR) theory of dyadic relationships. In S. Duck (Ed.), *Theory and practice in interpersonal attraction* (pp.105-127). Academic Press.

中村 雅彦 (1984). 自己開示の対人魅力に及ぼす効果　心理学研究, *55,* 131-137.

Newcomb, T. M.（1961）. *The acquaintance process*. Holt, Rinehart & Winston.

Reis, H. T., & Rusbult, C. E.（2004）. Relationship science: A casual and somewhat selective review. In H. T. Reis, & C. E. Rusbult（Eds.）, *Close relationships: Key readings in social psychology*（pp.1-20）. Psychology Press.

Rubin, Z.（1970）. Measurement of romantic love. *Journal of Personality and Social Psychology*, *16*, 265-273.

Rusbult, C. E.（1980）. Commitment and satisfaction in romantic associations: A test of the investment model. *Journal of Experimental Social Psychology*, *16*, 172-186.

Rusbult, C. E.（1983）. A longitudinal test of the investment model: The development（and deterioration）of satisfaction and commitment in heterosexual involvements. *Journal of Personality and Social Psychology*, *45*, 101-117.

Rusbult, C. E., Zembrodt, I. M., & Gunn, L. K.（1982）. Exit, voice, loyalty, and neglect: Responses to dissatisfaction in romantic involvements. *Journal of Personality and Social Psychology*, *43*（6）, 1230-1242.

齊藤 勇（1985）. 好きと嫌いの人間関係——対人感情の心理学入門——　エイデル研究所

佐藤 広英・吉田 富二雄（2008）. インターネット上における自己開示——自己—他者の匿名性の観点からの検討——　心理学研究, *78*, 559-566.

Shaver, P. R., & Hazan, C.（1988）. A biased overview of the study of love. *Journal of Social and Personal Relationships*, *5*, 473-501.

相馬 敏彦・具志堅 伸隆・上田 真由美（2007）. 協調なき非協調に効果なし（2）——配偶者からの間接的暴力抑制に及ぼす協調的・非協調的志向性の交互作用効果——　第48回日本社会心理学会大会発表論文集, 206-207.

総務省（2022）. 令和3年通信利用動向調査の結果　総務省　Retrieved from https://www.soumu.go.jp/johotsusintokei/statistics/data/220527_1.pdf（2022年6月30日）

高田 利武（1994）. 日常事態における社会的比較の様態　奈良大学紀要, *22*, 201-210.

Tesser, A.（1988）. Toward a self-evaluation maintenance model of social behavior. In L. Berkowitz（Ed.）, *Advances in experimental social psychology*. Vol. 21（pp.181-227）. Academic Press.

Tesser, A., Campbell, J., & Smith, M.（1984）. Friendship choice and performance: Self-evaluation maintenance in children. *Journal of Personality and Social Psychology*, *46*, 561-574.

van Baaren, R. B., Maddux, W. W., Chartrand, T. L., de Bouter, C., & van Knippenberg, A.（2003）. It takes two to mimic: Behavioral consequences of self-construals. *Journal of Personality and Social Psychology*, *84*, 1093-1102.

Verduyn, P., Ybarra, O., Résibois, M., Jonides, J., & Kross, E.（2017）. Do social network sites enhance or undermine subjective well-being? A critical review. *Social Issues and Policy Review*, *11*, 274-302.

Walker, L. E.（1979）. *The battered woman*. HarperCollins.
（ウォーカー, L. E. 斎藤 学（監訳）（1997）. バタードウーマン——虐待される妻たち——　金剛出版）

Walster, E., Aronson, V., Abrahams, D., & Rottman, L.（1966）. Importance of physical attractiveness in dating behavior. *Journal of Personality and Social Psychology*, *4*, 508-516.

Walster, E., Berscheid, E., & Walster, G. W.（1973）. New directions in equity research. *Journal of Personality and Social Psychology, 25*, 151-176.

Worthy, M., Gary, A. L., & Kahn, C. M. (1969). Self-disclosure as an exchange process. *Journal of Personality and Social Psychology, 13*, 59-63.

Wortman, C. B., Adesman, P., Herman, E., & Greenberg, R. (1976). Self-disclosure: An attributional perspective. *Journal of Personality and Social Psychology, 33*, 184-191.

第8章

有光 興記 (2009). 自己意識的感情と対人関係　高木 修 (監修) 安藤 清志 (編) 自己と対人関係の社会心理学――「わたし」を巡るこころと行動――　北大路書房

Baumeister, R. F., Smart, L., & Boden, J. M. (1996). Relation of threatened egotism to violence and aggression: The dark side of high self-esteem. *Psychological Review, 103*, 5-33.

Berkman, L. F., & Syme, S. L. (1979). Social networks, host resistance, and mortality: A nine-year follow-up study of Alameda County residents. *American Journal of Epidemiology, 109*, 186-204.

Bolger, N., & Amarel, D. (2007). Effects of social support visibility on adjustment to stress: Experimental evidence. *Journal of Personality and Social Psychology, 92*, 458-475.

Brown, G. W., Andrews, B., Harris, T., Adler, Z., & Bridge, L. (1986). Social support, self-esteem and depression. *Psychological Medicine, 16*, 813-831.

Brown, J. L., Sheffield, D., Leary, M. R., & Robinson, M. E. (2003). Social support and experimental pain. *Psychosomatic Medicine, 65*, 276-283.

Buunk, B. (1982). Anticipated sexual jealousy its relationship to self-esteem, dependency, and reciprocity. *Personality and Social Psychology Bulletin, 8*, 310-316.

Cohen, S., & Wills, T. A. (1985). Stress, social support, and the buffering hypothesis. *Psychological Bulletin, 98*, 310-357.

Coyne, J. C. (1976). Toward an interactional description of depression. *Psychiatry, 39*, 28-40.

DeWall, C. N., Twenge, J. M., Gitter, S. A., & Baumeister, R. F. (2009). It's the thought that counts: The role of hostile cognition in shaping aggressive responses to social exclusion. *Journal of Personality and Social Psychology, 96*, 45-59.

Eisenberger, N. I., Lieberman, M. D., & Williams, K. D. (2003). Does rejection hurt? An fMRI study of social exclusion. *Science, 302*, 290-292.

遠藤 由美・阪東 哲也 (2006). 他者からのフィードバックの解釈に影響を及ぼす自尊感情の効果　関西大学社会学部紀要, *38*, 39-55.

Friedlander, L. J., Reid, G. J., Shupak, N., & Cribbie, R. (2007). Social support, self-esteem, and stress as predictors of adjustment to university among first-year undergraduates. *Journal of College Student Development, 48*, 259-274.

福岡 欣治・橋本 宰 (1995). 大学生における家族および友人についての知覚されたサポートと精神的健康の関係　教育心理学研究, *43*, 185-193.

Gardner, W. L., Pickett, C. L., & Brewer, M. B. (2000). Social exclusion and selective memory: How the need to belong influences memory for social events. *Personality and Social Psychology Bulletin, 26*, 486-496.

Gerber, J., & Wheeler, L. (2009). On being rejected a meta-analysis of experimental research on rejection. *Perspectives on Psychological Science, 4*, 468-488.

Gonsalkorale, K., & Williams, K. D. (2007). The KKK won't let me play: Ostracism even by a despised outgroup hurts. *European Journal of Social Psychology, 37,* 1176-1186.

Hemström, Ö. (1996). Is marriage dissolution linked to differences in mortality risks for men and women? *Journal of Marriage and the Family, 58,* 366-378.

Hisata, M., Miguchi, M., Senda, S., & Niwa, I. (1990). Childcare stress and postpatrum depression: An examination of the stress-buffering effect of marital intimacy as social support. *Research in Social Psychology, 6,* 42-51.

Joiner, T. E., & Metalsky, G. I. (1995). A prospective test of an integrative interpersonal theory of depression: A naturalistic study of college roommates. *Journal of Personality and Social Psychology, 69,* 778-788.

貝川 直子 (2009). 学校組織特性とソーシャルサポートが教師バーンアウトに与える影響 パーソナリティ研究, *17,* 270-279.

亀田 達也・村田 光二 (2000). 複雑さに挑む社会心理学——適応エージェントとしての人間 —— 有斐閣

加藤 司 (2005). 失恋ストレスコーピングと精神的健康との関連性の検証 社会心理学研究, *20,* 171-180.

Kawachi, I., Kennedy, B. P., & Glass, R. (1999). Social capital and self-rated health: A contextual analysis. *American Journal of Public Health, 89,* 1187-1193.

Kennedy, B. P., Kawachi, I., Prothrow-Stith, D., Lochner, K., & Gupta, V. (1998). Social capital, income inequality, and firearm violent crime. *Social Science and Medicine, 47,* 7-17.

Leary, M. R. (2004). The sociometer, self-esteem, and the regulation of interpersonal behavior. In R. F. Baumeister, & K. D. Vohs (Eds.), *Handbook of self-regulation: Research, theory, and applications* (pp.373-391). Guilford Press.

Leary, M. R., Haupt, A., Strausser, K., & Chokel, J. (1998). Calibrating the sociometer: The relationship between interpersonal appraisals and state self-esteem. *Journal of Personality and Social Psychology, 74,* 1290-1299.

Leary, M. R., Tambor, E. S., Terdal, S. K., & Downs, D. L. (1995). Self-esteem as an interpersonal monitor: The sociometer hypothesis. *Journal of Personality and Social Psychology, 68,* 518-530.

宮崎 弦太・池上 知子 (2011). 社会的拒絶への対処行動を規定する関係要因——関係相手からの受容予期と関係へのコミットメント—— 実験社会心理学研究, *50,* 194-204.

中村 佳子・浦 光博 (2000a). ソーシャル・サポートと信頼との相互関連について——対人関係の継続性の視点から—— 社会心理学研究, *15,* 151-163.

中村 佳子・浦 光博 (2000b). 適応および自尊心に及ぼすサポートの期待と受容の交互作用効果 実験社会心理学研究, *39,* 121-134.

Ouwerkerk, J. W., Kerr, N. L., Gallucci, M., & Van Lange, P. A. (2005). Avoiding the social death penalty: Ostracism and cooperation in social dilemmas. In K. D. Williams, J. P. Forgas, & W. von Hippel (Eds.), *The social outcast: Ostracism, social exclusion, rejection, and bullying* (pp.321-332). Psychology Press.

Parker, J. G., Low, C. M., Walker, A. R., & Gamm, B. K. (2005). Friendship jealousy in young adolescents: Individual differences and links to sex, self-esteem, aggression, and social adjustment. *Developmental Psychology, 41,* 235-250.

相馬 敏彦・浦 光博 (2007). 恋愛関係は関係外部からのソーシャル・サポート取得を抑制するか——サポート取得の排他性に及ぼす関係性の違いと一般的信頼感の影響—— 実験

社会心理学研究, *46*, 13-25.

Srivastava, S., & Beer J. S. (2005). How self-evaluations relate to being liked by others: Integrating sociometer and attachment perspectives. *Journal of Personality and Social Psychology, 89*, 966-977.

菅沼 崇・浦 光博 (1997). 道具的行動と社会情緒的行動がストレス反応と課題遂行に及ぼす効果——リーダーシップとソーシャル・サポートの統合的アプローチ—— 実験社会心理学研究, *37*, 138-149.

Twenge, J. M., Baumeister, R. F., Tice, D. M., & Stucke, T. S. (2001). If you can't join them, beat them: Effects of social exclusion on aggressive behavior. *Journal of Personality and Social Psychology, 81*, 1058-1069.

Uchino, B. N., Cacioppo, J. T., & Kiecolt-Glaser, J. K. (1996). The relationship between social support and physiological processes: A review with emphasis on underlying mechanisms and implications for health. *Psychological Bulletin, 119*, 488-531.

浦 光博 (1992). 支えあう人と人——ソーシャル・サポートの社会心理学—— サイエンス社

Warburton, W. A., Williams, K. D., & Cairns, D. R. (2006). When ostracism leads to aggression: The moderating effects of control deprivation. *Journal of Experimental Social Psychology, 42*, 213-220.

Williams, K. D. (2007). Ostracism: The kiss of social death. *Social and Personality Psychology Compass, 1*, 236-247.

Williams, K. D., Cheung, C. K., & Choi, W. (2000). Cyberostracism: Effects of being ignored over the Internet. *Journal of Personality and Social Psychology, 79*, 748.

Williams, K. S., Yeager, D. S., Cheung, C. K. T., & Choi, W. (2012). Cyberball (version 4.0) [Software]. Available from https://cyberball. wikispaces.com.

Wink, P. (1991). Two faces of narcissism. *Journal of Personality and Social Psychology, 61*, 590-597.

山田 剛史・井上 俊哉 (編) (2012). メタ分析入門——心理・教育研究の系統的レビューのために—— 東京大学出版会

山下 倫実・坂田 桐子 (2008). 大学生におけるソーシャル・サポートと恋愛関係崩壊からの立ち直りとの関連 教育心理学研究, *56*, 57-71.

Zadro, L., Boland, C., & Richardson, R. (2006). How long does it last? The persistence of the effects of ostracism in the socially anxious. *Journal of Experimental Social Psychology, 42*, 692-697.

Zadro, L., Williams, K. D., & Richardson, R. (2004). How low can you go? Ostracism by a computer is sufficient to lower self-reported levels of belonging, control, self-esteem, and meaningful existence. *Journal of Experimental Social Psychology, 40*, 560-567.

第9章

Abrams, D., & Hogg, M. A. (1990). *Social identity theory: Constructive and critical advances.* Harvester Wheatsheaf.

Allport, F. H. (1920). The influence of the group upon association and thought. *Journal of Experimental Psychology, 3*, 159-182.

Asch, S. E. (1952). *Social psychology.* Prentice-Hall.

Asch, S. E. (1955). Opinions and social pressures. *Scientific American, 193*, 31-35.

Asch, S. E. (1956). Studies of independence and conformity: A minority of one against a unanimous majority. *Psychology Monographs, 70*, 1-70.

Blascovich, J., Mendes, W. B., Hunter, S. B., & Solomon, K. (1999). Social "facilitation" as challenge and threat. *Journal of Personality and Social Psychology, 77*, 68-77.

Branscombe, N. R. (1998). Thinking about one's gender group's privileges or disadvantages: Consequences for well-being in women and men. *British Journal of Social Psychology, 37*, 167-184.

Cialdini, R. B., Borden, R., Thorne, A., Walker, M., Freeman, S., & Sloane, L. R. (1976). Basking in reflected glory: Three (football) field studies. *Journal of Personality and Social Psychology, 34*, 366-375.

DeMatteo, J. S., Eby, L. T., & Sundstrom, E. (1998). Team-based rewards: Current empirical evidence and directions for future research. *Research in Organizational Behavior, 20*, 141-183.

Eccles, J. S., & Wigfield, A. (1995). In the mind of the actor: The structure of adolescents' achievement task values and expectancy-related beliefs. *Personality and Social Psychology Bulletin, 21*, 215-225.

Fein, S., & Spencer, S. J. (1997). Prejudice as self-image maintenance: Affirming the self through derogating others. *Journal of Personality and Social Psychology, 73*, 31-44.

Glick, J. C., & Staley, K. (2007). Inflicted traumatic brain injury: Advances in evaluation and collaborative diagnosis. *Pediatric Neurosurgery, 43*, 436-441.

Guerin, B., & Innes, J. M. (1982). Social facilitation and social monitoring: A new look at Zajonc's mere presence hypothesis. *British Journal of Social Psychology, 21*, 7-18.

Harkins, S. G., & Jackson, J. M. (1985). The role of evaluation in eliminating social loafing. *Personality and Social Psychology Bulletin, 11*, 457-465.

Haslam, S. A. (2004). *Psychology in organizations: The social identity approach* (2nd ed.). SAGE.

Henningsen, D. D., & Henningsen, M. L. M. (2007). Do groups know what they don't know? Dealing with missing information in decision-making groups. *Communication Research, 34*, 507-525.

Hogg, M. A., & Abrams, D. (1988). *Social identifications: A social psychology of intergroup relations and group processes*. Routledge.
(ホッグ, M. A. ・エイブラムス, D. 吉森 護・野村 泰代 (訳) (1995). 社会的アイデンティティ理論——新しい社会心理学体系化のための一般理論—— 北大路書房)

Honywell-Johonson, J. A., & Dickinson, A. M. (1999). Small group incentives: A review of the literature. *Journal of Organizational Behavior Management, 19*, 89-120.

Janis, I. L. (1972). *Victims of group think*. Houghton Mifflin.

Janis, I. L. (1982). *Group think: Psychological studies of policy decisions and fiascos* (2nd ed.). Houghton Mifflin.

Kameda, T., Stasson, M. F., Davis, J. H., Parks, C. D., & Zimmerman, S. K. (1992). Social dilemma, subgroups, and motivation loss in task-oriented groups: In search of an "optimal" team size in division of work. *Social Psychology Quarterly, 55*, 47-56.

Karau, S. J., & Williams, K. D. (1993). Social loafing: A meta-analytic review and theoretical integration. *Journal of Personality and Social Psychology, 65*, 681-706.

Karau, S. J., & Williams, K. D. (2001). Understanding individual motivation in groups: The collective effort model. In M. E. Turner (Ed.), *Groups at work: Theory and research* (pp.113-141). Erlbaum.

Kerr, N. L., & Bruun, S. E. (1983). Dispensability of member effort and group motivation losses: Free-rider effects. *Journal of Personality and Social Psychology, 44*, 78-94.

Kerr, N. L., Messé, L. A., Seok, D., Sambolec, E. J., Lount, R. B., & Park, E. S. (2007). Psychological mechanisms underlying the Köhler motivation gain. *Personality and Social Psychology Bulletin, 33*, 828-841.

Köhler, O. (1926). Kraftleistungen bei Einzel-und Gruppencarbeit. *Industrielle Psychotechnik, 3*, 274-282.

Latané, B., Williams, K., & Harkins, S. (1979). Many hands make light the work: The causes and consequences of social loafing. *Journal of Personality and Social Psychology, 37*, 822-832.

Lazonder, A. W. (2005). Do two heads search better than one? Effects of student collaboration on web search behavior and search outcomes. *British Journal of Educational Technology, 36*, 465-475.

Liden, R. C., Wayne, S. J., Jaworski, R. A., & Bennett, N. (2004). Social loafing: A field investigation. *Journal of Management, 30*, 285-304.

Luthanen, R., & Crocker, J. (1992). A collective self-esteem scale: Self-evaluation of one's social identity. *Personality and Social Psychology Bulletin, 18*, 302-318.

Moscovici, S. (1976). *Social influence and social change.* Academic Press.

Moscovici, S. (1980). Toward a theory of conversion behavior. In L. Berkowitz (Ed.), *Advances in experimental social psychology*. Vol. 13 (pp.209-239). Academic Press.

Moscovici, S. (1985). Social influence and conformity. In G. Lindzey, & E. Aronson (Eds.), *Handbook of social psychology*. Vol. 2 (pp.397-412). Random House.

Moscovici, S. (1994). Three concepts: Minority, conflict, and behavioral styles. In S. Moscovici, A. Mucchi-Faina, & A. Maass (Eds.), *Minority influence* (pp.233-251). Nelson-Hall.

Moscovici, S., Lage, E., & Naffrechoux, M. (1969). Influence of a consistent minority on the responses of a majority in a color perception task. *Sociometry, 12*, 365-380.

Moscovici, S., & Personnaz, B. (1980). Studies in social influence: Ⅴ. Minority influence and conversion behavior in a perceptual task. *Journal of Experimental Social Psychology, 12*, 270-282.

Myers, D. G., & Lamm, H. (1976). The group polarization phenomenon. *Psychological Bulletin, 83*, 602-627.

Ringelmann, M. (1913). Research on animate sources of power: The work of man. *Annales de l'Instiut National Agronomique*, 2e serié-tome Ⅻ, 1-40.

Rubin, M., & Hewstone, M. (1998). Social identity theory's self-esteem hypothesis: A review and some suggestions for clarification. *Personality and Social Psychology Review, 2*, 40-62.

Ruscher, J. B., & Hammer, E. D. (2006). The development of shared stereotypic impressions in conbersation: An emerging model, methods, and extensions to cross-group settings. *Journal of Language and Social Psychology, 25*, 221-243.

Sanders, G. S., & Baron, R. S. (1977). Is social comparison irrelevant for producing choice shift? *Journal of Experimental Social Psychology, 13*, 303-314.

Schmitt, B. H., Gilovich, T., Goore, N., & Joseph, L. (1986). Mere presence and social facilitation: One more time. *Journal of Experimental Social Psychology, 22,* 242-248.

Sherif, M. (1936). *The psychology of social norms.* Harper & Row.

Sherif, M. (1966). *In common predicament: Social psychology of intergroup conflict and cooperation.* Houghton Mifflin.

Stark, E. M., Shaw, J. D., & Duffy, M. K. (2007). Preference for group work, winning orientation, and social loafing behavior in groups. *Group and Organization Management, 32,* 699-723.

Stasser, G., & Titus, W. (1985). Pooling of unshared information in group decision making: Biased information sampling during discussion. *Journal of Personality and Social Psychology, 48,* 1467-1478.

Stasser, G., & Titus, W. (1987). Effects of information load and percentage of shared information on the dissemination of unshared information during group discussion. *Journal of Personality and Social Psychology, 53,* 81-93.

Stoner, J. A. F. (1968). Risky and cautious shifts in group decisions: The influence of widely held values. *Journal of Experimental Social Psychology, 4,* 442-459.

Strube, M. J. (2005). What did Triplett really find? A contemporary analysis of the first experiment in social psychology. *The American Journal of Psychology, 118,* 271-286.

Tajfel, H., & Turner, J. C. (1979). An integrative theory of intergroup conflict. In W. G. Austin, & S. Worchel (Eds.), *The social psychology of intergroup relations* (pp.33-47). Brooks/Cole.

Triplet, N. (1898). The dynamogenic fuctors in pacemaking and competition. *American Journal of Psychology, 9,* 507-533.

Turner, J. C., Hogg, M. A., Oakes, P. J., Reicher, S. D., & Wetherell, M. (1987). *Rediscovering the social group: A self-categorization theory.* Blackwell.
（ターナー，J. C.・ホッグ，M. A.・オークス，P. J.・ライチャー，S. D.・ウェザレル，M. 蘭 千壽・磯崎 三喜年・内藤 哲雄・遠藤 由美（訳）（1995）. 社会集団の再発見——自己カテゴリー化理論——　誠信書房）

Uziel, L. (2007). Individual differences in the social facilitation effect: A review and meta-analysis. *Journal of Research in Personality, 41,* 579-601.

Wallach, M. A., Kogan, N., & Bem, D. J. (1962). Group influence on individual risk taking. *Journal of Abnormal and Social Psychology, 65,* 75-86.

Weber, B., & Hertel, G. (2007). Motivation gains of inferior group members: A meta-analytical review. *Journal of Personality and Social Psychology, 93,* 973-993.

Weigold, M. F., & Schlenker, B. R. (1991). Accountability and risk taking. *Personality and Social Psychology Bulletin, 17,* 25-29.

Weldon, M. S., Blair, C., & Huebsch, D. (2000). Group remembering: Does social loafing underlie collaborative inhibition? *Journal of Experimental Psychology: Learning, Memory, and Cognition, 26,* 1568-1577.

Williams, K. D., Harkins, S., & Latané, B. (1981). Identifiability as a deterrent to social loafing: Two cheering experiments. *Journal of Personality and Social Psychology, 40,* 303-311.

Wittenbaum, G. M., Hollingshead, A. B., & Botero, I. C. (2004). From cooperative to motivated information sharing in groups: Moving beyond the hidden profile paradigm. *Communication Monographs, 71,* 286-310.

Wittenbaum, G. M., Hubbell, A. P., & Zuckerman, C. (1999). Mutual enhancement: Toward an understanding of the collective preference for shared information. *Journal of Personality and Social Psychology, 77*, 967-978.

Zajonc, R. B. (1965). Social facilitation. *Science, 149*, 269-274.

Zimbardo, P. (1989). *Quiet rage: The Stanford prison study video*. Stanford University.

第10章

Allison, S. T., & Messick, D. M. (1985). The group attribution error. *Journal of Experimental Social Psychology, 21*, 563-579.

Allport, G. W. (1954). *The nature of prejudice*. Addison-Wesley.

（オルポート，G. W. 原谷 達夫・野村 昭（訳）(1984). 偏見の心理（上・下）　培風館）

Bandura, A. (1999). Moral disengagement in the perpetration of inhumanities. *Personality and Social Psychology Review, 3*, 193-209.

Bandura, A., Underwood, B., & Fromson, M. E. (1975). Disinhibition of aggression through diffusion of responsibility and dehumanization of victims. *Journal of Research in Personality, 9*, 253-269.

Bar-Tal, D. (2007). Sociopsychological foundations of intractable conflicts. *American Behavioral Scientist, 50*, 1430-1453.

Bar-Tal, D. (2009). Reconciliation as a foundation of culture of peace. In J. de Rivera (Ed.), *Handbook on building culture for peace* (pp.363-377). Springer.

Bar-Tal, D. (2011). Introduction: Conflicts and social psychology. In D. Bar-Tal (Ed.), *Intergroup conflict and their resolution: A social psychological perspective* (pp.195-216). Psychology Press.

（バル・タル，D.（編著）熊谷 智博・大渕 憲一（監訳）(2012). 紛争と平和構築の社会心理学――集団間の葛藤とその解決――　北大路書房）

Boldry, J. G., Geartner, L., & Quinn, J. (2007). Measuring the measures: A meta-analytic investigation of the measures of outgroup homogeneity. *Group Process and Intergroup Relations, 10*, 157-178.

Brewer, M. B. (2007). The social psychology of intergroup relations: Social categorization, ingroup bias, and outgroup prejudice. In A. W. Kruglanski, & E. T. Higgins (Eds.), *Social psychology: Handbook of basic principles* (2nd ed.; pp.695-715). Guilford.

Brown, R., & Hewstone, M. (2005). An integrative theory of intergroup contact. In M. P. Zanna (Ed.), *Advances in experimental social psychology*. Vol. 37 (pp.255-343). Academic Press.

Cadinu, M. R., & Rothbart, M. (1996). Self-anchoring and differentiation processes in the minimal group setting. *Journal of Personality and Social Psychology, 70*, 661-677.

Campbell, D. T. (1965). Ethnocentric and other altruistic motives. *Nebraska Symposium on Motivation, 13*, 283-311.

Carnaghi, A., Maass, A., Grasta, S., Bianchi, M., Cadinu, M., & Arcuri, L. (2008). Nomina sunt omina: On the inductive potential of nouns and adjectives in person perception. *Journal of Personality and Social Psychology, 94*, 839-859.

Crisp, R. J., & Hewstone, M. (2007). Multiple social categorization. In M. P. Zanna (Ed.), *Advances in experimental social psychology*. Vol. 39 (pp.163-254). Academic Press.

Crisp, R. J., & Turner, R. N. (2009). Can imagined interactions produce positive perceptions? Reducing prejudice through simulated social contact. *American Psychologist, 64*, 231-240.

Demoulin, S., Rodriguez, R. T., Rodriguez, A. P., Vaes, J., Paladino, M. P., Gaunt, R., Pozo, B. C., & Leyens, J. (2004). Emotional prejudice can lead to infra-humanisation. In M. Hewstone, & W. Stroebe (Eds.), *European review of social psychology.* Vol. 15 (pp.259-296). Psychology Press.

Dovidio, J. F., Gaetner, S. L., Nier, J. A., Kawakami, K., & Hodson, G. (2004). Contemporary racial bias: When good people do bad things. In A. G. Miller (Ed.), *The social psychology of good and evil* (pp.141-167). Guilford.

Fiske, S. T. (2004). What's in a category? Responsibility, intent, and the avoidability of bias against outgroups. In A. G. Miller (Ed.), *The social psychology of good and evil* (pp.127-140). Guilford.

Gerard, H. B. (1983). School desegregation: The social science role. *American Psychologist, 38*, 869-877.

Gaertner, S. L., & Dovidio, J. F. (2000). *Reducing intergroup bias: The common ingroup identity model.* Psychology Press.

Guinote, A., Judd, C. M., & Brauer, M. (2002). Effects of power on perceived and objective group variability: Evidence that more powerful groups are more variable. *Journal of Personality and Social Psychology, 82*, 708-721.

Halperin, E. (2008). Group-based hatred in intractable conflict in Israel. *Journal of Conflict Resolution, 52*, 713-736.

Haslam, N. (2006). Dehumanization: An integrative review. *Personality and Social Psychology Review, 10*, 252-264.

Haslam, S. A., & Oakes, P. J. (1995). How context-independent is the outgroup homogeneity effect? A response to Bartsch and Judd. *European Journal of Social Psychology, 12*, 469-475.

Hewstone, M. (1990). The "ultimate attribution error"? A review of the literature on intergroup causal attribution. *European Journal of Social Psychology, 20*, 311-335.

Hoyle, R. H., Pinkley, R. L., & Insko, C. A. (1989). Perceptions of behavior: Evidence of differing expectations for interpersonal and intergroup interactions. *Personality and Social Psychology Bulletin, 15*, 365-376.

Insko, C. A., Pinkley, R. L., Hoyle, R. H., Dalton, B., Hong, G., Slim, R., Landry, P., Holton, B., Ruffin, P. F., & Thibaut, J. (1987). Individual-group discontinuity: The role of intergroup contact. *Journal of Experimental Social Psychology, 23*, 250-267.

Kramer, R. M. (2004). The "dark side" of social context: The role of intergroup paranoia in intergroup negotiations. In M. J. Gelfand, & J. M. Brett (Eds.), *The handbook of negotiation and culture* (pp.219-237). Stanford University Press.

Kruglanski, A. W., Sharvit, K., & Fishman, S. (2011). Working s of the terrorist mind: Its individual, group, and organizational psychologies. In D. Bar-Tal (Ed.), *Intergroup conflict and their resolution: A social psychological perspective* (pp.195-216). Psychology Press.
（バル・タル, D.（編著）熊谷 智博・大渕 憲一（監訳）(2012). 紛争と平和構築の社会心理学——集団間の葛藤とその解決——　北大路書房）

熊谷 智博 (2019). 集団間の紛争はどのように悪化するのか——キャンプ実験を例に——

日本心理学会（監修）大渕憲一（編）紛争と和解を考える——集団の心理と行動——（pp.46-72）　誠信書房

Layens, J., Cortes, B., Demoulin, S., Dovidio, J. F., Fiske, S. T., Gaunt, R., ...Vaes, J. (2003). Emotional prejudice, essentialism, and nationalism: The 2002 Tajfel Lecture. *European Journal of Social Psychology, 33,* 703-717.

Maass, A. (1999). Linguistic intergroup bias: Stereotype perception through language. In M. P. Zanna (Ed.), *Advances in experimental social psychology.* Vol. 31 (pp. 79-121). Academic Press.

Meier, B. P., & Hinsz, V. B. (2004). A comparison of human aggression committed by groups and individuals: An interindividual-intergroup discontinuity. *Journal of Experimental Social Psychology, 40,* 551-559.

Messick, D. M., & Smith, E. R. (2002). *From prejudice to intergroup emotions.* Psychology Press

Nisbett, R. E., & Cohen, D. (1996). *Culture of honor: The psychology of violence in the South.* Perseus Publishing.
（ニスベット，R. E.・コーエン，D. 石井敬子・結城雅樹（訳）(2009). 名誉と暴力——アメリカ南部の文化と心理—— 北大路書房）

Oakes, P. J., & Turner, J. C. (1980). Social categorization and intergroup behaviour: Does minimal intergroup discrimination make social identity more positive? *European Journal of Social Psychology, 10,* 295-301.

Pettigrew, T. F. (2001). The ultimate attribution error: Extending Allport's cognitive analysis of prejudice. In M. A. Hogg, & D. Abrams (Eds.), *Intergroup relations: Essential readings* (pp.162-173). Psychology Press.

Pettigrew, T. F., & Tropp, L. R. (2000). Does intergroup contact reduce prejudice: Recent meta-analytic findings. In S. Oskamp (Ed.), *Reducing prejudice and discrimination* (pp.93-114). Erlbaum.

Pettigrew, T. F., & Tropp, L. R. (2006). A meta-analytic test of intergroup contact theory. *Journal of Personality and Social Psychology, 90,* 751-783.

Pinter, B., Insko, C. A., Wildschut, T., Kirchner, J. L., Montoya, R. M., & Wolf, S. T. (2007). Reduction of interindividual-intergroup discontinuity: The role of leader accountability and proneness to guilt. *Journal of Personality and Social Psychology, 93,* 250-265.

Rokeach, M. (1968). *Beliefs, attitudes and values: A theory of organization and change.* San Francisco, CA: Jossey-Bass.

Scheepers, D., Spears, R., Doosje, B., & Manstead, A. S. R. (2002). Integrating identity and instrumental approaches to intergroup differentiation: Different contexts, different motives. *Personality and Social Psychology Bulletin, 28,* 1455-1467.

Sherif, M., Harvey, O. J., White, B. J., Hood, W. R., & Sherif, C. W. (1961). *Intergroup conflict and cooperation: The robbers cave experiment.* Institute of Group Relations.

Smith E. R., & Mackie, D. M. (2005). Aggression, hatred, and other emotions. In J. F. Dovidio, P. Glick, & L. A. Rudman (Eds.), *On the nature of prejudice: Fifty years after Allport* (pp.361-376). Blackwell.

Stangor, C., Jonas, K., Stroebe, W., & Hewstone, M. (1996). Influence of student exchange on national steretypes, attitudes, and perceived group variability. *European Journal of Social*

Psychology, 26, 663–675.

Staub, E. (1990). Moral exclusion, personal goal theory, and extreme destructiveness. *Journal of Social Issues, 46,* 47–64.

Sumner, W. G. (1906). *Folkways.* Ginn.

Tajfel, H., Billig, M., Bundy, R. P., & Flament, C. (1971). Social categorization and intergroup behavior. *European Journal of Social Psychology, 1,* 149–177.

Turner, J. C. (1975). Social comparison and social identity: Some prospects for intergroup behaviour. *European Journal of Social Psychology, 5,* 5–34.

Turner, R. N., Crisp, R. J., & Lambert, E. (2007). Imaging intergroup contact can improve intergroup attitudes. *Group Process and Intergroup Relations, 10,* 427–441.

Wilder, D. A. (1986). Social categorization: Implications for creation and reduction of intergroup bias. In L. Berkowitz (Ed.), *Advances in experimental social psychology.* Vol. 19 (pp.295–355). Academic Press.

Wohl, M. J. A., & Branscombe, N. R. (2008). Remembering historical victimization: Collective guilt for current ingroup transgressions. *Journal of Personality and Social Psychology, 94,* 988–1006.

Wright, S. C., Aron, A., McLaughlin-Volpe, T., & Ropp, S. A. (1997). The extended contact effect: Knowledge of cross-group friendships and prejudice. *Journal of Personality and Social Psychology, 73,* 73–90.

Yamagishi, T., & Kiyonari, T. (2000). The group as the container of generalized reciprocity. *Social Psychology Quarterly, 63,* 116–132.

人 名 索 引

事項索引

執筆者紹介

脇本竜太郎 （わきもと　りゅうたろう） 【編著者；第3章〜第6章，第7章（分担），第8章】

2002年　東京大学教育学部卒業
2007年　東京大学大学院教育学研究科博士課程単位取得退学
現　在　明治大学情報コミュニケーション学部専任准教授　博士（教育学）

主要著書・論文

『存在脅威管理理論への誘い――人は死の運命にいかに立ち向かうのか』（単著）（サイエンス社，2012）

『自己と対人関係の社会心理学――「わたし」を巡るこころと行動』（分担執筆）（北大路書房，2009）

'Reconstruction of the subjective temporal distance of past interpersonal experiences after mortality salience.'（単著）（'*Personality and Social Psychology Bulletin*', 2011）

「存在論的恐怖が自己卑下的な帰属および他者からの支援的帰属の期待に及ぼす影響の検討」（単著）（「実験社会心理学研究」，2009）

「存在脅威管理理論の足跡と展望――文化内差・文化間差を組み込んだ包括的な理論化に向けて」（単著）（「実験社会心理学研究」，2005）

熊谷智博 （くまがい　ともひろ） 【第9章，第10章】

1995年　法政大学経営学部卒業
2005年　東北大学大学院文学研究科博士課程単位取得退学
現　在　法政大学キャリアデザイン学部教授　博士（文学）

主要著書・論文

「集団間不公正に対する報復としての非当事者攻撃の検討」（単著）（「社会心理学研究」，2013）

'Inequality, discrimination, and conflict in Japan : Ways to social justice and cooperation.'（分担執筆）（Trans Pacific Press, 2011）

『葛藤と紛争の社会心理学――対立を生きる人間のこころと行動』（分担執筆）（北大路書房，2008）

'The meaning of borders and border issues in the age of globalization : Europe and Asia.'（分担執筆）（Institute of International Politics and Economics, 2012）

「非当事者攻撃に対する集団同一化と被害の不公正さの効果」（共著）（「社会心理学研究」，2009）

竹 橋 洋 毅 （たけはし　ひろき）　　　　　　　【第1章, 第2章】

2002 年　名古屋大学文学部卒業
2004 年　名古屋大学大学院環境学研究科博士前期課程修了
2010 年　名古屋大学大学院環境学研究科博士後期課程修了
現　在　奈良女子大学文学部准教授　博士（心理学）

主要著書・論文

『エコトピア科学概論——持続可能な環境調和型社会実現のために』（分担執筆）（コロナ社, 2012）
『公認モチベーション・マネジャー資格 BASIC TEXT』（分担執筆）（新曜社, 2012）
「コミュニケーション, 集団同一視, 共有的認知の再帰的な強化過程の解明」（共著）（「実験社会心理学研究」, 2010）
「目標フレーミングが感情表象の活性に与える影響」（共著）（「心理学研究」, 2007）

下 田 俊 介 （しもだ　しゅんすけ）　　　　　　　【第7章（分担）】

2002 年　日本大学国際関係学部卒業
2011 年　東洋大学大学院社会学研究科博士後期課程修了
現　在　東洋大学人間科学総合研究所客員研究員　博士（社会心理学）

主 要 論 文

「親密な友人よりも優れていることに対する感情と主観的幸福感との関連——学業試験成績に関するシナリオを用いた検討」（単著）（「東洋大学大学院紀要」, 2012）
「親密な友人関係における自己評価維持と関係性維持——拡張自己評価維持モデルからの検証」（単著）（「社会心理学研究」, 2009）
「大学生の友人関係における自己評価維持機制——自己評価維持モデルで予測される感情反応と遂行領域の主観的評価からの検討」（単著）（「東洋大学人間科学総合研究所紀要」, 2009）

ライブラリ 基礎からまなぶ心理学＝4

基礎からまなぶ社会心理学　第2版

2014 年 4 月 10 日 ⓒ	初 版 発 行	
2021 年 10 月 10 日	初版第 8 刷発行	
2023 年 2 月 10 日 ⓒ	第 2 版第 1 刷発行	

編著者	脇本竜太郎	発行者	森平敏孝
著 者	熊谷智博	印刷者	中澤　眞
	竹橋洋毅	製本者	松島克幸
	下田俊介		

発行所　　**株式会社　サイエンス社**

〒151-0051　東京都渋谷区千駄ヶ谷 1 丁目 3 番 25 号
営業 TEL　(03)5474-8500(代)　　振替 00170-7-2387
編集 TEL　(03)5474-8700(代)
FAX　　　(03)5474-8900

組版　ケイ・アイ・エス
印刷　㈱シナノ　　　製本　松島製本
《検印省略》

サイエンス社のホームページのご案内
https://www.saiensu.co.jp
ご意見・ご要望は
jinbun@saiensu.co.jp　まで.

ISBN978-4-7819-1564-7

PRINTED IN JAPAN

セレクション社会心理学27

存在脅威管理理論への誘い

人は死の運命にいかに立ち向かうのか

脇本竜太郎 著

四六判・224 ページ・本体 1,600 円（税抜き）

人は皆，自分がいつか必ず死んでしまうことを知って
います。いつ訪れるとも分からない自分の死を知って
いるというのは，とても恐ろしいことです。それでも
人は日々の生活を送り，人生をより有意義なものにし
ようとしています。そのような人の心の働きを説明す
る理論として，近年注目を集めているのが「存在脅威
管理理論」です。ここでは，人は自分を取り巻く文化
がもつ世界観を守り，自尊感情を高めることによって，
死への恐怖を和らげているのだと説明しています。本
書は，その「存在脅威管理理論」について，気鋭の研
究者がやさしく解説した日本語によるはじめての文献
です。テロや災害，社会とのつながりや絆，といった
問題について考えてみたい方にもおすすめの一冊です。

サイエンス社